55 RÉCOMPENSES AUX EXPOSITIONS ET CONGRÈS

CERTIFICAT D'HONNEUR : LONDRES 1871. — MÉDAILLES DE 1re CLASSE : PARIS, 1872; VIENNE, 1873; CONGRÈS GÉOGRAPHIQUE DE PARIS, 1875
Médailles d'or ou Diplômes d'honneur, à Paris, 1878 ; à Rio-de-Janeiro, 1883 ; à Londres et à Toulouse, 1884
Anvers et à la Nouvelle-Orléans, 1885; à Bruxelles et à Barcelone, 1888; à Cologne, 1889; à Berne, 1891; à Chicago, 1893
à Anvers, 1894. Diplômes hors concours *(Membre du Jury)* à Bruxelles, 1897; à Liége, 1905, à Bruxelles, 1910
Prix Ch. Grad, décerné par la Société de Géographie de Paris, 1896
GRAND PRIX *(in part.)* ET DEUX MÉDAILLES D'OR A PARIS, 1900

GÉOGRAPHIE-ATLAS

DU

COURS SUPÉRIEUR

(Ancien Cours moyen)

1920

PAR UNE RÉUNION DE PROFESSEURS

ÉCOLES PRIMAIRES SUPÉRIEURES Pour les 3 Années.	ENSEIGNEMENT SECONDAIRE Classe de 7e : La France. — — 8e : La Terre.

L'EUROPE avant la Grande Guerre en 1914

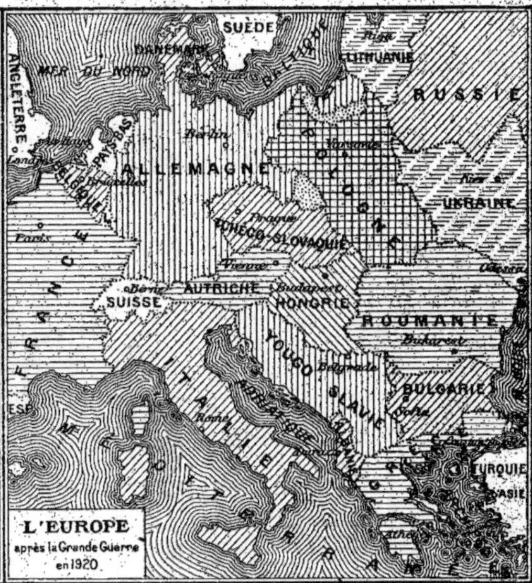

L'EUROPE après la Grande Guerre en 1920

TOURS	PARIS
MAISON ALFRED MAME ET FILS IMPRIMEURS - ÉDITEURS	J. DE GIGORD RUE CASSETTE, 15

ET CHEZ LES PRINCIPAUX LIBRAIRES

No 130

SÉRIE DE GÉOGRAPHIES-ATLAS (TEXTE ET CARTES)

COURS ÉLÉMENTAIRE, petit in-4°, 36 pages. | COURS MOYEN, in-4°, 32 pages. | COURS SUPÉRIEUR, in-4°, 64 pages.

GÉOGRAPHIE-ATLAS

DU

COURS SUPÉRIEUR

(Ancien Cours moyen)

PANORAMA GÉOGRAPHIQUE PAR F. A. M.

ENSEIGNEMENT PAR L'ASPECT. PAYSAGE RÉSUMANT LES ACCIDENTS GÉOGRAPHIQUES

Vue d'ensemble : l'Observateur est placé sur une colline à droite et à l'avant-plan. 1° Dans le lointain : le Ciel, l'Horizon, l'Océan, les hautes montagnes. 2° à gauche : la Mer et ses découpures. 3° à droite : le Continent, la Plaine, les fleuves

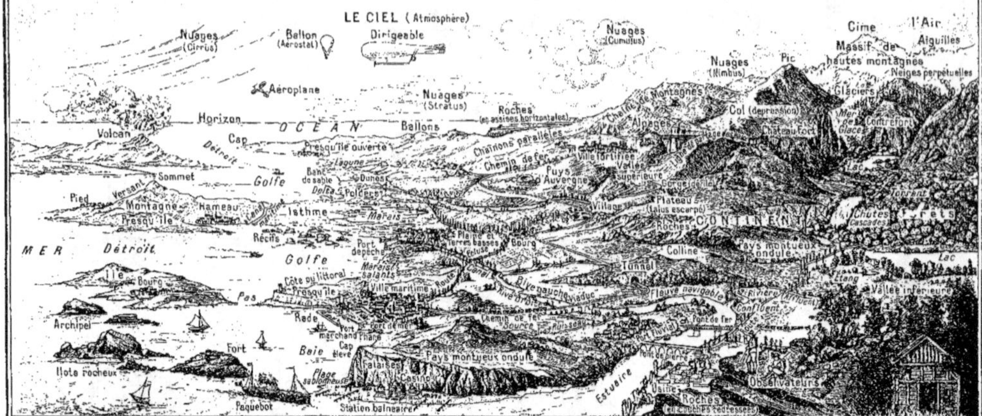

PAYSAGE DE LA RÉGION TROPICALE — DÉTAIL D'UN PORT DE MER — PAYSAGE DE LA RÉGION POLAIRE

Ce Cours supérieur comprend, en 64 pages in-4°, à trois colonnes :

Ire PARTIE — *LA FRANCE* (39 pages de texte avec 45 cartes)

I.	Exercices de **Géographie** locale	1 carte.
II.	Notions préliminaires et définitions	1 carte.
III.	**Mappemonde**. etc.	4 cartes.
IV.	**FRANCE** géologique, hypsométrique, hydrographique, etc.	5 cartes de France.
V.	— Provinces et départements	4 cartes.
VI.	— Divisions administratives	5 cartes.
VII.	— agricole et industrielle	3 cartes.
VIII.	— Chemins de fer. Voies navigables	5 cartes.
IX.	— En 9 régions : Nord, N.-E., N.-O., Ouest, Centre, etc.	4 cartes.
X.	Colonies françaises	13 cartes.

IIe PARTIE — *LA TERRE* (25 pages de texte avec 35 cartes)

I.	**EUROPE** physique, politique, historique	7 cartes.
II.	Les États d'Europe	7 cartes.
III.	**ASIE**	3 cartes.
IV.	**AFRIQUE**	3 cartes.
V.	**AMÉRIQUE**	3 cartes.
VI.	**OCÉANIE**. Planisphère	3 cartes.
VII.	**PALESTINE**	2 cartes.
VIII.	Cosmographie	6 figures.

ÉDITION DE 1920

TOURS — MAISON A. MAME & FILS — IMPRIMEURS-ÉDITEURS

PARIS — J. DE GIGORD — RUE CASSETTE, 15

N. 130

EXERCICES PRÉLIMINAIRES DE GÉOGRAPHIE LOCALE

NOTA. Les exercices ci-après se font *oralement* avec tous les élèves en général. En outre, les plus avancés *copient* les questions et y répondent *par écrit* à titre de devoirs à faire en classe ou à domicile.

Pour la *Géographie locale*, il est nécessaire que le maître prépare d'avance les réponses aux questions posées. (Voir *Méthodologie*, page 81.)

On mettra successivement sous les yeux des élèves les plans de la classe, de l'école et de la commune et les cartes du canton, de l'arrondissement, du département.

(Voir *Méthodologie*, page 73.

Lecture. — CHERS ÉLÈVES, vous aimez la Terre que nous habitons, car Dieu l'a créée pour nous et l'a peuplée de millions d'hommes, qui sont nos frères. C'est la *Géographie* qui vous en décrira les différents pays, les montagnes, les plaines, les mers, les fleuves et les rivières, les richesses de tous genres, et les différents peuples qui l'habitent.

Vous désirez surtout connaître la France, notre belle patrie. Mais, en France même, il y a un petit pays que vous aimez avant tous les autres : c'est la *localité*, la *ville* ou le *village* qui vous a vus naître et que vous habitez.

Commençons donc par la GÉOGRAPHIE LOCALE. La *commune* et ses environs nous offriront l'exemple, l'idée d'un grand nombre d'accidents céographiques : rivières, collines, etc., et l'observation des choses qui sont autour de nous et que nous pouvons voir facilement, nous fera gomprendre les choses qui sont plus éloignées.

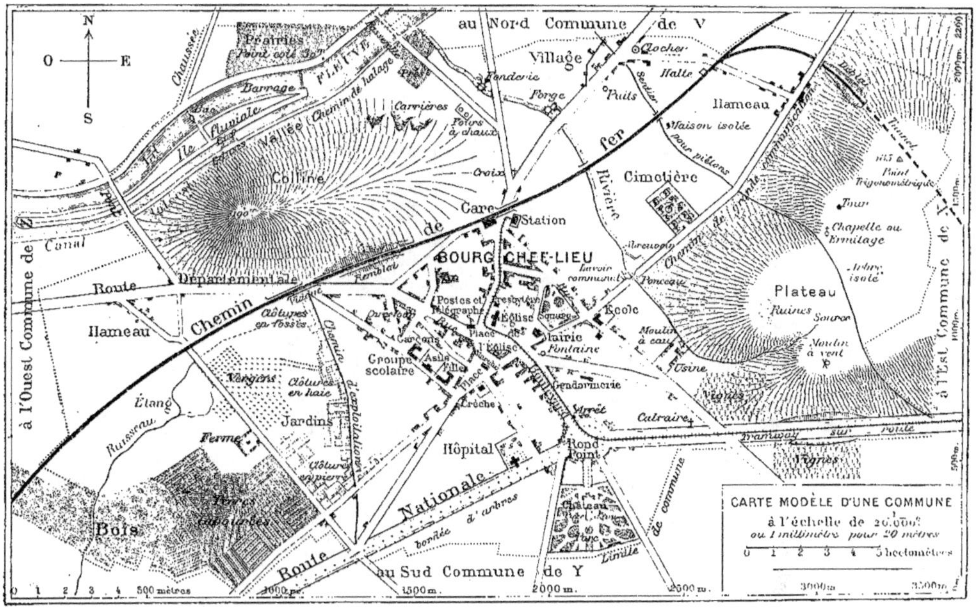

DEVOIRS ORAUX OU PAR ÉCRIT

Devoir 1. Quelle localité ou quelle commune habitons-nous?

2. Nommez quelques localités voisines.
3. Indiquez le côté où le soleil se lève.
4. Citez une localité qui se trouve dans cette direction.
5. Qu'est-ce que le *levant?*
6. Indiquez le côté où le Soleil se couche. — Nommez une localité dans cette direction.
7. Qu'est-ce que le *couchant?*
8. Qu'est-ce que le *midi?*
9. Le *nord?*
10. Indiquez des localités dans ces directions.

Devoir 2. LA COMMUNE : *son territoire*. —

1. Qu'est-ce qu'une *commune?* (C'est une petite partie du territoire français administrée par un maire.)
2. Quelle est notre commune?
3. Quelles sont les *bornes* ou limites de notre commune?
4. Notre commune est-elle une ville ou un village?
5. Nommez les *quartiers* ou les hameaux.
6. Dans quelle partie de la commune se trouve notre école?
7. Citez quelques *rues* avoisinant l'école.
8. Dans quelle direction se trouve l'*église*, et par quel chemin s'y rend-on?
9. Où se trouve la *mairie*, et par quel chemin y arrive-t-on?
10. Indiquez les *places publiques*.
11. Nommez quelques *édifices*.

Devoir 3. *Géographie physique.* 1. Le *territoire* de la commune est-il tout à-fait plat? N'est-il pas *montueux*, accidenté, plus élevé ou plus bas dans certains endroits?

2. Citez les endroits les plus élevés.
3. Le point le plus bas du territoire.
4. Y a-t-il dans la commune quelque *montagne*, *colline* ou *plateau?*
5. Y a-t-il quelque *plaine* ou *vallée?*
6. Citez quelque *fleuve*, *rivière* ou *ruisseau* qui traverse la commune.
7. Citez quelque *canal*, *lac*, *étang*, *source* ou *fontaine*.
8. Citez d'*autres accidents* géographiques remarquables dans la commune ou dans les environs.

Devoir 4. *Industrie et commerce.* 1. Quels sont les principaux *produits agricoles* de la commune ou des environs?

2. Quels sont les *animaux domestiques?*
3. Quels sont les principaux *produits industriels* concernant les aliments, la boisson, le vêtement et le logement?
4. Quels sont les produits des *carrières*, des *mines* et des *usines* qui travaillent les métaux?
5. Quels sont les produits qui se rapportent à la *littérature*, aux *sciences* et aux *arts?*
6. Quelles sont les *rues* ou les *routes* qui traversent la commune, et vers quelles localités se dirigent-elles?
7. Avons-nous quelque *canal*, *rivière navigable* ou *chemin de fer?*

Devoir 5. *Administration communale.*

1. Quelle est la *population* de la commune?
2. Quelle est sa *superficie* en hectares?
3. Quels sont les *administrateurs* de la commune? (le maire, les adjoints et les conseillers...)

4. Citez d'autres fonctionnaires.
5. Par qui et dans quelles *écoles* l'instruction se donne-t-elle?
6. Combien la commune compte-t-elle de *paroisses*, et quels sont les ministres du culte?
7. De quel *doyenné* et de quel *diocèse* notre paroisse fait-elle partie?

Devoir 6. Le canton, l'arrondissement.
1. De quel *canton* notre commune fait-elle partie?
2. Nommez quelques communes de ce canton.
3. De quel *arrondissement* notre canton de ... fait-il partie?
4. Quels sont les cantons de cet arrondissement?
5. Comment appelle-t-on l'administrateur de l'arrondissement?
6. Comment appelle-t-on la ville où réside le sous-préfet?

Devoir 7. Le département. *La Patrie.*
1. De quel *département* notre arrondissement fait-il partie?
2. Quels sont les autres arrondissements de ce département?
3. Comment appelle-t-on l'administrateur d'un département?
4. Comment appelle-t-on la ville où réside le préfet?
5. Quelle est la population de notre département?
6. Combien de communes compte-t-on dans ce département?
7. Quelles sont ses villes principales?
8. Combien y a-t-il de départements dans toute la France?
9. Quelle est la capitale de la France? (Paris.)

Devoirs *supplémentaires*, 8. — Les élèves dessineront ou reproduiront les *croquis* des plans (la classe, l'école et ses environs, la commune, etc.).

GÉOGRAPHIE-ATLAS DU COURS SUPÉRIEUR

NOTIONS PRÉLIMINAIRES

Les points cardinaux.

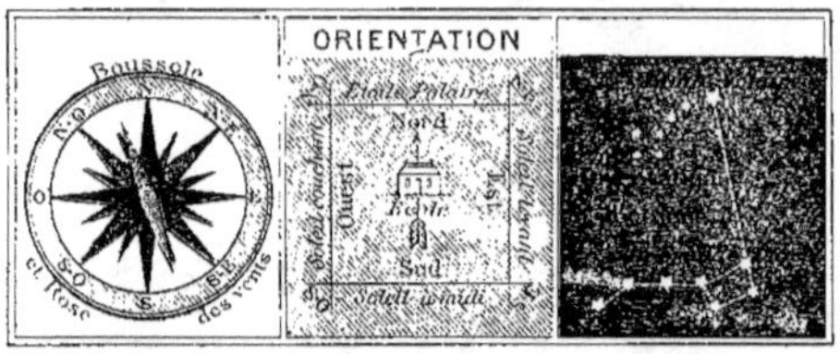

1. La **Géographie** est la description de la surface de la *Terre*.

2. La **Terre est un astre**, aussi bien que la Lune et le Soleil. *Sa forme est ronde*, ou mieux *sphéroïdale*. Elle a 40000 kilomètres de circonférence. On la représente par une Sphère ou un Globe terrestre, et les détails de sa surface par des *cartes géographiques*, telles que la *carte de France* de la page 9.

Pour étudier une carte, il est nécessaire de connaître les quatre *points cardinaux* de l'*horizon*.

3. L'**horizon** est le cercle qui, bornant notre vue au loin, semble réunir le ciel et la terre.

4. Les quatre **points cardinaux** de l'horizon sont : le *Levant*, le *Couchant*, le *Midi* et le *Nord*.

5. On appelle **Levant** le côté du ciel où le Soleil se lève.

Le **Couchant** est le côté où le Soleil se couche.

Le **Midi** est le côté où le Soleil se trouve à l'heure de midi.

Le **Nord** est le côté opposé au Midi. La nuit, on y observe l'*étoile Polaire* et les *sept* étoiles de la Grande-Ourse.

6. Le *Levant* s'appelle encore **est** ou *orient*.

Le *Couchant* s'appelle encore **ouest** ou *occident*.

Le *Midi* est aussi appelé **sud**.

Le *Nord* est aussi appelé **septentrion**, à cause des *sept* étoiles de la Grande-Ourse.

7. Il y a quatre **points collatéraux** situés entre les points cardinaux.

Ce sont :
le *nord-est*, entre le N. et l'E.;
le *sud-est*, entre le S. et l'E.;
le *sud-ouest*, entre le S. et l'O.;
le *nord-ouest*, entre le N. et l'O.

8. **S'orienter**, c'est reconnaître la direction de l'*orient* et des autres points cardinaux.

9. *On s'oriente*, pendant le jour, au moyen du Soleil; pendant la nuit, au moyen de l'étoile Polaire, et, en tout temps, au moyen de la boussole.

10. Pour s'orienter, il faut se placer de manière à avoir le côté droit tourné vers le lieu du Soleil levant; alors on a l'est ou *orient* à droite, l'ouest à gauche, le nord en face, et le sud derrière soi.

Sur une carte géographique, le *nord* est en haut, le *sud* en bas, l'*est* à droite et l'*ouest* à gauche.

11. La **boussole** est une aiguille aimantée, qui, mobile sur un pivot, se tourne toujours au nord-nord-ouest.

12. La **rose des vents** est une figure étoilée qui représente les points cardinaux et collatéraux dans leur direction relative.

13. Les quatre points cardinaux sont indiqués au sommet de quelques édifices par deux tiges de fer assemblées en forme de croix, et portant aux extrémités les lettres N, S, E, O, qui signifient *nord, sud, est, ouest.*

NOMENCLATURE GÉOGRAPHIQUE

DÉFINITIONS GÉNÉRALES

14. La Géographie en général comprend la **Géographie physique**, qui traite du sol et des accidents naturels, et la **Géographie politique**, qui traite spécialement des peuples.

15. La *surface de la Terre* n'est pas uniforme : elle présente un grand nombre d'accidents géographiques.

16. Les **accidents géographiques** peuvent se classer en quatre divisions : 1° *parties de mer* : mers, golfes, détroits; 2° *parties de terre* : continents, îles, caps; 3° parties formant le *relief du sol* : montagnes, plateaux, plaines; 4° *eaux continentales* : fleuves, rivières, lacs, etc.

I. — Parties de mer.

17. **Description.** — L'Océan forme un tout continu qui enveloppe de toutes parts les portions de terre, en y formant des avancements plus ou moins profonds. Ces avancements, d'après leur forme et leur étendue, sont désignés sous les noms de **mers**, **golfes**, **baies**, **rades**, **lagunes**, **détroits**, etc. Ils établissent des rapports plus intimes entre l'élément solide et l'élément liquide, et ils ont une grande influence sur les climats, les productions naturelles, les rapports politiques et commerciaux.

18. **Définitions.** — **L'Océan** est la masse d'eau salée qui couvre près des trois quarts du globe.

Une **mer** est une partie de l'Océan.

Ex. : la mer Méditerranée, située au sud de l'Europe.

19. Un **golfe** est une partie de mer s'avançant dans les terres. — Ex...

Une **baie** est un petit golfe. — Ex...

20. Une **rade** est une partie de la mer plus ou moins abritée des vents, où les vaisseaux peuvent tenir à l'ancre. — Ex...

21. Un **port** est un endroit du rivage de la mer ou d'un fleuve propre à recevoir les vaisseaux. — Ex...

22. Un **détroit** est un bras de mer resserré entre deux terres et qui unit deux mers ou deux parties de mer. — Ex...

Un détroit s'appelle parfois *canal*, *manche*, *pas*, *pertuis*, *phare*, *bosphore*, *sund*. — Ex.

II. — Parties de terre.

23. **Description.** — Les *terres*, ou parties solides du Globe, ne forment pas un tout continu : elles sont divisées en une foule de fragments séparés par les eaux de la mer. Les trois plus grandes portions de terre ont reçu le nom de continent, ce qui veut dire que chacune d'elles forme un tout dont les parties *tiennent* ensemble.

Certaines parties des continents s'avancent en mer sous forme de **caps** ou de **presqu'îles** rattachées par des **isthmes**. — Des terres beaucoup plus petites que les continents portent le nom d'**îles**; isolées, ou groupées en **archipels**, ce sont les sommets émergés de montagnes ou de plateaux sous-marins.

On désigne sous les termes assez vagues de **région**, **contrée**, *pays*, des divisions conti-

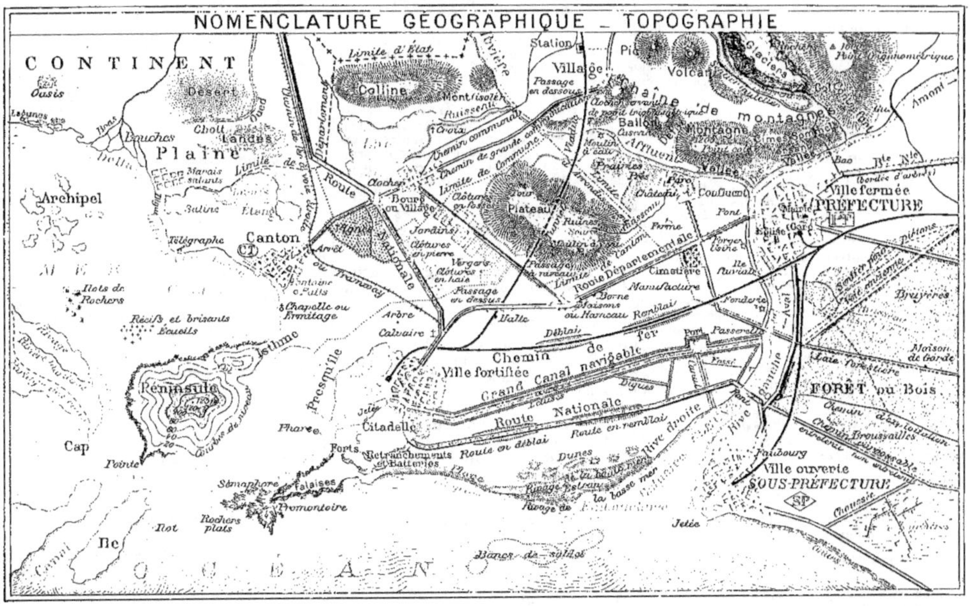

nentales envisagées à quelque point de vue particulier, soit physique, soit politique.— On appelle déserts des régions sèches, improductives et inhabitables; — landes, *bruyères, steppes*, des régions presque inhabitées et incultes, quoique herbeuses; — marais, des terrains très humides, partiellement couverts d'eau; — deltas, des atterrissements ou terres basses, formées par les alluvions qu'un fleuve dépose à son embouchure dans une mer peu profonde.

24. **Définitions**. — Un **continent** est une grande étendue de terre non interrompue par la mer. — Ex...

Une **île** est une terre beaucoup plus petite qu'un continent, entourée d'eau de tous côtés. — Ex...

Un **archipel** est une réunion d'îles plus ou moins nombreuses. Un petit archipel forme un *groupe d'îles*. — Ex...

25. Une **presqu'île** ou *péninsule* est une terre entourée d'eau, excepté d'un seul côté par lequel elle tient au continent. — Ex...

Un **isthme** est un terrain étroit réunissant deux terres de dimensions plus considérables. — Ex...

26. Un **cap** est un avancement de la côte dans la mer. — Ex...

La **côte** ou le *littoral* est le rivage ou le bord de la mer. La *grève* ou *plage* est la partie basse du rivage que la mer recouvre par le flux.

Une **falaise** est une côte élevée et escarpée.

Les **dunes** sont des monticules sablonneux amoncelés par le vent de la mer sur une côte basse. Il y en a aussi dans les régions sablonneuses.

III. — Relief du sol.

27. **Description**. — La surface des terres n'est pas uniforme : certaines parties sont en relief ou en saillie au-dessus du niveau général : elles forment les **collines** et les **montagnes**; d'autres parties, en dépression ou en creux, constituent les **vallées**. — Les parties les moins accidentées sont les **plaines**, que l'on distingue en *plaines basses*, ayant généralement moins de 300 mètres d'altitude, et les **plateaux**, ou plaines hautes, qui atteignent jusqu'à 4000 mètres d'altitude.

28. Les **montagnes**. — La partie la plus élevée d'une montagne s'appelle *cime*, sommet ou *crête*.— La partie inférieure est la *base* ou le *pied*. Les côtés sont les *flancs* ou les versants de la montagne. — Les diverses montagnes d'une même chaîne sont séparées par des vallées, des *vallons* ou des *ravins*, des *gorges* ou des **défilés**, qui sont plus ou moins étroits et profonds. — Les sommets d'une même montagne sont séparés par des **cols**, qui sont les parties les moins élevées de la crête. — C'est par les *cols* que l'on franchit les montagnes, en y traçant des sentiers ou des routes; comme, par exemple, le col du Mont-Cenis, qui traverse les Alpes. — Les montagnes sont recouvertes de pâturages, de forêts, de rochers et même de glaciers ou de neiges perpétuelles. — On utilise les **pâturages** des montagnes en y conduisant les troupeaux en été. — Les forêts nous donnent les bois de construction et de chauffage.— Les **glaciers** sont de grands amas de glace qui couvrent les plus hautes montagnes. — En été, les glaciers fondent en partie et alimentent abondamment les sources des fleuves. — Les montagnes, par leur climat relativement froid, provoquent la formation des nuages et la chute de pluies abondantes, qui alimentent aussi les cours d'eau. Le relief du sol, ou les inégalités du terrain, donne la pente nécessaire pour que les eaux se réunissent en courants et descendent vers la mer.

29. **Définitions**. — Une **montagne** est une élévation considérable du sol au-dessus des parties environnantes. — Ex. : le Mont-Blanc, 4810 m.

L'*altitude* d'une montagne, ou d'un point quelconque du sol, est sa hauteur au-dessus du niveau de la mer. — Ex...

Une petite élévation du sol s'appelle **colline**, *butte, coteau, monticule*, etc. — Ex...

30. Une **chaîne de montagnes** est un ensemble de montagnes qui se touchent par la base. — Ex...

31. Un **volcan** est une montagne ayant une ouverture appelée *cratère*, par où s'échappent de la fumée, des gaz, des pierres, des cendres, des matières en fusion ou *laves*. — Ex...

32. Une **plaine** est un terrain plat ou sensiblement de même niveau, qui a généralement moins de 300 mètres d'altitude.— Ex...

Un **plateau** est une plaine élevée, plus ou moins accidentée. — Ex...

Une **vallée** est une dépression du sol entre deux lignes de hauteurs, et ordinairement parcourue par un cours d'eau. — Ex...

Un **désert** est une grande contrée stérile et peu ou point habitée. — Une **oasis** est une partie du désert fertilisée par des sources et habitée.

IV. — Eaux continentales.

33. **Circulation générale des eaux.** — Le Soleil, échauffant les eaux de l'Océan, y provoque la formation de **vapeurs**, qui s'élèvent dans l'atmosphère et deviennent les **nuages**, que le **vent** transporte au-dessus des continents.

Par l'effet du refroidissement de l'air, ces nuages se déversent en **pluies** ou tombent en *neige*, laquelle, sur les hautes montagnes, se transforme en *glaciers*. Les eaux pluviales arrosent et fertilisent les campagnes; elles entretiennent la vie des plantes, dont les hommes et les animaux se nourrissent; elles pénètrent en partie sous terre pour jaillir plus loin sous forme de **sources**, ou bien elles coulent à la surface en descendant toujours dans les plis du terrain, où elles se rassemblent successivement en **ruisseaux**, **rivières** et **fleuves**.

Les fleuves recueillent ainsi les eaux continentales et les conduisent à l'Océan, où elles se purifient pour recommencer la même circulation dans l'atmosphère et sur les continents.

34. **Définitions.** — Le **bassin** *d'une mer* ou *d'un fleuve* est l'ensemble des terres dont les eaux se rendent dans cette mer ou dans ce fleuve.

Ex. : le bassin de la Manche; — le bassin de la Seine.

Le bassin est dit *hydrographique*, du mot hydrographie, signifiant *description des eaux*.

Les plus grands bassins sont les bassins *océaniques*, ou de chaque océan; ils se subdivisent en bassins *maritimes*, ou de mers; en bassins *fluviaux*, ou de fleuves; en bassins *de rivières* ou *de lacs*.

35. Un **versant** est une partie de bassin.

Ex. : le versant français de la Manche; — le versant de la rive droite de la Seine.

36. Une **ligne de partage des eaux** est la ligne de séparation de deux bassins. Elle suit tantôt la **crête des montagnes**, tantôt les **ondulations de la plaine**.

COMPARAISON. La *toiture* d'une maison offre ordinairement deux pentes, qui sont les *versants*; la crête ou *faîte* est la ligne de partage des eaux; les *rangées de tuiles concaves* peuvent figurer les *ruisseaux*; les *chéneaux* sont les *rivières*, et la *gouttière* est le *fleuve*.

37. **Cours d'un fleuve.** — Un fleuve, même considérable, n'est souvent, à sa naissance, qu'un mince *filet d'eau*, un *ruisseau* qui sort d'une **source**, d'un *lac* ou d'un *glacier*, et qui se réunit successivement à d'autres ruisseaux pour devenir une rivière plus importante, laquelle, *confluant* avec d'autres rivières, forme enfin un grand fleuve.

Dans les régions hautes, le cours d'eau, suivant une forte pente, s'élance en **torrent** impétueux, qui parfois se précipite en *chute*, en *cascade*, en *cataracte* mugissante. Plus loin il s'arrête et forme un lac d'eau dormante dans une dépression du sol, ou bien il parcourt une vallée plus ou moins longue, profonde et sinueuse. Dans la plaine, le fleuve, moins rapide, élargissant son lit de plus en plus, serpente en décrivant de nombreux replis ou *méandres*; alors ses eaux généralement troubles sont chargées de vase ou *limon*, qu'elles déposent sur ses bords à l'époque des inondations, et elles ont assez de profondeur pour être *navigables*.

En parcourant ainsi **un bassin** hydrographique plus ou moins étendu, qu'il arrose et assèche tout à la fois, le fleuve reçoit par ses deux rives un certain nombre d'affluents, et il baigne des villes souvent considérables, dont il favorise le commerce par la navigation. Enfin il se déverse dans la mer par une **embouchure**, qui s'appelle **estuaire** quand elle est très élargie, comme celle de la Seine, ou qui forme un **delta** quand elle se divise en plusieurs branches ou bras, comme pour le Rhône.

38. **Définitions.** — Un **fleuve** est un cours d'eau considérable qui se rend dans la mer. — Ex...

Une **rivière** est un cours d'eau moins considérable qu'un fleuve; — un *ruisseau* est un cours d'eau moins considérable qu'une rivière. — Ex...

Un **torrent** est un cours d'eau rapide et momentané, produit dans les pays montagneux par une pluie abondante ou par la fonte des neiges.

39. Un **affluent** est un cours d'eau qui se jette dans un autre. — Ex...

Un **confluent** est l'endroit où deux cours d'eau se réunissent. — Ex...

40. La **source** d'un cours d'eau est l'endroit où il commence; — l'**embouchure** est l'endroit où il se jette dans un autre ou dans la mer. — Ex...

Le *haut* ou l'*amont* d'un cours d'eau, par rapport à l'un de ses points, est la partie située vers la source, ou à l'opposé du courant; — le *bas* ou l'*aval* est la partie située vers l'embouchure, ou dans le sens du courant.

41. La **rive droite** et la **rive gauche** *d'un cours d'eau* sont les rives situées respectivement à droite et à gauche d'une personne qui se trouverait en bateau, le visage tourné dans le sens du courant.

42. Le **lit** d'un cours d'eau est le creux du sol dans lequel il coule et où il est maintenu par les deux rives ou bords.

La **chute** d'un cours d'eau prend le nom de *cascade*, de *chute* ou de *cataracte*; le *rapide* est produit par une forte pente.

Un **lac** est une grande étendue d'eau renfermée dans les terres. Un *étang* est un petit lac. — Ex...

43. Un **canal** est une rivière artificielle, creusée par les hommes pour les besoins de la navigation. — Ex...

Un **tunnel** est une galerie souterraine pratiquée pour le passage d'une route, d'un canal, d'un chemin de fer. — Un **viaduc** est un pont en arcades sur lequel passe un chemin de fer.

V. — Atmosphère et climat.

44. L'**atmosphère** est la masse d'air qui entoure le Globe sur une hauteur de plus de 100 kilomètres.

45. L'**air** est un mélange formé d'**oxygène** (gaz que les hommes et les animaux respirent), d'azote, avec un peu d'acide carbonique (respiré par les plantes) et de vapeur d'eau.

46. Les **vents** sont des mouvements de l'air qui change de place, transportant avec lui les nuages et les pluies.

47. L'**humidité** de l'air provient surtout de l'évaporation des eaux de l'Océan, sous l'action de la chaleur du Soleil.

48. La **température** est le degré de chaleur de l'atmosphère. On la mesure au moyen du *thermomètre*, comme on mesure le poids de l'air par le *baromètre*.

49. Le **climat** est la disposition habituelle plus ou moins chaude ou froide, humide ou sèche, de l'atmosphère d'une contrée.

On distingue les climats *froids*, comme, par exemple, en Sibérie; *tempérés*, comme dans l'Europe centrale; *chauds*, comme en Afrique. — Le climat **maritime**, dû à l'influence de la mer, est humide et constant; le climat **continental**, ou de l'intérieur des continents, est plus sec, et excessif dans le chaud comme dans le froid.

VI. — Géographie politique.

50. La *géographie politique* traite spécialement des *peuples*, de leur gouvernement, des villes, de l'industrie, du commerce, etc., etc.

Un **peuple**, ou une nation, est un ensemble d'hommes appartenant à un même État ou à une même famille ethnographique. — Ex. : le peuple français.

51. Un **État** est un pays soumis à un même gouvernement et formant une individualité politique. — Ex...

Le **gouvernement** est l'autorité souveraine qui régit un Etat.

Un Etat est une **monarchie** lorsqu'il a pour chef un souverain héréditaire appelé empereur, roi, prince. — Ex. : l'Espagne.

Un Etat est une **république** lorsqu'il n'a qu'un chef électif et temporaire appelé président. — Ex. : la France.

Une **confédération** est un ensemble d'États associés pour la défense de leurs intérêts communs. — Ex. : les cantons suisses.

52. Les grandes *divisions administratives* d'un Etat prennent le nom de *départements*, en France; de *provinces*, en Belgique; de *gouvernements*, en Russie; de *comtés*, en Angleterre; de *cantons*, en Suisse, etc.

La *commune* est la plus petite division administrative. — On distingue les communes *urbaines*, formées par les villes avec leurs faubourgs, et les communes *rurales*, formées par les bourgs et les villages, avec les hameaux qui en dépendent.

LA TERRE

I. La Terre : sa représentation.

53. La **Terre est un astre,** circulant dans l'espace, aussi bien que la Lune et le Soleil. *Sa forme est ronde*, ou mieux *sphéroïdale,* étant un peu aplatie aux pôles et renflée à l'équateur : elle a 40 000 kilomètres de circonférence.

54. **Mouvements de la Terre**. La Terre a deux mouvements : 1° elle *tourne* sur elle-même en vingt-quatre heures de l'ouest à l'est; ce mouvement de *rotation* produit la succession du *jour* et de la *nuit;* — 2° elle accomplit en un an autour du Soleil un mouvement de *translation,* qui est une des causes de la succession des *quatre saisons* de l'année : printemps, été, automne, hiver. (Voir fig. page 62.)
Les deux mouvements d'une *toupie* tournant sur sa pointe (rotation) et décrivant un cercle (translation) imite le double mouvement de la Terre et des astres en général.

55. **La Terre est ronde** : si elle nous paraît plate, c'est que nous n'en voyons qu'une petite partie à la fois. Voici des *preuves* de la rondeur de la Terre :

Lorsque sur le bord de la mer on observe *un vaisseau* qui s'éloigne, on voit sa partie *inférieure* disparaître insensiblement, puis les voiles et enfin le haut des mâts, comme si le vaisseau s'enfonçait sous l'eau. Donc la surface de la mer n'est pas plate. — Et si le vaisseau continue son voyage, il pourra revenir au port par un chemin opposé à celui du départ : il reviendra par l'ouest, s'il est parti par l'est; ce qui n'aurait pas lieu si la Terre était plate. Donc la Terre est ronde. — Il y a chaque année des voyageurs qui font le *tour du monde.*

Les montagnes n'altèrent pas la rondeur générale du globe, car elles sont proportionnellement à la Terre beaucoup moins sensibles que les aspérités de la peau d'une orange ou de la coquille d'un œuf.

Si nous étions sur la Lune, la Terre nous apparaîtrait suspendue dans le ciel, ronde et brillante, comme nous y voyons la Lune elle-même. — La Terre n'est soutenue dans l'espace que par la seule puissance de Dieu et les lois providentielles qu'il a établies.

56. On représente la **Terre**, appelée aussi *globe* et *sphère*, par un *globe* ou une *sphère terrestre*, et les détails de sa surface par des *cartes géographiques*.

Un **globe** ou une **sphère terrestre** est une boule qui représente la Terre et sur laquelle sont dessinés les principaux accidents géographiques : continents, mers, etc., etc.

57. Une **carte** est un plan ou dessin qui représente la surface de la Terre ou de l'une de ses parties.

La **mappemonde** est une carte qui représente la sphère terrestre coupée, suivant un méridien, en deux parties égales ou *hémisphères*, l'un *oriental,* l'autre *occidental.*

Le **planisphère** représente aussi la Terre, mais déployée en surface rectangulaire.

Sur une carte, les *côtes* et les rivières sont marquees par des lignes sinueuses; les *canaux*, les *chemins de fer*, les *routes*, par des lignes plus ou moins droites ou brisées; le relief du sol ou les *montagnes*, par des hachures ou par des courbes de niveau; les *limites politiques*, par des lignes pointillées; les positions des *villes*, par des ronds, blancs ou noirs, etc.

Les globes représentent la Terre beaucoup plus exactement que les cartes; mais ils sont moins commodes.

58. L'échelle d'une carte est le rapport qui existe entre les dimensions du sol et celles du dessin qui le représente.

Une carte géographique est à $\frac{1}{1.000.000}$ lorsqu'un millimètre sur la carte représente 1.000.000 de millim. ou 1.000 mètres = 1 kilomètre sur le sol.

II. Les éléments de la sphère.

59. On appelle **axe** terrestre le diamètre ou ligne imaginaire autour de laquelle la Terre fait sa rotation.

Les **pôles** sont les deux points extrêmes de l'axe terrestre. On distingue le pôle ***nord***, ***boréal*** ou *arctique*, et le pôle *sud*, *austral* ou *antarctique*.

LES ÉLÉMENTS DE LA SPHÈRE

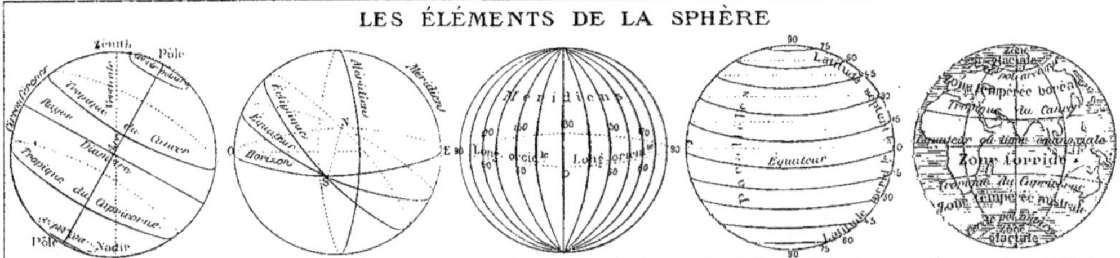

Points et lignes. Petits cercles — Les grands cercles — Méridiens et longitudes — Parallèles et latitudes — Zones astronomiques

60. On appelle **grands cercles** de la sphère les cercles qui la partagent en deux parties égales : tels sont le méridien et l'équateur. — On appelle **petits cercles** de la sphère les cercles qui la divisent en deux parties inégales : tels sont les deux tropiques et les deux cercles polaires.

Chaque cercle de la sphère se divise en 360 parties égales, qu'on appelle **degrés**; le degré se divise en 60 minutes, et la minute en 60 secondes. — La valeur du degré en kilomètres est la même pour les grands cercles (environ 111 kilomètres); mais elle varie d'un petit cercle à l'autre.

61. On appelle **méridien** tout grand cercle qui passe par les pôles. Un méridien partage la sphère en deux hémisphères : l'un *oriental*, du côté du levant; l'autre *occidental*, du côté du couchant.

Il y a une infinité de méridiens. En France, on adopte comme *premier méridien* ou méridien *initial*, celui qui passe par l'Observatoire de *Paris*. — Les autres nations se servent généralement du méridien *initial* de *Greenwich*, près de Londres, passant à 2°20' ouest de Paris.

Dans le *planisphère* (page 59), les méridiens et les parallèles sont représentés par des lignes droites.

62. L'**équateur** est un grand cercle situé à égale distance des deux pôles. — L'équateur partage la sphère en deux parties égales : l'*hémisphère septentrional* ou boréal, du côté du nord, et l'*hémisphère méridional* ou austral, du côté du sud.

Les **parallèles** sont des cercles parallèles à l'équateur. — Les principaux sont les deux *tropiques* et les deux *cercles polaires.*

63. Les **tropiques** sont deux cercles parallèles à l'équateur, dont ils sont éloignés de 23 degrés 27 minutes. Celui du nord se nomme *tropique du Cancer*, et celui du sud *tropique du Capricorne.*

Les **cercles polaires** sont deux cercles parallèles à l'équateur, et éloignés des pôles de 23 degrés 27 minutes. Celui du nord se nomme cercle polaire *arctique*, et celui du sud cercle polaire *antarctique.*

64. **Zones.** On appelle *zones* les divisions formées sur la sphère par les tropiques et les cercles polaires. — On compte cinq zones, qui tirent leur nom de leur climat général : la zone *torride*, ou très chaude, comprise entre les tropiques; les deux zones *tempérées*, comprises entre les tropiques et les cercles polaires, et les deux zones *glaciales*, qui s'étendent des cercles polaires aux pôles.

65. La **longitude** d'un lieu est la distance, en degrés, du méridien de ce lieu au premier méridien.

On compte 180 degrés de longitude orientale et 180 degrés de longitude occidentale. — Les degrés de longitude sont ordinairement marqués au haut et au bas des cartes.

66. La **latitude** d'un lieu est la distance de ce lieu à l'équateur, mesurée en degrés sur son méridien.

On compte 90 degrés de latitude nord, et 90 degrés de latitude sud. — Les degrés de latitude se marquent ordinairement à droite et à gauche des cartes.

La *position d'un lieu* sur le globe ou sur la carte est déterminée par sa latitude et par sa longitude, c'est-à-dire par le point de rencontre du méridien et du parallèle de ce lieu.

67. **Fuseaux horaires.** — On appelle ainsi des divisions de 15 *degrés* en longitude, ou *d'une heure* en temps, adoptées pour les chemins de fer d'abord au Canada et aux Etats-Unis, où les cinq fuseaux sont de 4, 5, 6, 7 et 8 heures en retard sur l'heure anglaise de Greenwich.

En Europe, on distingue : 1° *L'heure occidentale* (pour l'Angleterre, la Belgique, la Hollande, la France, l'Espagne et le Portugal).

2° *L'heure centrale*, en avance d'une heure sur Greenwich (Suède, Norvège, Danemark, Allemagne, Autriche, Tchéco-Slovaquie, Hongrie, Pologne, Suisse, Italie, Yougo-Slavie, Grèce).

3° *L'heure orientale*, en avance de deux heures (Russie, Roumanie, Bulgarie, Turquie).

Aux Etats-Unis, au Canada, en Italie et, pour les chemins de fer en France, etc., on compte les

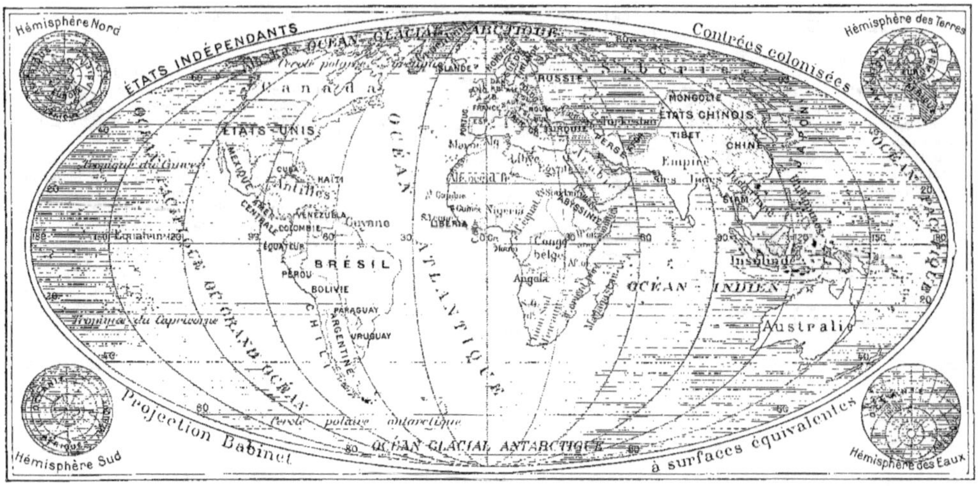

heures de la journée en *une série de 1 à 24* : celles de l'après-midi se disent 13 (pour 1), 14, 15... jusqu'à 24. Cet usage tend à se généraliser.

III. Divisions générales du Globe.

68. La *surface* du Globe présente des parties solides, ou **terres**, et une grande masse d'**eau salée**, qui constitue l'Océan.

Les terres se composent de trois *continents* et d'un grand nombre d'îles. Elles forment les *cinq Parties du monde*.

69. L'**Océan** est la masse d'eau salée qui couvre presque les trois quarts du globe On le divise en *cinq océans* particuliers, qui sont :

L'*océan Atlantique*, situé entre l'Europe, l'Afrique et l'Amérique.

L'*océan Pacifique* ou *Grand Océan*, situé entre l'Asie, l'Australie et l'Amérique.

L'*océan Indien*, situé entre l'Afrique, l'Asie et l'Australie.

L'*océan Glacial du Nord*, au nord de l'Europe, de l'Asie et de l'Amérique.

L'*océan Glacial du Sud*, au sud de l'Afrique et de l'Amérique.

70. L'Océan est presque trois fois plus étendu que les terres réunies. — Il est le réservoir de toutes les eaux que lui apportent les fleuves, et il est l'origine des nuages et des eaux de pluie. — S'il ne déborde pas en recevant les fleuves, c'est parce qu'il perd continuellement une quantité équivalente d'eau qui s'élève en vapeur et forme les nuages. — Voici comment se forment les *nuages* : le Soleil, échauffant les eaux de la mer, en transforme une partie en vapeurs; ces vapeurs deviennent des nuages, qui, transportés par les vents, produisent bientôt la pluie ou la neige sur les continents. — Les *eaux pluviales* arrosent et fertilisent les terres; elles entretiennent la vie des plantes dont les animaux et les hommes se nourrissent. — Les eaux de pluie retournent à l'Océan en formant successivement des ruisseaux, des rivières et des fleuves. — L'agitation des eaux de la mer les empêche de se corrompre. Elle y introduit l'air dont les poissons ont besoin pour respirer. — L'Océan fournit à l'homme une grande quantité de poissons, ainsi que le sel marin, ou sel de cuisine. Il facilite les communications entre les continents par le moyen de la navigation à vapeur ou à voiles.

— On appelle **marées** les mouvements alternatifs de flux et de reflux des eaux de la mer, lorsqu'elles se soulèvent ou s'abaissent par l'attraction du Soleil et surtout de la Lune, qui, plus rapprochée, exerce une action trois fois plus considérable que celle du Soleil.

Le *flux* ou *flot* et le *reflux* ou *jusant* se suivent à des intervalles de 6 h. 12 1/4 minutes, de sorte qu'il y a deux *marées hautes* et deux *marées basses* en 24 h. 50 m., temps correspondant au jour lunaire.

— Les **courants marins** sont de grandes masses d'eau ressemblant à des fleuves gigantesques qui se meuvent au sein des mers, dans une direction plus ou moins constante que suivent souvent les navires. Ils ont pour *causes* l'action des vents, la rotation de la Terre et surtout les différences de température, et par suite de densité, des eaux de l'Océan.

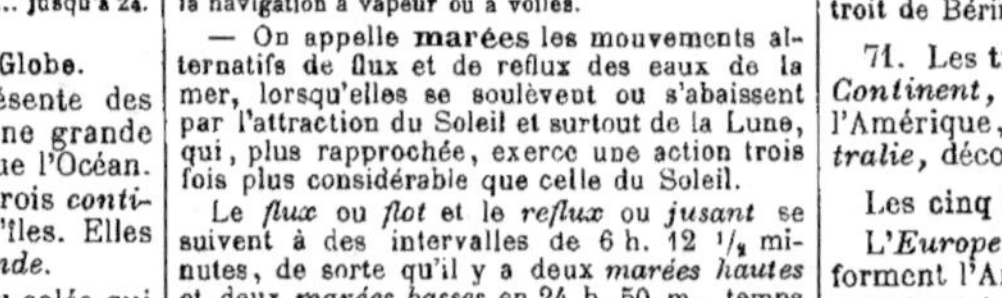

Les eaux chaudes et légères des tropiques glissent vers les pôles en *courants superficiels*, tandis que, pour rétablir l'équilibre, les eaux froides et lourdes des régions polaires se dirigent vers l'équateur, en formant des *contre-courants* latéraux ou des *courants profonds*.

Les principaux courants sont les *courants équatoriaux*, qui se dirigent de l'est à l'ouest dans les océans Atlantique, Pacifique et Indien. Dans l'Atlantique nord se produit le *Gulf-Stream*, contre-courant dirigé du golfe du Mexique vers le nord de l'Europe; et dans le Pacifique septentrional, le *Kouro-Chivo*, courant dirigé des côtes du Japon vers le détroit de Béring.

71. Les **trois continents** sont : l'*Ancien Continent*, — le *Nouveau Continent*, ou l'Amérique, découverte en 1492, — et l'*Australie*, découverte au XVIIe siècle.

Les **cinq Parties du monde** sont :

L'*Europe*, l'*Asie* et l'*Afrique*, qui forment l'Ancien Continent;

L'*Amérique*, ou le Nouveau Continent;

L'*Océanie*, formée de l'Australie et d'un grand nombre d'îles.

IV. Statistique et ethnographie.

72. La superficie totale du globe est de 510 000 000 de km², dont 375 000 000 pour les mers et 135 000 000 pour les terres.

La superficie de l'Europe est de 10 000 000 de km², ce qui équivaut environ à 19 fois celle de la France.

Les terres réunies de l'Océanie égalent presque la superficie de l'Europe, ou 17 fois la France. — L'Afrique égale trois fois l'Europe, ou 56 fois la France.

L'Amérique et l'Asie égalent chacune plus de quatre fois la superficie de l'Europe, ou 77 et 83 fois celle de la France.

73. La population totale du globe est d'environ 1 700 000 000 d'habitants.

Europe	10 000 000 km²	455 000 000 d'hab.
Asie	44 000 000 —	910 000 000 —
Afrique	30 000 000 —	130 000 000 —
Amérique	41 000 000 —	200 000 000 —
Océanie	9 000 000 —	7 500 000 —

74. **Races.** L'espèce humaine, considérée au point de vue de la forme et des couleurs, présente quatre variétés principales désignées sous le nom de *races*.

La *race blanche* peuple surtout l'Europe, l'Asie sud-occidentale, l'Afrique septentrionale, l'Amérique et l'Australasie.

La *race jaune* peuple l'Asie orientale et l'Insulinde.

La *race noire* ou nègre peuple le centre de l'Afrique ainsi que des parties de l'Amérique et de l'Océanie.

La *race rouge* comprend les indigènes de l'Amérique.

75. **Religions.** Les peuples de race blanche connaissent généralement le vrai Dieu.

Le *christianisme* domine en Europe et en Amérique; — le *mahométisme*, dans l'Asie sud-occidentale, l'Insulinde et l'Afrique septentrionale. — Le *judaïsme* est professé par les Juifs.

Les autres races sont généralement *païennes* : — le *bouddhisme*, ou culte de Bouddha, domine parmi les jaunes (Chinois, etc.); — le *brahmanisme*, ou culte de Brahma, parmi les Indiens d'Asie; — le *fétichisme*, ou culte des idoles de toute espèce, parmi les nègres, en Afrique.

76. **Les grandes découvertes.** — Les Anciens ne connurent de notre Globe que le sud de l'Europe, l'ouest de l'Asie et le nord de l'Afrique.

Au moyen âge, **Marco Polo**, Vénitien (mort en 1295), alla vers l'est, jusqu'en Chine et dans l'Insulinde.

Christophe Colomb, Génois, traversa à l'ouest l'Atlantique et découvrit l'Amérique centrale (1492).

Vasco de Gama, Portugais, fit le tour de l'Afrique et, doublant le cap de Bonne-Espérance (1497), parvint dans l'Inde.

Magellan, Portugais, fit le « premier tour du monde » par le détroit de Magellan et les îles Philippines, où il mourut (1521), tandis que ses compagnons revinrent par le cap de Bonne-Espérance (1522).

Tasman et d'autres Hollandais découvrirent l'Australie ou Nouvelle-Hollande (1642); — *Bougainville*, Français, et le capitaine *Cook*, Anglais, explorèrent les petites îles de l'Océanie (1766-79).

Au XIXe siècle, les *Anglais* cherchèrent le passage du *nord-ouest* par le nord de l'Amérique, voyage accompli en 1905 par le Norvégien *Amundsen*, — et, en 1879, *Nordenskiold*, Suédois, fit le tour de l'Asie par le *nord-est*, jusqu'en Chine; mais ces passages ne sont pas praticables.

Aujourd'hui les continents sont traversés par les *chemins de fer*, et les Océans sillonnés par les *bateaux à vapeur*, tandis que les *lignes télégraphiques* et les *câbles sous-marins* permettent de correspondre presque instantanément d'un bout du monde à l'autre.

LA FRANCE

CH. I. — GÉOGRAPHIE PHYSIQUE

§ 1. Préliminaires.

77. **Définition.** La **France**, *notre patrie*, le pays de nos pères, est l'un des grands États de l'Europe occidentale et maritime.

78. **Bornes.** Des six frontières françaises, trois sont **maritimes** et conséquemment *naturelles* : au nord et au nord-ouest, la *mer du Nord* et la *Manche*; à l'ouest, l'*Atlantique;* au sud-est, la *Méditerranée.*

Les trois autres sont **terrestres** et *politiques*, ou conventionnelles; mais deux d'entre elles coïncident avec des accidents naturels ou physiques : au sud-ouest, la *frontière espagnole* s'accorde avec l'arête des Pyrénées; à l'est, les *frontières italienne et suisse* concordent avec les Alpes et le Jura. Au nord-est, la *frontière allemande, luxembourgeoise et belge* n'est marquée que par le Rhin et des lignes de pure convention politique.

Le **développement** des *frontières de terre* est de 2500 kilomètres, et celui des *côtes* d'environ 2900 kilomètres.

79. **Configuration.** Les contours de la France affectent la forme harmonieuse d'un **hexagone**, dont les sommets sont : — au *nord*, la ville de Dunkerque; — à l'*ouest*, le cap Saint-Mathieu; — au *sud-ouest*, l'embouchure de la Bidassoa; — au *sud*, le cap Cerbère; — au *sud-est*, la ville de Menton, près de l'embouchure de la Roya; — au *nord-est*, le confluent de la Lauter et du Rhin.

80. **Superficie.** La superficie de la France est de 551 000 kilomètres carrés; ce qui en fait la 2e contrée de l'Europe.

§ 2. Les côtes.

81. **Le littoral français de la** *mer du Nord*, où se trouve DUNKERQUE, est *bas*, **formé de polders** endigués et de **dunes.**

La **côte** du *Pas de Calais*, avec la ville de même nom, est caractérisée par des **falaises de craie**, formant le cap *Gris-Nez.*

Le **détroit** ou « pas » de Calais est le passage du globe le plus **fréquenté** par les navires.

82. **Littoral de la Manche.** Du cap Gris-Nez, la *falaise* se continue au sud et s'entr'ouvre pour former le port de BOULOGNE; puis la côte est *basse*, bordée de *dunes* et percée par l'*estuaire ensablé* de la Somme.

Ensuite jusqu'à la Seine se dressent les **falaises** *de Normandie* ou du pays de Caux, hautes de 60 à 120 mètres. Dans les **anfractuosités**, s'abritent des villes avec ports et plages balnéaires : LE TRÉPORT, DIEPPE, SAINT-VALERY-EN-CAUX, FÉCAMP.

Au sud du cap de *la Hève*, s'ouvre l'*estuaire de la Seine*, large de 10 kilomètres, baignant le grand port du HAVRE et HONFLEUR, port de cabotage; puis la côte offre les plages fréquentées de TROUVILLE et CABOURG; en mer, les *rochers du Calvados*, émergés à marée basse.

La *presqu'île du Cotentin* présente la rade de *la Hougue*, puis la pointe de *Barfleur* et le cap de **la Hague**, entre lesquels se trouve le **port militaire** de CHERBOURG.

A l'ouest, la côte cotentine possède le port de GRANVILLE; au large, se trouvent les îles anglo-normandes de *Guernesey* et *Jersey.* Au fond du **golfe de Saint-Malo**, les baies du *Mont-Saint-Michel* et de *Saint-Brieuc* ont de vastes plages sablonneuses.

83. **Les côtes de la Bretagne**, généralement **granitiques**, sont très déchiquetées, surtout à l'ouest, par la mer qui est très agitée. Au nord, se trouvent les ports de SAINT-MALO, SAINT-SERVAN, SAINT-BRIEUC et MORLAIX.

L'extrémité occidentale du *Finistère* présente les îles d'*Ouessant* et de *Sein*, le cap **Saint-Mathieu**, la presqu'île de *Crozon*, qui sépare la *rade de* BREST, port militaire, de la baie de *Douarnenez;* puis les pointes du *Raz* et de *Penmarch.*

La **côte méridionale** de la Bretagne présente l'île *Groix*, près de Lorient, la presqu'île de *Quiberon*, les baies du **Morbihan** et de la *Vilaine*, en face de *Belle-Ile.*

La **Loire**, après avoir baigné NANTES et SAINT-NAZAIRE, développe son embouchure entre les pointes du *Croisic* et de *Saint-Gildas.*

84. **De la Loire à la Gironde.** La côte est bordée de dunes dans la Vendée, de **polders et de marais salants** dans la Charente-Inférieure. — Après l'île *Noirmoutier*, viennent l'île d'*Yeu* et le port des SABLES-D'OLONNE. Les îles fortifiées de *Ré*, d'*Oléron* et d'*Aix* protègent une vaste baie ouverte par les *pertuis Breton* et d'*Antioche;* là s'abritent LA ROCHELLE, port marchand, et ROCHEFORT, **port militaire** sur la Charente.

Entre les pointes de *la Coubre* et de *Grave*, s'étale l'estuaire de la **Gironde**; large de 3 à 10 km, il a 75 km de long jusqu'au *bec d'Ambès*, où se réunissent la Garonne et la Dordogne; il donne accès au port de BORDEAUX.

85. **Golfe de Gascogne.** De la presqu'île du Médoc à la Bidassoa, la côte est **droite**, bordée par les **dunes de Gascogne**, larges de 4 à 8 km, hautes de 20 à 90 mètres et fixées en partie par des plantations de pins. L'entrée de la **baie d'Arcachon**, l'embouchure de l'*Adour*, avec son port de BAYONNE, et celle de la *Bidassoa*, sur la frontière espagnole, sont les seules échancrures de cette **côte inhospitalière.**

86. **Méditerranée.** Le littoral méditerranéen est généralement **bas et sablonneux** du *cap Cerbère* à Marseille, **élevé et rocheux** au delà jusqu'en Italie.

Au fond du **golfe du Lion**, la côte du Roussillon et du Languedoc renferme, derrière les cordons de sable, une suite

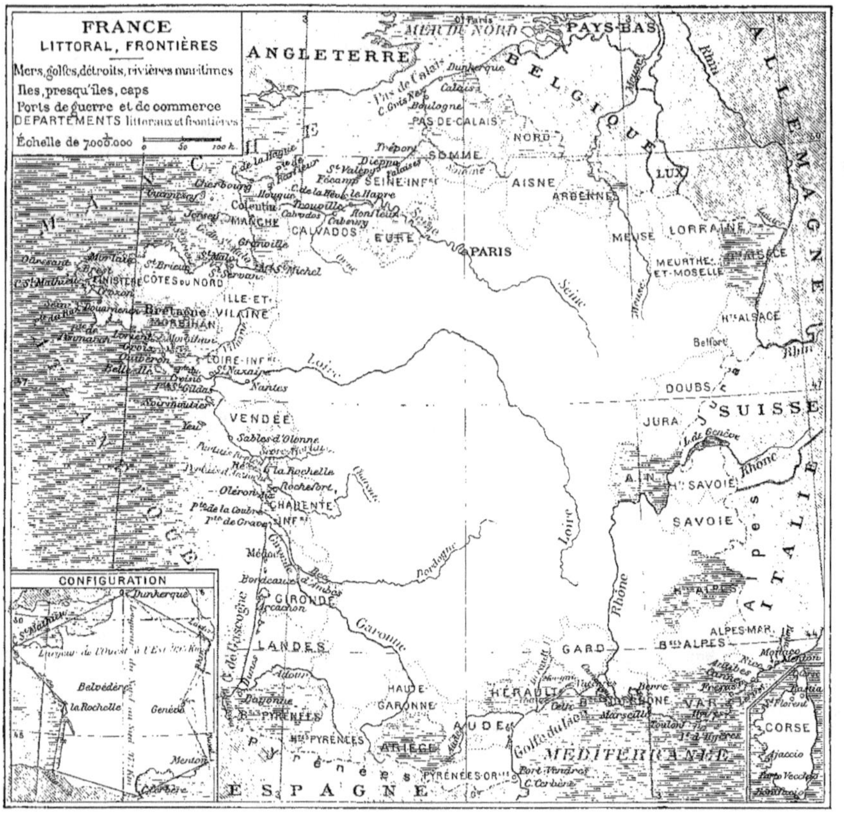

d'étangs, tels que ceux de *Thau* et de *Mauguio*, avec les ports de PORT-VENDRES et CETTE. — Le **delta du Rhône** comprend l'île marécageuse de la *Camargue*, avec l'étang de *Vaccarès*; un peu à l'est, se trouve l'étang de *Berre*.

La **haute côte provençale** est creusée de bons ports; tels surtout le port marchand de **Marseille** et le port militaire de **Toulon**. De la rade et des îles d'*Hyères*, le littoral se dirige au nord-est, présentant les baies et villes de *Fréjus*, de *Cannes*, près des îles *Lérins*, d'ANTIBES, de NICE, de MONACO, cité princière, enfin de MENTON, près de la frontière italienne; ce sont aussi des stations hivernales de la délicieuse « côte d'Azur ».

87. **Corse.** L'île s'étend en ovale allongé de la presqu'île du **cap Corse** au détroit de *Bonifacio*, qui la sépare de la Sardaigne. Ses côtes sont généralement **élevées**, rocheuses et découpées, sauf à l'est. Elles offrent les **golfes** et les ports de *Saint-Florent* et d'AJACCIO, à l'ouest; la baie et **ville** de PORTO-VECCHIO, au sud-est, et le port de BASTIA, au nord-est.

88. TABLEAU SYNOPTIQUE DES MERS ET DES CÔTES

Mers et Golfes	MER DU NORD	(ou *mer Germanique*).
	MANCHE	Estuaires de la *Somme* et de la *Seine*; *Golfe de Saint-Malo*, baies du Mont-Saint-Michel et de Saint-Brieuc.
	ATLANTIQUE	Baie ou rade de *Brest*, baies de *Douarnenez* et du Morbihan; Estuaires de la *Vilaine* et de la *Loire*. *Golfe de Gascogne*, *Gironde*, bassin d'Arcachon.
	MÉDITERRANÉE	*Golfe du Lion*: étangs de Thau, de Mauguio, de Vaccarès, de *Berre*; baie de Marseille; rades de Toulon et d'Hyères. En Corse : golfes de Saint-Florent et d'Ajaccio, baie de Porto-Vecchio.

Détroits	MER DU NORD ET MANCHE	*Pas de Calais*.
	ATLANTIQUE	Pertuis Breton et d'Antioche.
	MÉDITERRANÉE	*Détroit de Bonifacio*.
Iles	ATLANTIQUE	*Ouessant*, Sein, Groix, *Belle-Ile*. *Noirmoutier*, *Yeu*, *Ré*, *Oléron*.
	MÉDITERRANÉE	Iles d'Hyères, Lérins, de *Corse*.
Presqu'îles	MANCHE ET ATLANTIQUE	Presqu'îles du *Cotentin*, de *Bretagne*, avec celles de Brest, de Crozon et de Quiberon; du Médoc.
	MÉDITERRANÉE	Presqu'île du cap Corse.
Caps	MER DU NORD ET MANCHE	Caps *Gris-Nez*, de *la Hève*, pointe de Barfleur, cap de *la Hague*.
	ATLANTIQUE	*Saint-Mathieu*, pointes du Raz, de Penmarch, du Croisic, de Saint-Gildas; de la Coubre, de *Grave*.
	MÉDITERRANÉE	Caps *Cerbère* et *Corse*.

Ch. II

GÉOLOGIE

89. **Classification des terrains.** On distingue les terrains **non stratifiés** ou *primitifs*, d'origine *ignée* et de nature cristalline, et les terrains **stratifiés** ou *sédimentaires*, déposés par couches au fond des eaux. Ces derniers se subdivisent en terrains *primaires*, *secondaires*, *tertiaires*, *quaternaires* et *modernes*.

Tous les âges géologiques sont représentés dans le sol français, qui présente sous ce rapport encore une heureuse variété.

90. I. Les **terrains primitifs** ou *archéens* constituent en France le **Massif central**, le **Morvan**, la **Bretagne** (sauf la partie centrale), le *Bocage* vendéen, la *Gâtine*, les Vosges méridionales, le *noyau* des Pyrénées, des Alpes, les monts des *Maures* et le versant occidental de la Corse. Là dominent les roches granitiques et les schistes cristallins qui, ayant peu séjourné sous les eaux de la mer, ne sont pas recouverts de roches sédimentaires : de là leur peu de fertilité.

Les *roches volcaniques*, appartenant également aux terrains ignés, ont été vomies, à des époques relativement récentes, par des **volcans**, **éteints aujourd'hui**, qui ont recouvert de leurs coulées de *basalte*, de *trachyte* et de *lave*, une partie de l'Auvergne, du Velay, du Vivarais et du Morvan.

GÉOLOGIE — Coupe idéale de la croûte terrestre — Disposition des terrains — *Les épaisseurs sont ici exagérées*

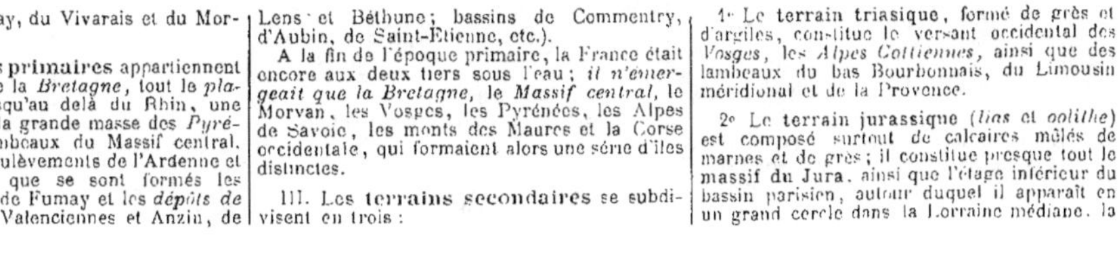

II. Aux **terrains primaires** appartiennent la partie centrale de la *Bretagne*, tout le *plateau ardennais* jusqu'au delà du Rhin, une partie des *Vosges*, la grande masse des *Pyrénées*, quelques lambeaux du Massif central. C'est au pied des soulèvements de l'Ardenne et du Massif central que se sont formés les schistes *ardoisiers* de Fumay et les *dépôts de houille* (bassins de Valenciennes et Anzin, de Lens et Béthune; bassins de Commentry, d'Aubin, de Saint-Étienne, etc.).

A la fin de l'époque primaire, la France était encore aux deux tiers sous l'eau; *il n'émergeait que la Bretagne*, le *Massif central*, le Morvan, les Vosges, les Pyrénées, les Alpes de Savoie, les monts des Maures et la Corse occidentale, qui formaient alors une série d'îles distinctes.

III. Les **terrains secondaires** se subdivisent en trois :

1° Le **terrain triasique**, formé de grès et d'argiles, constitue le versant occidental des *Vosges*, les *Alpes Cottiennes*, ainsi que des lambeaux du bas Bourbonnais, du Limousin méridional et de la Provence.

2° Le **terrain jurassique** (*lias* et *oolithe*) est composé surtout de calcaires mêlés de marnes et de grès; il constitue presque tout le massif du **Jura**, ainsi que l'étage inférieur du bassin parisien, autour duquel il apparaît en un grand cercle dans la Lorraine médiane, la

Champagne, le Nivernais, le Berry, le Poitou et une partie de la Normandie. Il forme de même le fond du bassin aquitain, dans l'Aunis, l'Angoumois, le Quercy, et apparaît au pied des Pyrénées, dans le haut Languedoc, les Causses, les Alpes du Dauphiné et de la Provence.

3° Le **terrain crétacé**, composé de calcaires crayeux, de craie, de grès verts, est pauvre en dépôts métalliques. Il est disposé à l'intérieur des cuvettes jurassiques, en anneaux qui apparaissent dans les collines de l'Artois, la Champagne centrale, la Touraine, le Maine, la Normandie (**bassin parisien**), ainsi que dans l'Angoumois, le Périgord, au pied des Pyrénées (*bassin aquitain*), en Provence, en Dauphine et en Savoie (*bassin rhodanien*).

91. IV. Les **terrains tertiaires** sont, comme les précédents, d'origine exclusivement marine. Ils occupent plus du quart du territoire français, et constituent les parties centrales des grands bassins géologiques, savoir :

1° **Bassin neustrien** *ou parisien* : l'Ile-de-France, l'Orléanais et la Beauce; la Picardie, l'Artois et la Flandre.

2° **Bassin aquitain** : parties basses de la Guyenne et de la Gascogne.

3° **Bassin rhodanien** *et méditerranéen* : le bas Languedoc, la Provence occidentale, les vallées du Rhône et de la Saône.

4° En outre, la plaine de l'Alsace, la Limagne, le bas Forez, une partie du Bourbonnais et, en dehors de la France, la Basse-Belgique.

Pendant la période tertiaire, des **éruptions volcaniques** fournissent des matières qui forment les *porphyres du Morvan* et les *diorites de la Bretagne*. Des soulèvements prodigieux élèvent à leur altitude actuelle les sommets des Pyrénées et des Alpes.

V. Les **terrains quaternaires** sont des alluvions anciennes, composées de limon et de sable, mêlés de cailloux roulés, qui forment généralement le sol horizontal des plaines et des vallées. On y trouve les premières traces de l'existence de l'homme (squelettes, haches de pierre, os travaillés, débris de poterie).

VI. Les **terrains modernes** comprennent tous les dépôts de formation actuelle; mais ces couches ont peu d'épaisseur, si on les compare aux terrains précédents. On les divise en **dépôts d'eau douce**, tels que les limons des lacs et des étangs, les tourbes des marais, les alluvions des fleuves et leurs deltas; et en **dépôts marins** : dunes, polypiers, débris organiques enfouis au fond des mers.

La partie supérieure du sol, formée par les débris des roches sous-jacentes ou par les matériaux transportés par les eaux, les glaciers ou les vents, se mélange avec des restes organiques et constitue la **terre végétale** que l'on cultive.

CH. III. — OROGRAPHIE

OU LE RELIEF

92. **Relief général du sol.** Envisagé d'une manière générale, le sol de la France forme un plan relevé à l'E. et au S.; incliné à l'O. et au N.-O. vers l'Atlantique et la Manche.

93. **Montagnes des frontières.** Les chaînes de montagnes situées sur les frontières de la France sont : les *Pyrénées*, les *Alpes* et le *Jura*.

94. Les **Pyrénées**, orientées de l'O. à l'E., séparent la France de l'Espagne en formant une chaîne montagneuse d'environ 450 km de longueur, et 120 km de largeur moyenne.

On les divise en trois parties, qui sont :

1° Les PYRÉNÉES OCCIDENTALES, comprenant le pic du *Midi d'Ossau* et le mont *Vignemale*, 3290 m., la plus haute cime des Pyrénées françaises; le mont *Perdu*, 3352 m., en Espagne;

2° Les PYRÉNÉES CENTRALES, comprenant le pic du *Midi de Bigorre*, 2877 m., et le pic du *Port-d'Oo*, 3154 m.; la *Maladetta*, ou mont Maudit, point culminant des Pyrénées (3404 m.), en Espagne;

3° Les PYRÉNÉES ORIENTALES, comprenant le pic de *Carlitte*, 2921 m.; le *Canigou* et les *Corbières*.

Parmi les *ports* ou cols des Pyrénées, on cite, à l'ouest, le *Somport;* au centre, le défilé du *Pont-du-Roi*, 590 m., par lequel la Garonne entre en France; à l'est, le col de *la Perche*, 1622 m., et le col de *Perthus*.

95. Les **Alpes**, dont la partie *occidentale* seule est en France, sont la première et la plus belle chaîne de montagnes de l'Europe, par leur étendue, leur masse, leur élévation, leur aspect varié.

Les *Alpes occidentales*, orientées du S. au N., séparent la France de l'Italie sur une longueur d'environ 400 km, avec une largeur de 200 km entre les plaines du Rhône et du Pô.

On les divise en trois parties :

1° Les ALPES DE PROVENCE se rattachent, à la frontière, aux **Alpes Maritimes**, où l'*Aiguille de Chambeyron* (3400 m.) est située en France; à l'O., le mont *Ventoux* a 1912 m. (Vaucluse).

2° Les ALPES DU DAUPHINÉ se rattachent, à la frontière, aux **Alpes Cottiennes** (monts *Viso*, italien, et *Thabor*, français); le massif du *Pelvoux* (4103 m.) renferme la plus haute cime des Alpes françaises.

3° Les ALPES DE SAVOIE se rattachent, à la frontière, aux **Alpes Graies**, 3655 m., et au massif du Mont-*Blanc*, 4810 m., le point culminant de toute l'Europe.

Parmi les *cols* ou passages des Alpes, on cite le col de l'*Argentière* (ou de Larche); le col du *Mont-Genèvre*, 1860 m., près de Briançon; le col de *Fréjus*, sous lequel passe le tunnel franco-italien; le col du *Mont-Cenis*, 2082 m.

96. Le **Jura**, formé de nombreux chaînons parallèles, s'étend du S.-O. au N.-E. sur une longueur de 300 km, depuis le coude du Rhône jusqu'à la trouée de Belfort. Il sépare la France de la Suisse; on y remarque le *Grand Crêt d'Eau* (ou Credo) et le *Crêt de la Neige*, 1723 m., point culminant, au S. de Saint-Claude.

97. Les passages sont : le *défilé du Rhône*, le *val de Travers*, à l'E. de Pontarlier; la *dépression de Valdieu* ou *trouée de Belfort*, entre le Jura et les Vosges.

98. **Montagnes de l'intérieur.** (A). Les **Vosges** se dirigent du S. au N. Elles renferment le *Ballon de Guebwiller*, 1426 m., point culminant; le *Ballon d'Alsace* et le *Hohneck*, 1366 m.

99. (B). A l'O. du Rhône se développe le *Massif central*, auquel se rattachent la plupart des plateaux et des collines de l'intérieur de la France.

1° Les **Cévennes**, qui forment le talus oriental du Massif central, se développent depuis le canal du Midi jusqu'au canal du Centre en une chaîne longue de plus de 500 km, que l'on divise en trois parties, savoir : au sud, la *Montagne-Noire*, l'*Espinouse* et les *Garrigues;* — au centre, les *Cévennes proprement dites*, avec le mont *Lozère*, 1702 m.; les monts volcaniques du *Vivarais*, avec le *Gerbier de Jonc* et le mont *Mézenc*, 1754 m.; — au nord, les monts du *Lyonnais*, du *Beaujolais* et du *Charolais*.

2° La CÔTE D'OR, le mont *Tasselot*, le *plateau de Langres* et les monts *Faucilles* continuent la ligne de partage des eaux du versant de la Méditerranée.

3° Les monts volcaniques du *Velay* et du *Forez* séparent le bassin de l'Allier du bassin de la Loire supérieure.

4° Les **monts d'Auvergne**, anciens volcans, comprennent le massif du *Cantal*, 1858 m.; les monts *Dore*, avec le Puy de Sancy, 1886 m., point culminant de la France centrale, et les monts *Dômes*, dominés par le Puy de Dôme, 1465 m. Ils se rattachent aux Cévennes par les monts de la *Margeride*.

Les monts du *Limousin*, les collines de l'*Angoumois*, du *Poitou* et de la *Gâtine* prolongent les lignes de partage vers l'Océan.

5° Les monts du **Morvan**, 902 m., et les collines du *Nivernais*, à l'O. de la Côte d'Or, forment, avec le plateau d'Orléans, les collines de *Normandie*, 417 m., et celles de *Bretagne*, 391 m., la ligne de partage des versants de l'Atlantique et de la Manche.

6° L'*Argonne* et l'*Ardenne occidentale* appartiennent à la ligne de ceinture du versant de la Manche, avec les collines de la *Picardie* et de l'*Artois*, aboutissant au cap Gris-Nez. Les *Côtes de Meuse* et l'*Ardenne orientale* sont à l'E. de la Meuse.

Les *montagnes de la* **Corse** renferment le *Monte Cinto*, 2710 m., et le *Monte Rotondo*, au centre de l'île.

100. **Régions hypsométriques.**

Régions hautes. Ce sont : la *Savoie*, le *Dauphiné*, la *haute Provence*, dans le massif des *Alpes;* — le Roussillon, le pays de Foix, le Bigorre, le Béarn, dans le massif des *Pyrénées*, et la Corse. — Le Massif central, le Jura et les Vosges présentent aussi des parties de plus de 1000 m. d'altitude.

Régions moyennes, de 300 à 1000 m. Tels sont l'*Auvergne*, la *Marche*, le *Limousin*, la *haute Guyenne*, le *haut Languedoc*, le *Lyonnais*, le *Morvan*, qui forment le *Massif central*, ayant une altitude moyenne de 500 m.; les *régions des Vosges et du Jura;* la *Champagne du S.-E.*, la *haute Bourgogne*, la *haute Normandie*, la *haute Bretagne*.

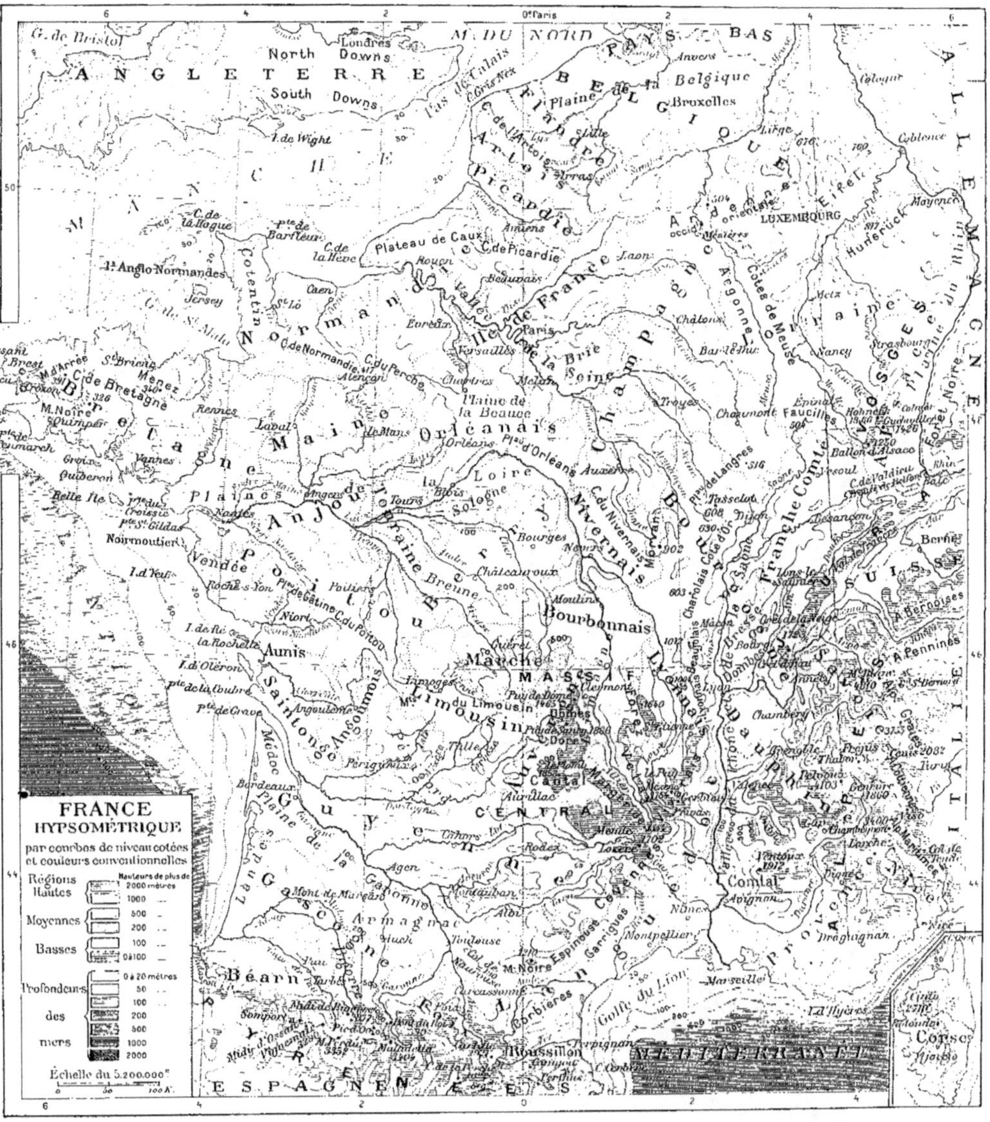

Régions basses. Les régions basses, ayant une altitude de moins de 300 m., dominent en France; elles comprennent généralement toutes les provinces du nord et de l'ouest : la *Flandre*, l'*Artois*, la *Picardie*, la *Champagne occidentale* et *centrale*, l'*Ile-de-France*, la *basse Normandie*, la *basse Bretagne*, le *Maine*, l'*Orléanais*, la *Touraine*, l'*Anjou*, le *Poitou* et la

Saintonge, ainsi que la *Guyenne* et la *Gascogne* occidentales; enfin, au sud, le *bas Languedoc* et la *basse Provence*, se continuant par la longue *vallée* du Rhône et de la Saône et par la plaine d'Alsace.

101. Lignes de partage des eaux.

PRINCIPE. — *Tout bassin de mer* ou de fleuve *est circonscrit par une ligne de partage des eaux*, formée de points relativement élevés, mais aussi quelquefois par une plaine; *aussi ne faut-il pas la confondre avec une ligne de faîte*, formée de montagnes ou de collines sensibles à la vue.

La ligne de partage principale est celle qui sépare le VERSANT DE LA MÉDITERRANÉE des versants de l'Atlantique, de la Manche et de la mer du Nord.

Cette ligne part du golfe de Gênes, remonte du S. au N. le haut massif des ***Alpes occidentales***, en passant par les Alpes Maritimes, les Alpes Cottiennes, les Alpes Graies, les Alpes Pennines, où elle s'élève au ***Mont-Blanc***, à **4 810** m. d'altitude; de là elle se dirige vers les sources du Rhône, où elle se rattache à la grande ligne de partage européenne.

Elle entre en France par le ***Jura***, à plus de **1 500** m.; passe par les ***Vosges*** méridionales, **1 250** m., et par les monts *Faucilles;* s'abaisse sur le plateau de ***Langres*** à **400** m. d'altitude moyenne, se relève sur la ***Côte d'Or*** et les *Cévennes* (m. Mézenc, **1 754** m.); puis elle redescend à **190** m. au *col de Naurouse*, où passe le canal du Midi; elle remonte enfin par les *Corbières occidentales*, suit la crête des *Pyrénées* à une altitude de **2 000** à **3 404** m., et pénètre en Espagne par le sud du golfe de Gascogne.

102. Ceintures des bassins fluviaux.

1° La **ceinture** du bassin du **Rhin** est formée en France par le *Jura*, les *Vosges*, les Faucilles, les Côtes de Meuse et l'Ardenne orientale.

2° La **ceinture** du bassin de la **Meuse** est formée, en France, de l'Ardenne orientale, des Côtes de Meuse, des Faucilles, de l'Argonne et de l'Ardenne occidentale.

3° La **ceinture** du bassin de **l'Escaut** est formée par des plateaux et par les collines de l'Artois.

4° La **ceinture** du bassin de la **Seine**, à partir du cap de la Hève, comprend les plateaux ou collines du pays de Caux et de la Picardie, l'Ardenne occidentale, l'Argonne, le plateau de Langres, la *Côte d'Or*, les monts du *Morvan*, les collines du Nivernais, le plateau d'Orléans ou plaine de la Beauce, les collines du Perche et du Lieuvin; elle finit près de Honfleur, en face du cap de la Hève.

5° La **ceinture** du bassin de la **Loire**, à partir de Saint-Nazaire, comprend les collines du Maine, de la *Normandie* et du Perche, le plateau d'Orléans, les collines du Nivernais, les monts du *Morvan*, la *Côte d'Or*, les *Cévennes* (monts du Charolais, du Beaujolais, du Lyonnais, du Vivarais); les monts de la Margeride, d'*Auvergne*, du Limousin, les collines du Poitou et le plateau de Gâtine, pour finir à la pointe Saint-Gildas.

6° La **ceinture** du bassin de la **Garonne**, à partir de la pointe de la Coubre, comprend la plaine de la Saintonge, les collines du Périgord, les monts du Limousin, d'*Auvergne* et de la Margeride, les *Cévennes* propres, l'Espinouse et la Montagne-Noire, les *Pyrénées* centrales, les collines de l'Armagnac et la plaine des Landes, jusqu'à la pointe de Grave.

7° La **ceinture** du bassin du **Rhône**, à partir de la plaine du Languedoc, aux environs d'Aigues-Mortes, comprend les *Cévennes* (monts du Vivarais, du Lyonnais, du Beaujolais, du Charolais), la *Côte d'Or*, le plateau de Langres, les monts Faucilles, les *Vosges* méridionales, le *Jura*, les *Alpes Bernoises* et *Pennines*, le *Mont-Blanc*, les *Alpes Graies* et *Cottiennes*, les *Alpes de Provence* jusqu'à la plaine de la Crau.

CH. IV. — HYDROGRAPHIE
OU LES EAUX

103. Versants maritimes. Le territoire français se divise en quatre versants maritimes, faisant partie des bassins des quatre mers qui le baignent. Ce sont :

Au N., le *versant de la mer du Nord;*
Au N.-O., le *versant de la Manche;*
A l'O., le *versant de l'Atlantique;*
Au S.-E., le *versant de la Méditerranée.*

Chaque versant maritime se subdivise en bassins *fluviaux*.

I. VERSANT DE LA MER DU NORD

104. Cours du Rhin. — Le Rhin prend sa source au massif du Saint-Gothard, dans les Alpes suisses; il forme le lac de Constance, coule du S. au N. dans la plaine de l'Alsace, traverse l'Allemagne occidentale et forme dans les Pays-Bas hollandais, en se jetant dans la mer du Nord, un vaste delta qui s'étend des bouches de la Meuse au Zuiderzee. — (1 300 km de longueur.)

Le **Rhin** passe à Bâle et près de Strasbourg; il baigne Mayence, Coblenz et Cologne.

Affluents. Le Rhin reçoit **l'Ill**, la rivière de l'Alsace qui passe à Strasbourg et la **Moselle**, grossie de la *Meurthe*, traversant nos départements des Vosges et de Meurthe-et-Moselle.

La Moselle a sa source dans les Vosges, coule au N., arrose Épinal et Toul, puis devient navigable en recevant la *Meurthe*, qui passe à Saint-Dié et à Nancy; la Moselle arrose ensuite Metz, reçoit la Sarre et finit à Coblenz.

105. Cours de la Meuse. — La Meuse prend sa source à Pouilly, près de Bourbonne-les-Bains, au plateau de Langres, et coule du S. au N. dans une vallée étroite et encaissée, qui coupe l'Ardenne en France et en Belgique; elle traverse ensuite la grande plaine des Pays-Bas hollandais, et, unissant ses bouches à celles du Rhin et de l'Escaut, elle se jette dans la mer du Nord. — (900 km.)

La Meuse traverse 4 *départements*. Elle arrose la HAUTE-MARNE; — passe à Neufchâteau, dans les VOSGES; — à Verdun, dans la MEUSE; — à Sedan, Mézières, Charleville et Givet, dans les ARDENNES.

En Belgique, elle baigne Namur et Liège; — en Hollande, elle arrose Maestricht et Rotterdam.

Affluents. La Meuse reçoit : à DROITE, la *Chiers;* — à GAUCHE, à Namur, la *Sambre*, qui passe à Landrecies et à Maubeuge.

106. Cours de l'Escaut. — L'Escaut prend sa source au nord de Saint-Quentin. Il traverse les plaines basses et fertiles de la Flandre française et de la Belgique, et se jette en Hollande dans la mer du Nord par un large estuaire. — (400 km.)

L'Escaut traverse 2 *départements*. Il arrose en France le Catelet, dans l'AISNE; — Cambrai et Valenciennes, dans le NORD; — en Belgique, Tournai, Gand et Anvers.

Affluents. L'Escaut reçoit, à gauche, la *Scarpe*, qui baigne Arras et Douai, et la *Lys*, qui arrose Armentières.

II. VERSANT DE LA MANCHE

107. Versant côtier au N. de la Seine. La **Somme** arrose Saint-Quentin, Péronne, Amiens et Abbeville.

Bassin de la Seine.

108. Cours de la Seine. — La Seine, dont la direction générale est le N.-O., prend sa source au nord du mont Tasselot, dans la commune de Saint-Germain-Source-Seine (Côte-d'Or). La vallée de la Seine, étroite et en pente rapide d'abord, s'élargit et traverse généralement de vastes plaines. En aval de Paris, elle est bordée d'agréables coteaux, et le fleuve décrit de grands *méandres* ou détours, surtout avant de se jeter dans la Manche par un *estuaire* de 10 km d'ouverture. — (776 km.)

La Seine baigne 9 *départements*. Elle arrose Châtillon, dans la CÔTE-D'OR; — Bar, Troyes et Nogent, dans l'AUBE; — Marcilly, dans la MARNE; — Melun, dans SEINE-ET-MARNE; — Corbeil et Mantes, dans SEINE-ET-OISE; — Paris et Saint-Denis, dans la SEINE; — les Andelys, dans l'EURE; — Elbeuf, Rouen et le Havre, dans la SEINE-INFÉRIEURE; — Honfleur, dans le CALVADOS.

109. Affluents. La Seine reçoit : à DROITE, l'*Aube*, la **Marne** et l'**Oise**, grossie de l'*Aisne;* — à GAUCHE, l'**Yonne**, le *Loing* et l'*Eure*.

L'**Aube** passe à Bar-sur-Aube et Arcis-sur-Aube.

La **Marne** passe près de Langres, à Chaumont, Saint-Dizier, où elle devient navigable, à Vitry-le-François, Châlons-sur-Marne, Epernay, Meaux, et se termine à Charenton, près de Paris.

L'**Oise** prend sa source en Belgique, arrose la Fère, Chauny, où elle devient navigable, reçoit l'*Aisne*, baignant Rethel et Soissons, arrose Compiègne et finit sous Pontoise.

L'**Yonne** descend du Morvan, passe à Clamecy et Auxerre; reçoit l'*Armançon*, arrose Joigny, Sens et finit à Montereau.

L'*Eure* passe à Chartres et à Louviers.

110. Versant côtier à l'O. de la Seine. L'**Orne** passe à Caen; — la *Vire* arrose Vire et Saint-Lô; — la *Rance* baigne Dinan et Saint-Malo.

III. VERSANT DE L'ATLANTIQUE

111. Versant côtier breton, se rattachant au bassin de la Loire : l'*Aulne* se jette dans la baie de Brest; le *Blavet* baigne Lorient; — la **Vilaine** passe à Rennes, où elle reçoit l'*Ille*, et à Redon.

Bassin de la Loire.

112. **Cours de la Loire.** — La Loire prend sa source au mont Gerbier de Jonc, dans les Cévennes (Ardèche), et coule bientôt vers le N., puis le N.-O. Elle parcourt le Massif central par une vallée profonde, qui s'élargit ensuite jusque dans l'Orléanais. D'Orléans, le fleuve, se dirigeant vers l'ouest par une série de courbes allongées, ne rencontre plus que de vastes

plaines; il finit dans l'Atlantique, par une embouchure de 12 kilomètres de largeur. C'est le plus long fleuve français (1040 km), mais son débit très irrégulier le rend peu navigable.

La Loire traverse ou touche 12 *départements*. Née dans l'ARDÈCHE, elle passe près du Puy, dans la HAUTE-LOIRE; — près de Saint-Étienne et à Roanne, dans la LOIRE; — sépare SAÔNE-ET-LOIRE de l'ALLIER; — puis elle passe à Decize et à Nevers, dans la NIÈVRE, qu'elle sépare du CHER; — passe à Briare et à Orléans, dans le LOIRET; — à Blois, dans LOIR-ET-CHER; — à Tours, dans INDRE-ET-LOIRE; — à Saumur, dans MAINE-ET-LOIRE; — à Nantes et à Saint-Nazaire, dans la LOIRE-INFÉRIEURE.

113. **Affluents.** La Loire reçoit : à DROITE, la *Nièvre*, la **Maine**, formée par la réunion de la *Mayenne* et de la *Sarthe*, grossie du *Loir*, et l'*Erdre*; — à GAUCHE, l'**Allier**, le *Loiret*, le **Cher**, l'**Indre**, la **Vienne**, grossie de la *Creuse*, et la *Sèvre-Nantaise*.

La *Nièvre* se jette dans la Loire à Nevers.

La **Maine** baigne Angers; la *Mayenne* arrose Mayenne et Laval; la *Sarthe*, Alençon et le Mans; le *Loir*, Châteaudun, Vendôme et la Flèche.

L'Allier passe près de Brioude et d'Issoire, puis à Vichy, à Moulins, et se termine en aval de Nevers.

Le *Loiret* n'a que 12 km de cours; mais il a deux sources abondantes, le *Bouillon* et l'*Abîme*, formées par les infiltrations de la Loire.

Le Cher passe à Montluçon, à Vierzon et au S. de Tours.

L'Indre baigne Châteauroux et Loches.

La **Vienne** arrose Limoges, reçoit le *Clain*, baignant Poitiers, arrose Châtellerault et reçoit la *Creuse*, qui passe à Aubusson et près de Guéret. — La *Sèvre-Nantaise* se jette dans la Loire à Nantes.

114. **Versant côtier** *entre Loire et Garonne*.

La **Sèvre-Niortaise** passe à Niort et reçoit la *Vendée*. — La **Charente** passe à Angoulême, Cognac, Saintes et Rochefort.

Bassin de la Garonne.

115. **Cours de la Garonne.** — La Garonne prend sa source au val d'Aran, dans les Pyrénées espagnoles, et coule rapidement vers le nord jusqu'à Toulouse, où sa vallée s'élargit. En face du Massif central, elle oblique vers le nord-ouest, traverse de vastes plaines, se réunit à la Dordogne au Bec d'Ambès, et de là va se jeter dans l'Atlantique par un estuaire remarquable, appelé *Gironde*. — (605 km ou 680 avec la Gironde.)

La Garonne arrose 5 *départements*. Elle passe près de Saint-Gaudens, à Muret et à Toulouse, dans la HAUTE-GARONNE; — près de Castelsarrasin, dans TARN-ET-GARONNE; — à Agen et à Marmande, dans LOT-ET-GARONNE; — à la Réole, à Bordeaux et à Blaye, dans la GIRONDE; — enfin elle borde la CHARENTE-INFÉRIEURE.

116. **Affluents.** La Garonne reçoit : à DROITE, l'*Ariège*, le **Tarn**, grossi de l'*Aveyron*, le **Lot**, la **Dordogne**, grossie de la *Vézère* et de l'*Isle*; — à GAUCHE, le *Gers*.

L'*Ariège* baigne Foix et Pamiers.

Le *Tarn* passe à Millau, Albi, Gaillac et Montauban; il reçoit l'*Aveyron*, qui arrose Rodez et Villefranche.

Le *Lot* passe à Mende, Espalion, Cahors et Villeneuve-sur-Lot.

La *Dordogne* descend du mont Dore et reçoit la *Vézère*, grossie de la *Corrèze*, baignant Tulle et Brive; elle passe ensuite à Bergerac et à Libourne, où elle reçoit l'*Isle*, qui arrose Périgueux.

Le *Gers* passe à Auch.

117. **Versant côtier** *à l'ouest de la Garonne*.

L'Adour descend des Hautes-Pyrénées, passe à Tarbes, Dax et Bayonne. Il reçoit la *Midouze*, arrosant Mont-de-Marsan, et le *Gave de Pau*, qui baigne Lourdes, Pau et Orthez.

La *Bidassoa*, dans son cours inférieur, sépare la France de l'Espagne.

IV. VERSANT DE LA MÉDITERRANÉE

118. **Versant côtier** *au sud-ouest du Rhône*.

La *Têt* baigne Perpignan; — l'**Aude** arrose Limoux et Carcassonne; — l'**Hérault** finit à Agde.

Bassin du Rhône.

119. **Cours du Rhône.** — Le Rhône, au cours rapide et abondant, sort des glaciers du Saint-Gothard, dans les Alpes suisses, coule vers l'ouest, traverse le lac de Genève, puis contourne le Jura méridional par un étroit défilé. A Lyon, arrêté par le massif des Cévennes, il se dirige au S. par une longue et belle vallée, et va se jeter dans la Méditerranée, en formant, du limon qu'il dépose, un vaste delta qui s'avance dans la mer de 1 km par siècle. — (812 km.)

Le Rhône limite 11 *départements*: HAUTE-SAVOIE, SAVOIE, AIN, LOIRE; — il arrose Lyon, dans le RHÔNE; — Vienne, dans l'ISÈRE; — Valence, dans la DRÔME; — Viviers, dans l'ARDÈCHE; — Avignon, dans VAUCLUSE; — Beaucaire, dans le GARD; — Tarascon et Arles, dans les BOUCHES-DU-RHÔNE.

120. **Affluents.** Le Rhône reçoit : à DROITE : l'**Ain**, la **Saône**, grossie du *Doubs*, l'*Ardèche* et le *Gard*; — à GAUCHE, l'*Arve*, l'**Isère**, la *Drôme*, la *Sorgue* et la **Durance**.

La **Saône** passe à Gray, reçoit le *Doubs*, baignant Pontarlier, Besançon et Dôle; puis elle arrose Chalon-sur-Saône, Mâcon, et finit à Lyon. — Le *Gard* baigne Alais.

L'**Isère** passe à Moutiers, traverse la vallée du Graisivaudan, arrose Grenoble et Romans.

La *Drôme* passe à Die.

La *Sorgue* est une petite rivière qui sort de la célèbre fontaine de Vaucluse.

La *Durance* passe à Briançon, Embrun et Sisteron.

121. **Versant côtier** *provençal*. Le Var passe à Puget-Théniers; il n'arrose plus le département qui porte son nom, mais celui des Alpes-Maritimes.

La *Roya*, qui a sa source et son embouchure en Italie, traverse en France l'extrémité orientale du département des Alpes-Maritimes.

L'île de **Corse** a quelques rivières torrentueuses, entre autres le *Gravone*, qui se termine dans la baie d'Ajaccio, et le *Tavignano*, qui passe à Corte.

LACS

122. Les principaux lacs sont : le *Léman* ou *lac de* **Genève**, traversé par le Rhône; il appartient à la France et à la Suisse; les lacs *d'Annecy* et du *Bourget*, situés en Savoie; le lac de *Grand-Lieu*, étang marécageux, situé près de l'embouchure de la Loire.

CH. V. — GÉOGRAPHIE POLITIQUE

Du peuple français.

124. La **population** *absolue* ou totale de la France est de 41 000 000 d'habitants, y compris 1 100 000 étrangers. (En 1919.)

La **superficie** étant de 551 000 kilom. carrés, la *population relative* est de 75 hab. par km².

Langues. — La *langue française*, formée principalement du latin, est d'un usage général dans tout le pays. C'est en même temps l'une des langues vivantes les plus cultivées à l'étranger.

L'*italien*, le *flamand*, le *breton* et le *basque* sont aussi parlés dans quelques parties de la France.

Religion. — Les Français appartiennent à la *religion catholique;* cependant il y a environ 600 000 *protestants calvinistes*, surtout dans le Languedoc et les Charentes, 120 000 *luthériens*, en Alsace, à Montbéliard et à Paris, et 100 000 *israélites*.

Les anciennes provinces.

125. **Historique.** — La France actuelle correspond à la plus grande partie de la *Gaule*,

(Voir p. 18.)

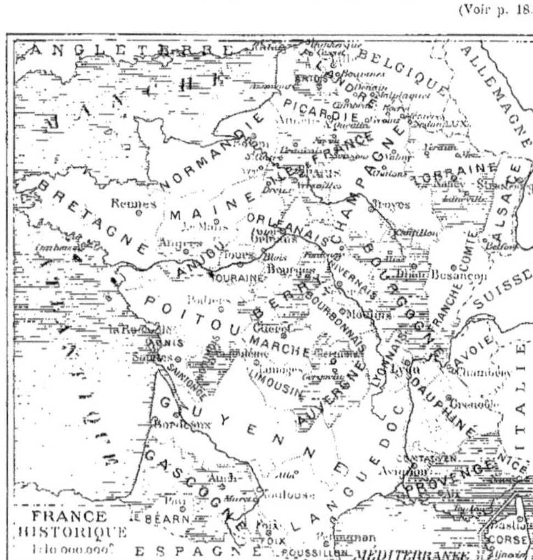

123. TABLEAU DES PROVINCES ET DES DÉPARTEMENTS FRANÇAIS (GROUPÉS EN 9 RÉGIONS)

I. RÉGION DU NORD

Île-de-France (6 départ.)
- SEINE, chef-lieu PARIS. (V. pr. **Saint-Denis**.)
- SEINE-ET-OISE, ch.-l. **Versailles**, sous-préfectures Corbeil, Étampes, Pontoise, Mantes, Rambouillet.
- **Seine-et-Marne**, ch.-l. Melun, s.-pr. Fontainebleau, Meaux, Provins, Coulommiers.
- OISE, ch.-l. *Beauvais*, s.-pr. Compiègne, Senlis, Clermont.
- AISNE, ch.-l. Laon, s.-pr. **St-Quentin**, Soissons, Château-Thierry, Vervins.

Picardie
- SOMME, ch.-l. **Amiens**, s.-pr. *Abbeville*, Doullens, Péronne, Montdidier.

Artois
- PAS-DE-CALAIS, ch.-l. *Arras*, s.-pr. **Boulogne**, *Saint-Omer*, Béthune, Saint-Pol, Montreuil. (V. pr. **Calais**.)

Flandre
- NORD, ch.-l. **Lille**, s.-pr. *Dunkerque, Douai, Valenciennes, Cambrai*, Hazebrouck, Avesnes. (V. pr. **Roubaix** et **Tourcoing**.)

II. RÉGION DU NORD-EST

Champagne (4 départ.)
- **Aube**, ch.-l. **Troyes**, s.-pr. Bar-sur-Aube, Nogent-sur-Seine, Bar-sur-Seine, Arcis-sur-Aube.
- **Haute-Marne**, ch.-l. Chaumont, s.-pr. Langres, Wassy.
- MARNE, ch.-l. *Châlons-sur-Marne*, s.-pr. **Reims**, *Epernay*, Vitry-le-François, Sainte-Menehould.
- **Ardennes**, ch.-l. Mézières, s.-pr. *Sedan*, Rethel, Vouziers, Rocroi.

Lorraine (4 départ.)
- **Meuse**, ch.-l. Bar-le-Duc, s.-pr. *Verdun*, Commercy, Montmédy.
- VOSGES, ch.-l. *Épinal*, s.-pr. *Saint-Dié*, Remiremont, Mirecourt, Neufchâteau.
- MEURTHE-ET-MOSELLE, ch.-l. **Nancy**, s.-pr. *Lunéville*, Toul, Briey.
- MOSELLE, ch.-l. **Metz**, villes principales Château-Salins, Sarrebourg, Sarreguemines, Thionville.

Alsace (2 départ.)
- Haut-Rhin, ch.-l. **Colmar**, ville principale **Mulhouse**.
- Bas-Rhin, ch.-l. **Strasbourg**, v. pr. Saverne, Schelestat, Wissembourg.
- **Territoire de Belfort**, ch.-l. *Belfort*.

III. RÉGION DU NORD-OUEST

Normandie (5 départ.)
- SEINE-INFÉRIEURE, ch.-l. **Rouen**, s.-pr. **le Havre**, *Dieppe*, Yvetot, Neufchâtel.
- **Eure**, ch.-l. Evreux, s.-pr. Louviers, Bernay, Pont-Audemer, les Andelys.
- **Calvados**, ch.-l. *Caen*, s.-pr. Lisieux, Bayeux, Falaise, Vire, Pont-l'Évêque.
- MANCHE, ch.-l. Saint-Lô, s.-pr. *Cherbourg*, Avranches, Coutances, Valognes, Mortain.
- **Orne**, ch.-l. Alençon, s.-pr. Argentan, Domfront, Mortagne.

Maine (2 départ.)
- SARTHE, ch.-l. **le Mans**, s.-pr. la Flèche, Mamers, Saint-Calais.
- **Mayenne**, ch.-l. *Laval*, s.-pr. Mayenne, Château-Gontier.

IV. RÉGION DE L'OUEST

Bretagne (5 départ.)
- ILLE-ET-VILAINE, ch.-l. **Rennes**, s.-pr. *Fougères*, Saint-Malo, Vitré, Redon, Montfort.
- COTES-DU-NORD, ch.-l. *Saint-Brieuc*, s.-pr. Dinan, Guingamp, Lannion, Loudéac.
- FINISTÈRE, ch.-l. Quimper, s.-pr. **Brest**, Morlaix, Quimperlé, Châteaulin.
- MORBIHAN, ch.-l. *Vannes*, s.-pr. *Lorient*, Pontivy, Ploërmel.
- LOIRE-INFÉRIEURE, ch.-l. **Nantes**, s.-pr. *Saint-Nazaire*, Châteaubriant, Ancenis, Paimbœuf.

Anjou
- MAINE-ET-LOIRE, ch.-l. **Angers**, s.-pr. *Cholet*, Saumur, Segré, Baugé.

Poitou (3 départ.)
- VENDÉE, ch.-l. la Roche-sur-Yon, s.-pr. les Sables-d'Olonne, Fontenay-le-Comte.
- **Deux-Sèvres**, ch.-l. *Niort*, s.-pr. Parthenay, Bressuire, Melle.
- **Vienne**, ch.-l. *Poitiers*, s.-pr. Châtellerault, Montmorillon, Loudun, Civray.

V. RÉGION DU CENTRE

Orléanais (3 départ.)
- **Loiret**, ch.-l. **Orléans**, s.-pr. Montargis, Gien, Pithiviers.
- **Eure-et-Loir**, ch.-l. *Chartres*, s.-pr. Dreux, Nogent-le-Rotrou, Châteaudun.
- **Loir-et-Cher**, ch.-l. *Blois*, s.-pr. Vendôme, Romorantin.

Touraine
- **Indre-et-Loire**, ch.-l. **Tours**, s.-pr. Chinon, Loches.

Berry (2 départ.)
- **Indre**, ch.-l. *Châteauroux*, s.-pr. Issoudun, le Blanc, la Châtre.
- **Cher**, ch.-l. *Bourges*, s.-pr. Saint-Amand, Sancerre.

Nivernais
- **Nièvre**, ch.-l. *Nevers*, s.-pr. Cosne, Clamecy, Château-Chinon.

Bourbonnais
- ALLIER, ch.-l. *Moulins*, s.-pr. *Montluçon*, Gannat, Lapalisse.

Marche
- **Creuse**, ch.-l. Guéret, s.-pr. Aubusson, Bourganeuf, Boussac.

Limousin (2 départ.)
- **Haute-Vienne**, ch.-l. **Limoges**, s.-pr. Saint-Yrieix, Bellac, Rochechouart.
- **Corrèze**, ch.-l. Tulle, s.-pr. *Brive*, Ussel.

Auvergne (2 départ.)
- PUY-DE-DOME, ch.-l. **Clermont-Ferrand**, s.-pr. Thiers, Riom, Ambert, Issoire.
- **Cantal**, ch.-l. Aurillac, s.-pr. Saint-Flour, Mauriac, Murat.

VI. RÉGION DU SUD-OUEST

Angoumois
- **Charente**, ch.-l. *Angoulême*, s.-pr. Cognac, Barbezieux, Ruffec, Confolens.

Aunis et Saintonge
- CHARENTE-INFÉRIEURE, ch.-l. *la Rochelle*, s.-pr. *Rochefort, Saintes*, Saint-Jean-d'Angely, Marennes, Jonzac.

Guyenne (6 départ.)
- GIRONDE, ch.-l. **Bordeaux**, s.-pr. *Libourne*, Blaye, Bazas, la Réole, Lesparre.
- DORDOGNE, ch.-l. *Périgueux*, s.-pr. Bergerac, Sarlat, Ribérac, Nontron.
- **Lot**, ch.-l. Cahors, s.-pr. Figeac, Gourdon.
- **Aveyron**, ch.-l. Rodez, s.-pr. Millau, Villefranche, Saint-Affrique, Espalion.
- **Lot-et-Garonne**, ch.-l. *Agen*, s.-pr. Villeneuve-sur-Lot, Marmande, Nérac.
- **Tarn-et-Garonne**, ch.-l. *Montauban*, s.-pr. Moissac, Castelsarrasin.

Gascogne (3 départ.)
- **Gers**, ch.-l. Auch, s.-pr. Condom, Mirande, Lectoure, Lombez.
- **Landes**, ch.-l. Mont-de-Marsan, s.-pr. Dax, Saint-Sever.
- **Hautes-Pyrénées**, ch.-l. *Tarbes*, s.-pr. Bagnères-de-Bigorre, Argelès.

Béarn
- BASSES-PYRÉNÉES, ch.-l. *Pau*, s.-pr. *Bayonne*, Oloron, Orthez, Mauléon.

VII. RÉGION DU SUD

Foix
- **Ariége**, ch.-l. Foix, s.-pr. Pamiers, Saint-Girons.

Roussillon
- **Pyrénées-Orientales**, ch.-l. *Perpignan*, s.-pr. Prades, Céret.

Languedoc (8 départ.)
- HAUTE-GARONNE, ch.-l. **Toulouse**, s.-pr. Saint-Gaudens, Muret, Villefranche.
- **Tarn**, ch.-l. *Albi*, s.-pr. *Castres*, Gaillac, Lavaur.
- **Aude**, ch.-l. *Carcassonne*, s.-pr. *Narbonne*, Castelnaudary, Limoux.
- HÉRAULT, ch.-l. **Montpellier**, s.-pr. **Béziers**, Lodève, Saint-Pons.
- GARD, ch.-l. **Nîmes**, s.-pr. *Alais*, Uzès, le Vigan.
- **Ardèche**, ch.-l. Privas, s.-pr. Tournon, Largentière.
- **Lozère**, ch.-l. Mende, s.-pr. Marvejols, Florac.
- **Haute-Loire**, ch.-l. *Le Puy*, s.-pr. Yssingeaux, Brioude.

VIII. RÉGION DE L'EST

Lyonnais (2 départ.)
- RHONE, ch.-l. **Lyon**, s.-pr. Villefranche.
- LOIRE, ch.-l. **Saint-Étienne**, s.-pr. *Roanne*, Montbrison.

Bourgogne (4 départ.)
- **Ain**, ch.-l. *Bourg*, s.-pr. Belley, Trévoux, Nantua, Gex.
- SAONE-ET-LOIRE, ch.-l. *Mâcon*, s.-pr. *Chalon-sur-Saône*, Autun, Louhans, Charolles.
- **Côte-d'Or**, ch.-l. **Dijon**, s.-pr. Beaune, Châtillon-sur-Seine, Semur.
- **Yonne**, ch.-l. *Auxerre*, s.-pr. Sens, Joigny, Avallon, Tonnerre.

Franche-Comté (3 départ.)
- **Haute-Saône**, ch.-l. Vesoul, s.-pr. Lure, Gray.
- **Doubs**, ch.-l. **Besançon**, s.-pr. Montbéliard, Pontarlier, Baume.
- **Jura**, ch.-l. Lons-le-Saunier, s.-pr. Dôle, Saint-Claude, Poligny.

IX. RÉGION DU SUD-EST

Savoie (2 départ.)
- **Haute-Savoie**, ch.-l. Annecy, s.-pr. Thonon, Bonneville, Saint-Julien.
- **Savoie**, ch.-l. *Chambéry*, s.-pr. Albertville, Saint-Jean-de-Maurienne, Moutiers.

Dauphiné (3 départ.)
- ISÈRE, ch.-l. **Grenoble**, s.-pr. *Vienne*, la Tour-du-Pin, Saint-Marcellin.
- **Drôme**, ch.-l. *Valence*, s.-pr. Montélimar, Die, Nyons.
- **Hautes-Alpes**, ch.-l. Gap, s.-pr. Briançon, Embrun.

Comtat
- **Vaucluse**, ch.-l. *Avignon*, s.-pr. Carpentras, Orange, Apt.

Provence et Nice (4 départ.)
- BOUCHES-DU-RHONE, ch.-l. **Marseille**, s.-pr. *Arles, Aix*.
- **Var**, ch.-l. Draguignan, s.-pr. **Toulon**, Brignoles.
- **Basses-Alpes**, ch.-l. Digne, s.-pr. Sisteron, Forcalquier, Barcelonnette, Castellane.
- **Alpes-Maritimes**, ch.-l. **Nice**, s.-pr. Grasse, Puget-Théniers.

Corse
- **Corse**, ch.-l. Ajaccio, s.-pr. *Bastia*, Corte, Sartène, Calvi.

Algérie, 3 départements (au nord) et 4 territoires militaires (au sud). (Voir nº 329.)

NOTA. — 1. Les DÉPARTEMENTS écrits en capitales ont plus de 400 000 habitants.
2. Les sous-préfectures sont rangées d'après le chiffre de la population.
3. Les **villes en romain gras** ont plus de 50 000 habitants.
4. Les *villes en italique* ont de 20 à 50 000 habitants.

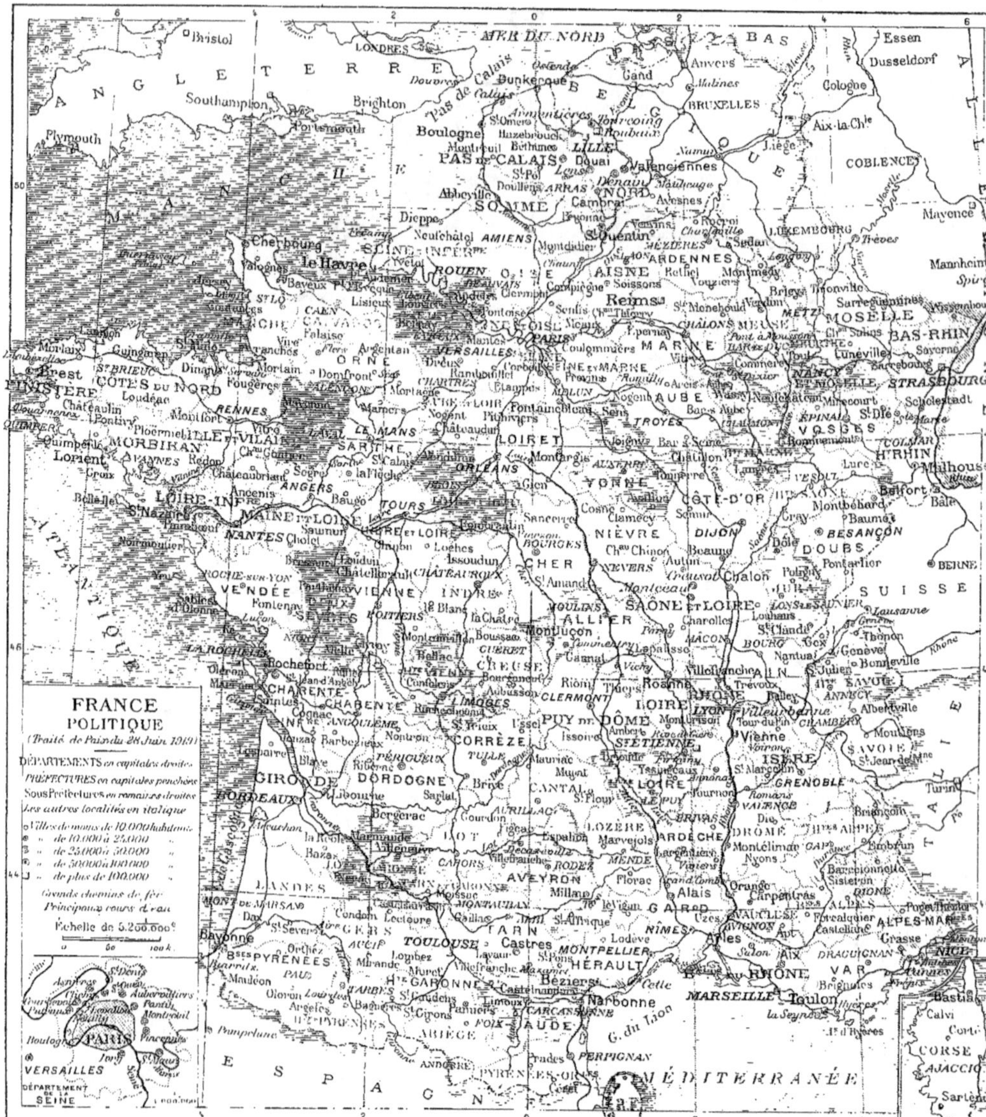

qui s'étendait entre l'Océan, les Pyrénées, les Alpes et le Rhin. Elle fut conquise par César cinquante ans avant J.-C., et pendant cinq cents ans elle fit partie de l'empire romain. — Au ve siècle, les Francs s'en emparèrent sous la conduite de Clovis; mais la Gaule ne prit le nom de France que vers le IXe siècle, à la suite du démembrement de l'empire de Charlemagne. — Par suite du régime féodal, la France se couvrit d'un grand nombre de fiefs ou souverainetés particulières, plus ou moins indépendantes de la royauté, et nos rois mirent plus de huit siècles pour étendre le domaine de la couronne jusqu'aux frontières actuelles.

126. **Formation du domaine royal.** — Au xe siècle, à l'avènement de Hugues Capet à la couronne de France, le domaine royal comprenait seulement l'*Ile-de-France*, l'*Orléanais* et la *Picardie*, apanage particulier de ce prince.

Au xiie siècle, — Philippe Ier acheta le *Berry*.

Au xiiie siècle, — Philippe-Auguste conquit la *Touraine*, et confisqua la *Normandie* sur Jean sans Terre.

Saint Louis et Philippe le Hardi héritèrent du *Languedoc*.

Philippe le Bel acquit le *Lyonnais* et prépara la réunion de la *Champagne* par son mariage avec Jeanne de Navarre.

Au xive siècle, — Philippe VI obtint le *Dauphiné* par don du dernier de ses comtes, et acheta le comté de *Montpellier*.

Charles V conquit sur les Anglais le *Poitou*, l'*Aunis* et la *Saintonge*.

Au xve siècle, — Charles VII conquit sur les Anglais la *Guyenne* et la *Gascogne*.

Louis XI hérita, de René d'Anjou, du *Maine*, de l'*Anjou* et de la *Provence*, et il confisqua la *Bourgogne* et la *Picardie* après la mort de Charles le Téméraire.

Au xvie siècle, — François Ier confisqua sur le connétable de Bourbon le *Bourbonnais*, une partie de l'*Auvergne* et la *Marche*. — Il réunit par apanage l'*Angoumois*, et par mariage la *Bretagne*.

Henri IV réunit par apanage le *Béarn*, le *comté de Foix* et le *Limousin*.

Au xviie siècle, — Louis XIII et Louis XIV conquirent l'*Artois*, le *Roussillon*, la *Flandre française*, la *Franche-Comté* et l'*Alsace*.

Louis XIV acheta en outre le *Nivernais*.

Au xviiie siècle, — Louis XV hérita de la *Lorraine*, à la mort de Stanislas Leczinski, et acheta la *Corse* aux Génois.

La Révolution annexa le *comtat Venaissin* et *Avignon*, enlevés au Pape.

Au xixe siècle, — Napoléon III annexa la *Savoie* et le *comté de Nice*, cédés par l'Italie; mais perdit l'Alsace et une partie de la Lorraine qui nous ont été rendues, en 1919, à la suite de la Grande Guerre.

127. **Tableau des provinces.** — Avant 1790, la France comprenait 35 provinces, qui correspondaient en général avec les *gouvernements militaires*. Ces provinces étaient des divisions territoriales administrées par des intendants et séparées entre elles par des lignes de douanes. Leur administration n'était pas uniforme; chacune d'elles jouissait de privilèges particuliers.

128. Les anciennes provinces sont au nombre de 38, en y comprenant le comtat Venaissin, la Savoie, le comté de Nice et l'Alsace, acquis depuis 1790. Les voici, rangées par ordre de position géographique.

1° Au nord, l'*Ile-de-France*, cap. Paris; — la *Picardie*, cap. Amiens; — l'*Artois*, c. Arras; — la *Flandre française*, c. Lille.

2° Au nord-est, la *Champagne*, cap. Troyes; — la *Lorraine*, cap. Nancy; — l'*Alsace*, cap. Strasbourg.

3° Au nord-ouest, la *Normandie*, cap. Rouen; — le *Maine*, cap. Le Mans.

4° A l'ouest, la *Bretagne*, cap. Rennes: — l'*Anjou*, cap. Angers; — le *Poitou*, cap. Poitiers.

5° Au centre, l'*Orléanais*, cap. Orléans; — la *Touraine*, cap. Tours; — le *Berry*, cap. Bourges; — le *Nivernais*, cap. Nevers; — le *Bourbonnais*, cap. Moulins; — la *Marche*, cap. Guéret; — le *Limousin*, cap. Limoges; — l'*Auvergne*, cap. Clermont.

6° Au sud-ouest, l'*Angoumois*, cap. Angoulême; — l'*Aunis*, cap. La Rochelle, avec la *Saintonge*, cap. Saintes; — la *Guyenne*, cap. Bordeaux, avec la *Gascogne*, cap. Auch; — le *Béarn*, cap. Pau.

7° Au sud, le *comté de Foix*, cap. Foix; — le *Roussillon*, cap. Perpignan; — le *Languedoc*, cap. Toulouse.

8° A l'est, le *Lyonnais*, cap. Lyon; — la *Bourgogne*, cap. Dijon; — la *Franche-Comté*, cap. Besançon.

9° Au sud-est, la *Savoie*, cap. Chambéry; — le *Dauphiné*, cap. Grenoble; — le *Comtat*, cap. Avignon; — la *Provence*, cap. Aix; — le *comté de Nice*, cap. Nice; — la *Corse*, cap. Bastia.

Les départements.

129. **Départements.** — *Origine et but de la division en départements.* La division de la France en départements fut établie en 1790 par l'Assemblée constituante, dans le but de rendre uniforme l'administration du pays, en faisant disparaître les traditions et les privilèges des provinces.

Le *nombre* de nos **départements**, qui était de 86 après la perte du Haut-Rhin, du Bas-Rhin et de la Moselle, en 1871, est actuellement de **89**, outre le **Territoire de Belfort**.

130. Les **noms des départements** sont tirés : 1° soit des *cours d'eau* qui les arrosent (Seine, Seine-et-Oise, etc.); c'est le cas le plus ordinaire; — 2° soit des *montagnes* qui s'y trouvent (Hautes-Alpes, Jura, Lozère, etc.); 3° soit de quelque *particularité remarquable*, telle que la *position relative* (Nord, Côtes-du-Nord, Finistère); de la *mer* (Pas-de-Calais, Manche, Morbihan); de *rochers* (Calvados), d'une *fontaine* (Vaucluse), de la *nature du sol* (Landes); 4° la Corse et les deux départements de la Savoie ont seuls conservé leurs *noms historiques*.

Du gouvernement.

131. **La forme du gouvernement** en France est la *république*, dont le chef est un *président* élu.

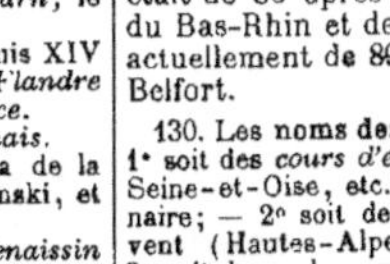

132. Le président, avec les *ministres* de son choix, forme le **pouvoir exécutif**.

Les **ministères** sont ceux de l'*intérieur*, — de la *justice*, — de l'*instruction publique* et des *beaux-arts*, — des *finances*, — de la *guerre*, — de la *marine*, — des *colonies*, — des *affaires étrangères*, — de l'*agriculture*, — des *travaux publics*, — du *commerce* et des *postes et télégraphes*, — de l'*industrie*, — du *travail* et de la *prévoyance sociale*.

133. Le **pouvoir législatif**, ou celui de faire les lois, est exercé par deux assemblées : le **Sénat**, qui comprend 300 membres, élus pour 9 ans, et la **Chambre des députés**, qui comprend 600 membres, élus pour 4 ans par le suffrage universel.

Tout Français âgé de 21 ans est électeur, aussi bien pour les élections des députés que pour les conseils généraux des départements, les conseils d'arrondissement et les conseils municipaux. Il doit *voter* en choisissant le candidat le plus digne, le plus capable de soigner les intérêts politiques, moraux et religieux de la patrie.

Le **Conseil d'État**, non électif, donne au gouvernement son avis sur certains projets de lois, et sur les projets de décrets et règlements d'administration publique.

134. **Divisions administratives.** — Pour faciliter l'administration d'un pays, on établit diverses sortes de *divisions territoriales*, dont les principales sont, en France : 1° les divisions *administratives* proprement dites ou *civiles*, 2° les divisions *judiciaires*, 3° les divisions *militaires*, 4° les divisions *maritimes*, 5° les divisions *financières*, 6° les divisions *académiques*, 7° les divisions *ecclésiastiques*.

Administration civile.

135. Sous le rapport de l'administration civile, la France est divisée en 89 *départements*, subdivisés en 380 *arrondissements*, 2950 *cantons* et 37600 *communes*.

136. Un département est une circonscription territoriale administrée par un préfet.

Le **préfet**, nommé par le chef de l'État, est assisté d'un *conseil général élu* et d'un *conseil de préfecture nommé*.

137. **L'arrondissement** est la division du département ayant un administrateur particulier appelé **sous-préfet**. L'arrondissement de la préfecture est administré directement par le préfet.

Le **sous-préfet** est subordonné au préfet. Il est assisté d'un **conseil d'arrondissement**, qui se compose ordinairement d'autant de membres qu'il y a de cantons dans l'arrondissement.

138. **Le canton** est une division de l'arrondissement et comprend un certain nombre de communes.

Le canton sert de base à l'élection des membres du conseil général et du conseil d'arrondissement. Il est le ressort de la *justice de paix*, autorité judiciaire du degré inférieur.

139. La **commune** est une portion du territoire français administrée par un *maire*.

On distingue les *communes urbaines* et les *communes rurales*. (Voir n° 52.)

140. Le **maire** de la commune est assisté d'un ou de plusieurs *adjoints*, et d'un conseil municipal.

Le maire est à la fois le délégué du gouvernement et le représentant de la commune. Ses principales fonctions sont administratives; il est chargé de la police municipale, de la proposition du budget, etc.

Le **conseil municipal** se compose de 10 à 36 membres, suivant l'importance de la commune. Il est élu par les habitants de la commune et présidé par le maire.

141. **Paris** et **Lyon** ont une administration particulière. A **Paris**, le *préfet de la Seine* et le *préfet de police* remplissent conjointement les *fonctions de maire* pour toute la ville; mais celle-ci se divise en 20 arrondissements, ayant chacun leur maire spécial. **Lyon** est administré par un maire et divisé en 6 arrondissements.

Divisions judiciaires.

142. Sous le rapport judiciaire, la France comprend les *justices de paix*, — les *tribunaux de première instance*, — les *tribunaux de commerce*, — les *cours d'appel*, — les *cours d'assises*, — la *cour de cassation*.

143. Le **tribunal de justice de paix**, établi au chef-lieu de chaque canton, prononce sur les affaires de peu d'importance : il concilie les parties, et apaise les différends. Il juge les contraventions, comme *tribunal de simple police*.

Le **tribunal de première instance**, établi dans chaque arrondissement et généralement au chef-lieu, prononce sur les matières civiles importantes et sur les délits, ou affaires de police correctionnelle.

Il statue sur toutes les affaires dont la connaissance n'a pas été attribuée à d'autres juges par des lois particulières.

Les *tribunaux de commerce*, établis dans les villes commerçantes, prononcent sur les contestations qui s'élèvent entre les commerçants.

Le tribunal de première instance et le tribunal de commerce forment le deuxième degré de juridiction. On peut référer de leurs jugements à la cour d'appel.

144. **La cour d'appel** est un tribunal supérieur qui prononce sur les oppositions formées contre les jugements rendus par les tribunaux de première instance et de commerce.

Il y a 27 *cours d'appel* pour toute la France :

Agen	**Bourges**	**Lyon**	**Poitiers**
Aix	**Caen**	**Montpellier**	**Rennes**
Amiens	**Chambéry**	**Nancy**	**Riom**
Angers	**Dijon**	**Nîmes**	**Rouen**
Bastia	**Douai**	**Orléans**	Strasbourg
Besançon	**Grenoble**	**Paris**	**Toulouse**
Bordeaux	**Limoges**	**Pau**	(Alg.-Tun.: **Alger**)

145. La **cour d'assises** est un tribunal temporaire qui prononce sur les affaires criminelles, avec le concours d'un jury de citoyens. — Elle se tient quatre fois l'année, ordinairement au chef-lieu du département.

Le jury se prononce sur la culpabilité ou l'innocence de l'accusé; les magistrats dirigent le débat et appliquent la loi.

Les membres du jury se nomment *jurés*. Pour être juré, il faut avoir 30 ans, savoir lire et écrire, et n'être dans aucun des cas d'incapacité prévus par la loi. Pour chaque affaire, le jury se compose de 12 jurés tirés au sort.

146. La **cour de cassation**, siégeant à Paris, est le tribunal suprême, chargé de maintenir l'uniformité de jurisprudence dans toute la France.

La cour de cassation examine *seulement* si le jugement qui lui est soumis *est conforme ou non* à la loi : dans le premier cas, elle rejette le pourvoi; dans le second, elle *casse* le jugement et renvoie l'affaire à un autre tribunal.

147. **Divisions financières**.— Pour la perception des revenus publics, chaque arrondissement forme une recette particulière et chaque département une recette générale, en rapport avec la caisse centrale du Trésor public à Paris.

148. Une *cour des comptes*, siégeant à Paris, vérifie l'emploi des fonds du gouvernement.

Le **budget**, ou l'état annuel des finances publiques, comprend : 1° la fixation des dépenses et la formation du revenu, qui sont de la compétence du pouvoir législatif; 2° la perception et la comptabilité, qui appartiennent à l'ordre administratif.

Le budget de l'État est préparé chaque année par le ministre compétent, et présenté aux Chambres, qui l'examinent, le discutent et le votent.

Les **recettes publiques** comprennent les contributions directes, les contributions indirectes, les droits d'enregistrement, de timbres et de douane, les produits des domaines, des postes, etc.

En 1914, le budget de l'État était de plus de 4 milliards de francs, et la dette publique dépassait 30 milliards. Ils ont augmenté d'un tiers depuis la guerre de 1870-71.

149. **Divisions académiques.** — Pour l'administration de l'instruction publique, la France est divisée en 17 *académies*, ou circonscriptions territoriales régies chacune par un *recteur*.

Les chefs-lieux d'académies sont :

Aix-Marseille, Besançon, Bordeaux, Caen, Chambéry, Clermont, Dijon, Grenoble, Lille, Lyon, Montpellier, Nancy, Paris, Poitiers, Rennes, Strasbourg, Toulouse. Pour l'Algérie, **Alger.**

Sauf Chambéry, ce sont des sièges d'*universités*, ou réunions de facultés. L'ensemble des professeurs de l'État forme l'*Université de France*.

150. L'enseignement se divise en trois degrés : *primaire, secondaire, supérieur.*

L'enseignement *primaire* comprend les premiers éléments des connaissances : religion, lecture, écriture, langue française, histoire, géographie, arithmétique, dessin, etc. (Écoles ordinaires, communales ou libres, salles d'asile, cours d'adultes, pensionnats.) On décerne un *certificat d'études primaires*.

L'enseignement *primaire supérieur*, dit aussi enseignement *secondaire spécial*, comprend en outre la littérature française, les mathématiques appliquées, les sciences physiques et naturelles.

L'enseignement *secondaire* embrasse les langues anciennes, la rhétorique, les éléments des mathématiques et de la philosophie. (*Lycées, collèges, petits séminaires*, etc.)

L'enseignement *supérieur* comprend dans toute leur étendue les connaissances humaines. Il se donne dans les Universités, les Facultés libres et les Écoles spéciales. (*Facultés de théologie*, de *droit*, de *médecine*, des *sciences* et des *lettres*; écoles *normale supérieure*, *polytechnique*, *navale*, *centrale*, de *Saint-Cyr*, etc.)

151. **Divisions ecclésiastiques.** — Pour l'administration du culte catholique, la France est divisée en 87 ***diocèses***, soumis chacun à la juridiction spirituelle d'un archevêque ou d'un évêque, aujourd'hui indépendants de l'État.

Il y a 17 archevêchés et 70 évêchés.

L'Algérie et les autres colonies comptent en outre 2 archevêchés et 5 évêchés.

152. **Aix**, archevêché, a pour *suffragants* les évêchés d'*Ajaccio, Digne, Fréjus* (Var), *Gap, Marseille* et *Nice.*
Albi, suffr.: *Cahors, Mende, Perpignan, Rodez.*
Alger, suffr. : *Oran, Constantine.*
Auch, suffr : *Aire* (Landes), *Bayonne, Tarbes.*
Avignon, suffr.: *Montpellier, Nîmes, Valence, Viviers* (Ardèche).
Besançon, suffr. : *Belley, Nancy, Saint-Dié* et *Verdun.*
Bordeaux, suffr. : *Agen, Angoulême, La Rochelle, Luçon* (Vendée), *Périgueux, Poitiers, Basse-Terre* (Guadeloupe), *Saint-Pierre* (Martinique), et *Saint-Denis* (île de la Réunion).
Bourges, suffr. : *Clermont, Saint-Flour, Limoges, Le Puy* et *Tulle.*
Cambrai, suffr. : *Arras* et *Lille.*
Carthage et *Tunis.*
Chambéry, suffr. : *Annecy, Moûtiers-en-Tarentaise* et *Saint-Jean-de-Maurienne.*
Lyon, suffr. : *Autun, Dijon, Grenoble, Langres* et *Saint-Claude.*
Paris, suffr. : *Blois, Chartres, Meaux, Orléans* et *Versailles.*
Reims, suffr. : *Amiens, Beauvais, Châlons-sur-Marne* et *Soissons.*
Rennes, suffr.: *Quimper, S.-Brieuc, Vannes.*
Rouen, suffr.: *Bayeux, Coutances, Evreux* et *Sées* (Orne).
Sens, suffr. : *Moulins, Nevers* et *Troyes.*
Toulouse, suffr. : *Carcassonne, Montauban* et *Pamiers.*
Tours, suff.: *Angers, Laval, Le Mans, Nantes.*
Strasbourg et *Metz.*

153. Chaque diocèse ou *évêché* correspond en général à un département. Chaque archevêché ou archidiocèse constitue, avec ses suffragants, une *province ecclésiastique.*

La *paroisse* est la plus petite circonscription ecclésiastique. On distingue les *doyennés*, ou *cures* de chefs-lieux de cantons; les *cures* ordinaires et les *succursales*, celles-ci ayant un desservant. Parfois le curé est assisté d'un ou de plusieurs vicaires.

154. Outre le culte catholique, on distingue le ***culte protestant***, luthérien ou calviniste, qui tient ses assemblées dans des temples, sous la présidence de pasteurs ou ministres, — et le ***culte israélite***, qui a ses synagogues et ses rabbins.

DÉFENSE NATIONALE

I. La marine.

155. **La marine de guerre**, comme l'armée de terre, est appelée à défendre le territoire, mais spécialement les côtes; en outre, sa mission est de protéger nos colonies, avec nos nationaux, et notre commerce.

156. La marine militaire comprend :

1° Le **personnel**, qui se compose de 46000 hommes d'équipages. Le recrutement se fait surtout parmi les *inscrits maritimes* du littoral, qui seuls ont le droit de pêche et de navigation sur les côtes. L'inscription dure de 18 à 50 ans; il y a 110000 inscrits mobilisables;

2° Le **matériel**, qui se compose non seulement de la *flotte*, mais encore des *ports fortifiés* avec leurs *arsenaux* et leurs chantiers de construction.

La **flotte** française comprend plus de 500 bâtiments de guerre de tous genres. C'est l'une des plus fortes du monde, après la flotte anglaise.

157. **Divisions maritimes.** — Les côtes de la France forment 5 ***arrondissements maritimes***, dont les chefs-lieux sont les grands ports militaires de ***Cherbourg, Brest, Lorient, Rochefort*** et ***Toulon.***

Chaque arrondissement est commandé par un vice-amiral, *préfet maritime*, et se subdivise en *sous-arrondissements*, qui sont au nombre de 12.

Cherbourg commande la côte depuis la Belgique jusque près de Granville. — Sous-arrondissements : *Dunkerque, Le Havre* et *Cherbourg.*

Brest commande depuis Granville jusqu'au delà de Concarneau. — Sous-arr. : *Saint-Servan* et *Brest.*

Lorient commande depuis près de Concarneau jusqu'à Noirmoutier. — Sous-arr. : *Lorient* et *Nantes.*

Rochefort commande depuis l'île d'Yeu jusqu'aux Pyrénées. — Sous-arr. : *Rochefort* et *Bordeaux.*

Toulon commande toute la côte de la Méditerranée. — Sous-arr. : *Marseille, Toulon, Bastia.*

II. L'armée.

158. **Service militaire.** — Tout Français ayant 19 ans révolus au 1er janvier doit le service militaire personnel.

La *durée du service* est de 28 ans, savoir : 3 ans dans l'*armée active*, 11 ans dans la *réserve* de l'armée active, 7 ans dans l'*armée territoriale*, et 7 ans dans la réserve de l'armée territoriale.

Le *recrutement* se fait par voie de *recensement*. Sont *exemptés* les jeunes gens que leurs infirmités rendent impropres au service.

Le *patriotisme*, la *bravoure*, l'*ardeur* au combat, sont des qualités naturelles du soldat français; en y joignant l'esprit de discipline et la science militaire, notre armée vaut plus que les forteresses pour l'indépendance et la grandeur de la patrie.

L'ensemble des forces militaires de la France en temps de guerre est d'environ *cinq millions d'hommes*. Sur le pied de paix, l'armée active en compte 790000.

Cet effectif de paix comprend environ 355000 *fantassins*, 71000 *cavaliers*, 77000 *artilleurs;* en outre, les troupes du génie, le train des équipages, la gendarmerie, l'état-major et les divers services; avec 120000 chevaux et 3000 pièces de campagne.

159. **Divisions militaires.** — Le territoire de la France est divisé, pour l'organisation de l'armée active et de l'armée territoriale, en 20 ***régions*** et en ***subdivisions de régions.*** L'Algérie-Tunisie forme une 21e région.

Chaque région est occupée par un corps d'armée qui y tient garnison, et commandée par un général de division appelé *chef de corps.*

Les chefs-lieux ou quartiers généraux des 21 régions militaires sont :

1. **Lille,**	7. **Besançon,**	15. **Marseille,**
2. **Amiens,**	8. **Bourges,**	16. **Montpellier,**
3. **Rouen.**	9. **Tours,**	17. **Toulouse,**
4. **Le Mans.**	10. **Rennes,**	18. **Bordeaux,**
5. **Orléans,**	11. **Nantes,**	19. **Alger.**
6. **Châlons-sur-Marne,**	12. **Limoges,** 13. **Clermont,** 14. **Grenoble,**	20. **Nancy,** 21. **Épinal.**

Paris et **Lyon** ont un gouvernement militaire particulier.

III. Les fortifications.

160. **Places fortes.** — Les frontières continentales de la France sont défendues par plusieurs places fortes, dont les principales sont :

Au nord, Dunkerque, Maubeuge, La Fère, Laon, Reims et Givet;

A l'est, Metz, Strasbourg, Verdun, Toul, Épinal, Belfort, Langres, Besançon, Dijon, Lyon, Albertville, Grenoble et Briançon;

Au sud, Nice, Perpignan et Bayonne.

161. Frontières maritimes. — *Au point de vue de l'art militaire,* le littoral de la Manche, de l'Atlantique et de la Méditerranée forme de trois côtés les frontières maritimes de la France.

Ces frontières sont défendues par une série de **ports fortifiés**, dont les principaux sont **Cherbourg, Brest, Lorient, Rochefort** et **Toulon**, qui servent d'appui et de refuge à notre flotte, et où sont établis les chantiers de construction, les arsenaux maritimes et les magasins. Les préfets maritimes y résident.

162. Frontières de terre. — Les limites du N.-E., de l'E. et du S.-O. de la France sont des *frontières de terre* ou *continentales :* la première est formée de plaines ou de collines; les deux autres, de montagnes.

Au point de vue des relations pacifiques et commerciales, qui enrichissent les nations, les montagnes sont des obstacles. En dehors des tunnels, on ne peut les franchir que par les dépressions appelées *cols* ou *passages* dans les Alpes, *ports* dans les Pyrénées, et situées parfois à une hauteur de 1 000 à 3000 m.

Au point de vue de la guerre, les montagnes sont des remparts naturels qui protègent contre l'invasion, et dont le génie militaire assure la défense en construisant des forteresses sur les passages accessibles aux armées.

IV. — **Défense des frontières.**

163. 1° La **frontière du Nord**, la plus vulnérable puisqu'elle est formée de plaines, est défendue par de nombreuses places fortes, dont les principales sont actuellement **Dunkerque** et **Maubeuge.**

En arrière se trouvent **La Fère, Laon** et **Reims.**

Toutes les places du nord et de l'est ont surtout pour but de couvrir **Paris**, la **place centrale**, le cœur du pays, d'ailleurs défendu d'une manière formidable par plus de 40 forts détachés. Grâce à son étendue et à ses ressources exceptionnelles, Paris est la première place de guerre de l'Europe.

2° La **frontière du Nord-Est** est défendue par un système de fortifications échelonnées de Rocroi à Belfort. Ces ouvrages se groupent principalement autour de sept centres : **Reims; Verdun**, sur la Meuse; **Metz, Toul** et **Épinal**, sur la Moselle; **Strasbourg** et **Belfort**, qui ferme la large dépression ou *trouée de Belfort,* séparant le Jura des Vosges.

3° La **frontière du Jura**, assez élevée, mais accessible, est défendue par la place de **Belfort** avec *Montbéliard;* par celle de **Besançon,** qui couvre la vallée du Doubs, et par plusieurs forts, tels que ceux de *Joux* et de *Salins.* — En arrière de ces places, **Langres** et **Dijon** complètent la défense de la région du Jura.

4° Les passages des **Alpes**, difficilement praticables, surtout en France, sont défendus par plusieurs forts importants et quelques villes de guerre, telles que **Briançon**, qui protège le col du Mont-Genèvre; *Mont-Dauphin,* qui commande la vallée de la Durance. **Albertville** et **Grenoble** surveillent la vallée de l'Isère et barrent le chemin de la grande *place de* **Lyon.** — La place de **Nice** ferme le passage d'Italie par le littoral de la Méditerranée.

5° Les **Pyrénées**, impraticables aux armées dans leur partie centrale, sont défendues à l'O. par les places fortes de **Bayonne** et *Saint-Jean-Pied-de-Port,* qui commandent les routes de Saint-Sébastien, de Pampelune et le col de Roncevaux; — à l'E., par le fort de *Bellegarde,* et par *Mont-Louis* et **Perpignan**, qui commandent les routes de Figuières et de Barcelone.

164. Les places fortes des pays frontières du N.-E. sont : en Belgique, **Anvers**, sur l'Escaut; Namur et Liège, sur la Meuse. En Allemagne, il n'y a plus de places fortes sur le Rhin.

FRANCE ÉCONOMIQUE

165. La *géographie économique* comprend l'**agriculture**, qui occupe les trois quarts de la population laborieuse; l'**industrie** (extraction et fabrication) et le **commerce**, qui occupent chacun environ 3 millions et demi de personnes.

I. AGRICULTURE

166. **L'agriculture**, ou l'art de cultiver les plantes et d'élever les animaux utiles à l'homme, est l'industrie la plus importante et la plus universellement exercée en France.

La végétation des plantes est subordonnée au *climat* et à la *nature du sol.*

167. Le **climat** est la disposition habituellement chaude ou froide, sèche ou humide, de l'atmosphère d'une contrée. — La chaleur et l'humidité dépendent de la *latitude* du pays et de l'*altitude* du sol, du voisinage des mers et des montagnes, et de l'origine des vents dominants.

En France, la moyenne annuelle de la **température** (ou degré chaleur) est de 11° centigrades (9° dans le nord, 13° dans le sud).

168. — Les deux **vents dominants**, en France, sont ceux du S.-O. et du N.-E.

Le *vent du S.-O.* est chaud, parce qu'il vient du midi; humide, parce qu'il traverse l'Océan : il produit le *climat maritime,* qui est moins chaud en été, moins froid en hiver que le climat continental.

Le *vent du N.-E.* est froid, parce qu'il vient des contrées polaires, et sec, parce qu'il traverse le continent : il produit le *climat continental*, très froid en hiver, très chaud en été.

La *quantité moyenne d'eau pluviale* tombée en un an représente une couche de 80 cm répandue sur toute la France (moins de 60 cm au N.-E. du pays, 1 mètre sur les côtes de l'Océan, de la Manche et sur le Massif central; 1 m. 50 dans les Vosges, le Jura, les Pyrénées; plus de 2 m. dans les Alpes).

169. Les **sept climats.** — On a divisé la France en *sept climats* ou régions climatériques :

1. Le **climat vosgien** ou du N.-E. comprend l'Alsace, la Lorraine, une partie de la Champagne et de la Franche-Comté; *continental,* sec et excessif, il produit céréales et pâturages, 9°5.

2. Le **climat séquanien** comprend le nord, presque tout le bassin de la Seine et la partie centrale de celui de la Loire; *maritime,* doux et pluvieux, il est favorable aux céréales (blé, etc.), aux betteraves, aux prairies, aux arbres fruitiers, et, dans l'E., à la vigne, 10°7.

3. Le **climat armoricain**, le plus *maritime* de tous, est favorable aux herbages et arbres fruitiers; il embrasse la Bretagne, la Normandie occidentale, le Maine, l'Anjou et la Touraine, **11°.**

4. Le **climat girondin** comprend presque tout le bassin de la Garonne, ceux de l'Adour et de la Charente; humide et *assez chaud,* il est favorable au maïs et à la vigne, 12°.

5. Le **climat du Massif central** est *froid,* rude et inégal; il comprend cette région montagneuse et peu fertile, qui renferme des forêts, des pâturages et cultive le seigle et le sarrasin, 9°5.

6. Le **climat rhodanien** comprend le bassin du Rhône, moins la partie méridionale; il est très variable : *chaud* dans les vallées qui produisent céréales, vignes, mûrier; froid et pluvieux dans les montagnes, 11°.

7. Le **climat méditerranéen** règne autour de la Méditerranée, *plus chaud* que les autres, c'est le climat des cultures arbustives et fruitières : l'olivier, l'oranger, le citronnier, le figuier, l'amandier, 14°5.

170. **Zones de culture.** — On divise la France en *quatre zones culturales* spéciales :

1° La **zone de l'olivier**, correspondant au climat méditerranéen, a pour limite septentrionale une ligne qui va de Perpignan à Carcassonne, Privas et Digne. — Elle renferme la petite *zone de l'oranger,* située entre Toulon et Nice.

2° La **zone du maïs** commence également à la Méditerranée et se termine au nord par une ligne qui va de l'embouchure de la Gironde vers Strasbourg. — Elle renferme la *zone du mûrier,* qui s'arrête à l'est du Massif central.

3° La **zone de la vigne** s'étend de la Méditerranée jusqu'à une ligne dirigée de Saint-Nazaire à Mézières.

4° La **zone du pommier** *à cidre* comprend le reste du pays, depuis la limite septentrionale de la vigne jusqu'à la Manche.

171. **Régions altitudinales.** — Au point de vue de l'altitude et de l'agriculture, on distingue : les *régions de montagnes*, où dominent les roches nues, les forêts et les pâturages secs; — les *régions de plateaux,* où les pâturages et les bruyères alternent avec les cultures de seigle et de sarrasin; — les *régions de plaines* et de vallées, où dominent les prairies abondantes et les riches cultures de froment et de plantes industrielles.

172. **Végétaux.** — Les principaux produits végétaux de l'agriculture française

sont : la *vigne*, le *froment*, le seigle, le maïs, l'orge, l'*avoine*, la *pomme de terre*, la *betterave*, le tabac, les plantes textiles, oléagineuses, *potagères* et *maraîchères*, le mûrier, les *arbres fruitiers* et *forestiers*.

173. **Les vignobles.** — La vigne est la richesse agricole caractéristique du sol français.

La production des vins comprend six groupes principaux : la Bourgogne, la Champagne, le Bordelais, les Charentes, le Midi et le Rhône, le Centre.

174. **Les boissons.** — Le *vin* est la boisson ordinaire dans le midi et dans le centre de la France, jusqu'à Paris. Dans les provinces du N.-O., il est remplacé par le *cidre*, qui est le produit de la fermentation du jus de pommes. Dans les provinces du N. et du N.-E., il est remplacé par la *bière*, boisson fermentée préparée avec de l'orge et du houblon.

175. **Céréales.** — Le **froment** est la céréale qui nous donne le meilleur pain; il est cultivé dans presque toute la France, particulièrement dans les régions du Nord et du N.-O., dans la Beauce, la Brie, etc., etc.

Le *seigle* et le *sarrasin* suppléent au froment dans les pays pauvres, granitiques ou sablonneux, surtout en Bretagne et sur le Massif central.

Le *maïs*, excellent pour le bétail, est très cultivé surtout dans les bassins de la Garonne et de la Saône.

L'*orge*, dont on fait la bière, et **l'avoine**, qui constitue la meilleure nourriture des chevaux, se cultivent surtout dans le Nord et le Nord-Est.

— Les **prairies** *naturelles* (foin, regain, pâtures) et *artificielles* (luzerne, trèfle, sainfoin, etc.) : Normandie, etc.

176. **Plantes industrielles.** — La **betterave** se cultive en grand dans les départements du nord pour la fabrication du sucre et de l'alcool.

Les *plantes textiles* sont, en France, le *lin* et le *chanvre*, dont l'écorce fournit la filasse ou les fibres propres à la filature.

Les *plantes oléagineuses*, dont la graine donne de l'huile, sont : le lin, le chanvre et le colza. Leur culture est en décadence : nord et nord-ouest.

Les plantes potagères et maraîchères sont : la *pomme de terre*, dont on fait aussi la fécule et l'alcool; les *légumes* : choux, carottes, navets, pois, haricots, fèves, etc.; la salade, le céleri et autres plantes de jardin.

Les arbres fruitiers les plus importants sont : l'*olivier*, le *citronnier*, l'*oranger*, le *figuier*, l'*amandier*, le *châtaignier*, le *pommier*, le *poirier*, le *prunier*, le *cerisier*, le *pêcher*, l'*abricotier* et le *noyer*.

Les **forêts** se trouvent dans les Vosges, l'Argonne, l'Ardenne, le Morvan, le Jura, les Alpes et les Pyrénées.

177. **Animaux.** — Les principaux animaux domestiques sont en France : le *cheval*, l'*âne*, le *mulet*, le *bœuf* et la *vache*, le *mouton*, la *chèvre*, le *porc*, le *lapin*, la *poule*, le *dindon*, l'*oie*, le *canard*, les *abeilles* et le *ver à soie*.

Le **cheval**. Les races principales sont les *chevaux boulonnais, ardennais, normands, percherons, limousins, tarbesans*, etc.

Les *ânes* et les *mulets* les plus estimés sont ceux des Pyrénées et du Poitou.

Le **bœuf** et la **vache**. Les *races de trait* sont surtout dans les montagnes du Centre; les *races laitières* et *de boucherie* sont celles des prairies grasses du N., du N.-O. et de l'E. : Flandre, Normandie, Charolais, etc.

Le mouton, qui nous donne la laine, s'élève en troupeaux nombreux dans le Nord et dans le Centre; les races mérinos, à laine fine, se trouvent surtout dans le bassin de la Seine. — Beaucoup de *brebis* et de *chèvres* sont élevées pour le lait et le fromage dans les pays de montagnes.

Le ver à soie est une grosse chenille non velue qui se nourrit de la feuille du mûrier, produit la soie en cocons. On l'élève surtout dans le bassin du Rhône inférieur.

La pêche procure les *poissons*, *crustacés*, *huîtres* et *moules*.

178. **Marchés agricoles.** — Les *grands marchés agricoles* sont généralement établis au centre des pays de production, ou dans les villes importantes par leur consommation.

Paris et ses environs ont des marchés pour tous les genres de produits.

Pour les *grains*, Lille, Arras, Rouen, Corbeil, Chartres, Meaux, Melun, Dijon, Gray, Lyon, Limoges, Toulouse, et la plupart des grandes villes. — Marseille, Nantes, Le Havre importent des *blés* de Russie, de Roumanie, d'Algérie, des États-Unis.

Pour les *graines* et *huiles* de *colza* et de *lin*, Arras, Lille, Caen. — Dunkerque importe celles de Russie.

Pour l'*huile d'olive*, Aix et Nice. — Marseille est le plus grand marché pour toutes sortes d'oléagineux et d'huiles.

Pour le *lin*, Lille; le *chanvre*, Le Mans, Angers.

Pour les *chevaux*, Caen, Falaise, Tarbes.

Pour les *mulets*, Pau, Poitiers, Niort, Melle.

Pour les *bœufs*, Paris, Lille, Rouen, Cholet, Charolles.

Pour les *moutons*, Le Blanc, Montargis, Cholet.

II. — INDUSTRIE

179. **Produits industriels.** — Les principaux produits de l'industrie française peuvent se grouper de la manière suivante :

1° Les produits des *carrières* : les ardoises, les marbres, les pierres de taille, les pierres à plâtre et à chaux, les argiles, la craie, le sel, etc.; — les *eaux minérales*.

2° Les produits des *mines* : la tourbe et la houille, abondantes surtout dans le Nord, le fer, le plomb, etc.

3° Les produits des *usines*, les machines à vapeur et autres, les navires en fer, les fusils, les armes blanches, les canons, les couteaux, les articles de quincaillerie, les instruments de toutes sortes.

4° Les *tissus*, comprenant les cotonnades, les toiles de lin et de chanvre, les draps et les lainages, les soieries, etc.

5° Les *articles de toilette et d'ameublement* : les vêtements, les chaussures, les chapeaux, les meubles, les montres et horloges, les verres et glaces, les porcelaines et faïences, les papiers, les livres et les instruments de tout genre.

180. **Houille** : 38 millions de tonnes. — Les principaux *bassins houillers* sont :

1° *Dans le Nord-Est*, le bassin de Valenciennes et d'Anzin (Nord) avec celui de Lens et de Béthune (Pas-de-Calais), et celui de la Sarre;

2° *Dans le centre*, les bassins du Creusot (Saône-et-Loire), de Saint-Etienne, de l'Auvergne;

3° *Dans le Sud*, les bassins d'Aubin et Decazeville (Aveyron), d'Alais et la Grand' Combe (Gard), de Carmaux (Tarn) et d'Aix (Bouches-du-Rhône).

181. **Fer.** — Les départements les plus riches en minerais de fer sont : *Meurthe-et-Moselle* (les 7/8), la Moselle, les Pyrénées-Orientales, le Calvados, l'Orne, la Haute-Marne, la Loire-Inférieure, Saône-et-Loire, le Gard, l'Ariège.

Métallurgie. — Les principaux *produits en fer* sont les *machines à vapeur*, les *machines* de tous genres, les pièces de *ponts*, de *bâtiments*, de *navires*, les articles de quincaillerie, de chaudronnerie, les instruments de toute sorte, provenant des usines de Paris, Lyon, Saint-Étienne, Saint-Chamond, Rive-de-Gier, Le Creusot, Lille, Saint-Quentin;

Les *navires en fer*, des cinq ports militaires, de La Seyne (Var), de Marseille et de La Ciotat, du Havre, d'Indret, près de Nantes;

Les *fusils* de Saint-Étienne, de Tulle, de Châtellerault; les *armes blanches* de Châtellerault;

Les *canons* de Bourges, du Creusot, de Ruelle (Charente);

Les *couteaux* de Langres, de Châtellerault, de Thiers et de Nontron.

182. Cotonnades. — Les centres de *fabrication de cotonnades* sont :

1° *Dans le N.-O.*, Rouen, Cholet; — 2° *Dans le Nord*, Saint-Quentin, Amiens, Lille; — 3° *Dans l'Est*, Epinal, Bar-le-Duc, Nancy, Belfort; — 4° *Dans le Centre*, Tarare, Villefranche, Roanne.

183. Toiles. — Les centres de *fabrication de toiles* sont :

1° *Dans le Nord*, où domine le lin, Lille, Valenciennes, Amiens, Abbeville, Saint-Quentin, Dunkerque (jute);

2° *Dans l'Ouest*, où domine le chanvre, Le Havre, Lisieux, Vimoutiers (Orne), Rennes, Cholet; — Laval, Flers, Evreux (coutils); — Le Mans et Angers (chanvre). Il faut ajouter la Bretagne et l'Isère.

Lille et Bailleul (Nord), Alençon, Bayeux, Caen, Mirecourt et Le Puy fabriquent des *dentelles*; Calais et Lyon, des *tulles*; les Vosges, St-Quentin, Paris, Lyon, des *broderies*.

184. Lainages. — Les centres de *fabrication de lainages* sont :

1° *Dans le N.-O.*, Elbeuf, Louviers et Vire;

2° *Dans le Nord*, Roubaix, Tourcoing;

3° *Dans le N.-E.*, Sedan, Reims et Nancy;

4° *Dans le Sud*, Mende, Castres, Mazamet et Vienne.

On remarque la *bonneterie* de Troyes; les *tapisseries* des Gobelins (Paris) et de Beauvais; les *tapis* de Tourcoing, d'Aubusson et de Nîmes.

Soieries. — Les *soieries façonnées* ou à dessins, les étoffes brochées d'or et d'argent de Lyon, les *rubans* et les *velours* de Saint-Etienne, sont renommés dans le monde entier. Nîmes, Tours, Paris sont les autres centres de production.

185. Objets d'ameublement. — Les *meubles* et les *bronzes d'art* de Paris.

Les *montres* de Besançon et du Jura.

Les *glaces* de Saint-Gobain (Aisne), de Cirey (Meurthe-et-M.), de Montluçon; les *verreries* de Rive-de-Gier (Loire).

Les *cristaux* de Baccarat (Meurthe-et-M.).

Les *porcelaines fines* de Sèvres (Seine-et-Oise), de Limoges, de Bayeux. Les faïenceries de *Creil* (Oise), Montereau (Seine-et-Marne), Nevers, Lunéville, Sarreguemines.

Les *papiers peints* de Paris et d'Épinal.

Les *papiers* d'Angoulême, d'Annonay (Ardèche), d'Essonnes (S.-et-O.), de l'Isère et des Vosges.

186. Centres industriels.

Paris est avec sa banlieue le centre industriel le plus actif du continent; sa fabrication embrasse une foule de produits variés.

Lille, Roubaix, Tourcoing, par leurs tissus; les nombreuses localités régionales, par leurs industries diverses, le bassin houiller de *Valenciennes* et ses métaux forment le second centre.

Lyon, par ses soieries, et *Saint-Etienne*, par sa houille, ses rubans et ses produits métallurgiques, forment, avec leurs environs, le troisième centre industriel de la France.

Rouen, Elbeuf, Louviers et leurs environs, par leurs tissus; *Le Havre*, par son industrie navale, forment le 4e centre.

Marseille forme le 5e centre industriel.

III. COMMERCE

I. Voies de communication.

187. Les voies de communication servant au transport des voyageurs et des marchandises sont les *routes*, les *chemins de fer*, les *rivières* et *canaux navigables*, et la *navigation maritime* et *aérienne*.

188. **Routes.** — On distingue : 1° Les *routes nationales*, grandes voies de communication entretenues aux frais de l'Etat;

2° Les *routes départementales*, entretenues par les départements qu'elles traversent;

3° Les *chemins de grande communication*;

4° Les *chemins vicinaux*, établis et entretenus par les communes intéressées.

189. **Chemins de fer.** — (48 000 km). La France a six grands *réseaux* de chemins de fer, qui appartiennent à des compagnies, sauf celui de l'État, et dont 5 ont leur tête de ligne à Paris. Ils se relient aux frontières avec les chemins de fer étrangers.

190. Le réseau de l'ÉTAT comprend :

La ligne de *Paris-Bordeaux*, par Chartres, Saumur, Niort et Saintes;

La ligne de *Nantes-Bordeaux*, par La Roche-sur-Yon, La Rochelle, Rochefort et Saintes;

La ligne de *Paris-Brest*, par Versailles, Chartres, Le Mans, Laval, Rennes et Saint-Brieuc;

La ligne de *Paris-Cherbourg*, par Mantes, Evreux et Caen;

La ligne de *Paris-Le Havre*, par Mantes et Rouen.

191. Le réseau du NORD comprend :

La ligne de *Paris-Calais*, par Amiens et Boulogne;

La ligne de *Paris-Lille*, par Amiens et Arras;

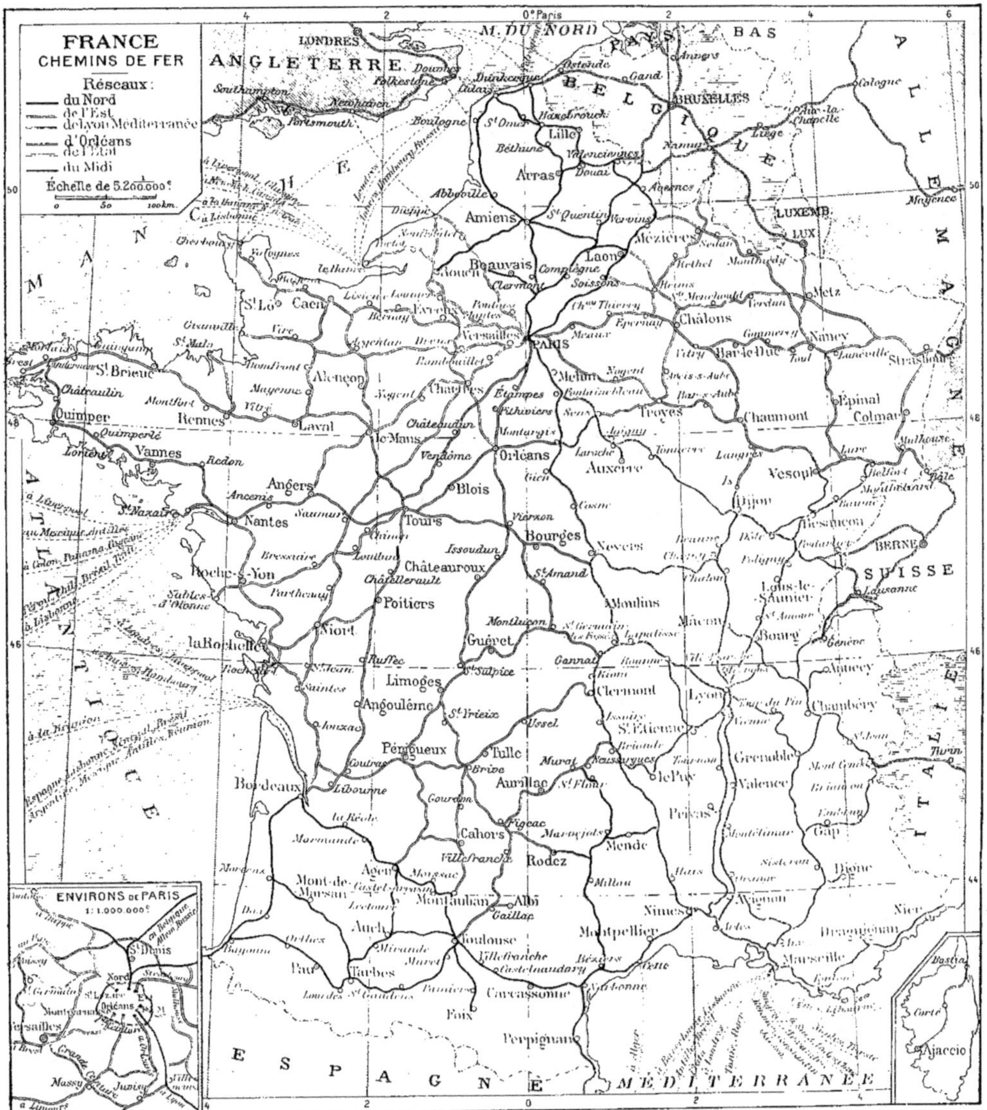

La ligne de *Paris-Maubeuge*, vers Bruxelles, par Mons, ou vers Berlin, par Liége.

192. Le réseau de l'EST comprend :

La ligne de *Paris-Strasbourg*, par Châlons-sur-Marne, Bar-le-Duc et Nancy ;

La ligne de *Paris-Belfort*, par Troyes, Chaumont et Vesoul.

193. Le réseau de PARIS-LYON-MÉDITERRANÉE comprend :

La ligne de la *Bourgogne*, ou de Paris-Lyon, par Melun, Dijon et Mâcon, avec em-

branchement de Mâcon à Bourg, Chambéry, le Mont-Cenis et Turin (Italie);

La ligne du *Bourbonnais*, ou de Paris-Lyon, par Fontainebleau, Nevers et Moulins, avec embranchement de Saint-Germain-des-Fossés sur Clermont et Nimes;

La ligne de *Lyon-Méditerranée*, par Valence, Avignon, Marseille, Toulon et Nice;

Les lignes de Lyon-Saint-Etienne et Roanne, — de Lyon-Genève.

194. Le réseau d'ORLÉANS comprend :

La ligne de *Paris-Bordeaux*, par

Orléans, Tours, Poitiers et Angoulême;

La ligne de **Paris-Nantes**, à Saint-Nazaire, par Orléans, Tours et Angers, avec bifurcation sur Vannes, Quimper et Brest;

La ligne du ***Centre***, d'Orléans à Châteauroux, Limoges, Figeac et Toulouse.

195. Le réseau du MIDI comprend :

La ligne de ***Bordeaux-Cette***, par Agen, Montauban, Toulouse, Carcassonne et Béziers;

La ligne de Bordeaux-Bayonne, et Madrid.

La ligne de Bayonne vers Pau, Tarbes et Toulouse;

La ligne de Narbonne-Perpignan, vers Barcelone (Espagne).

II. Voies navigables.

196. **Canalisation.** — Les *canaux*, de même que les *rivières canalisées*, sont généralement divisés en plusieurs sections appelées *biefs* et séparées par des *écluses*. D'un bief à l'autre la différence du niveau de l'eau est de 2 à 3 mètres, de sorte que les biefs se succèdent comme les marches d'un escalier.

L'*écluse* est une sorte de bassin (ou *sas*) fermé de deux doubles portes, dont l'une, celle d'amont, communique avec le bief supérieur, et l'autre, celle d'aval, communique avec le bief inférieur. — Lorsque le bateau veut remonter le canal, par exemple, on ouvre d'abord la porte d'aval, pour mettre le bief inférieur en communication avec l'écluse où le bateau entre, puis on ferme cette porte d'aval, et l'écluse se remplit d'eau de manière à élever le bateau au niveau du bief supérieur, dans lequel on le fait parvenir ensuite en ouvrant la porte d'amont. Une manœuvre inverse se fait pour la descente.

Le canal du Midi franchit ainsi la ligne de partage qui sépare les versants de l'Océan et de la Méditerranée. Le bief de partage est situé en travers du col de Naurouse, à 190m. d'altitude; la pente du canal jusqu'à Cette (190m.) est rachetée par 73 écluses, de 2m 50 de chute en moyenne; la pente sur Toulouse (190 m. — 130 = 60 m.) est rachetés par 26 écluses. Plusieurs écluses d'un canal sont parfois remplacées par un ascenseur, tel que celui des Fontinettes (Pas-de-Calais), lequel élève et descend les bateaux d'une hauteur de 16 mètres.

197. **Cours d'eau navigables.** — Les principaux sont :

1° Versant de la mer du Nord : la Meurthe, la ***Moselle***, la Meuse, la ***Sambre***, l'***Escaut***, la *Scarpe* et la *Lys*.

2° Versant de la Manche : la Somme, la ***Seine***, l'Aube, l'Yonne, la ***Marne***, l'*Oise*, l'Aisne et l'Orne.

3° Versant de l'Atlantique : la Loire, l'Allier, le Cher, la Vienne, la Maine, la Sèvre-Niortaise, la Charente, la ***Garonne***, le Tarn, le Lot, la ***Dordogne***.

4° Versant de la Méditerranée : le ***Rhône***, la *Saône*, le Doubs, l'Isère.

198. **Canaux.** — Un canal est une rivière artificielle, creusée pour les besoins de la navigation.

Les ***canaux de jonction*** unissent les bassins fluviaux et les mers de France.

Entre Seine et Escaut. — Le canal de **Saint-Quentin** va de La Fère, sur l'Oise, à Saint-Quentin, sur la Somme, et à Cambrai, sur l'Escaut; il est prolongé par les **canaux de Flandre** (*Sensée, Deule, Aa, Colme*), jusqu'à Lille, Dunkerque et Calais.

Entre Seine et Meuse. — Le canal de **Sambre-et-Oise** va de La Fère, sur l'Oise, à Landrecies, sur la Sambre; — le canal

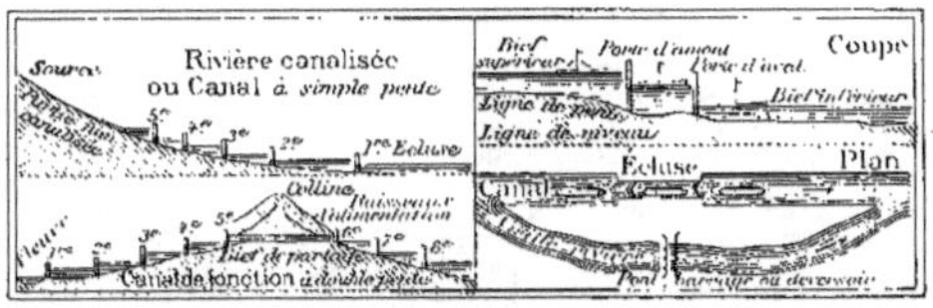

des **Ardennes** commence à Pont-à-Bar, sur la Meuse, passe à Rethel et se termine à Vieux-les-Asfeld, sur l'Aisne.

Le canal de **l'Oise à l'Aisne** va de *Chauny* à *Bourg* — Le canal de l'**Aisne à la Marne** dessert Reims.

Entre Meuse et Rhône. — Le canal de **l'Est**, qui commence à Givet, comprend la Meuse et la Moselle canalisées et aboutit à Corre, sur la Saône.

199. Entre Seine et Rhin. — Le canal de la **Marne au Rhin** va de Vitry-le-François à Bar-le-Duc, Nancy et Strasbourg.

Entre Seine et Rhône. — Le canal de **Bourgogne** va de La Roche, près Joigny, sur l'Yonne, à Saint-Jean-de-Losne, sur la Saône. Le canal de la **Marne à la Saône** va de Rouvray à Pontailler.

Entre Seine et Loire. — Le canal du **Nivernais** va d'Auxerre, sur l'Yonne, à Decize, sur la Loire. — Le canal du ***Loing*** va de la Seine à Buges, près Montargis, et se continue jusqu'à la Loire par le canal de ***Briare*** et par le canal d'***Orléans***.

Le canal *latéral à la Loire* descend de Roanne à Briare.

Le canal du *Berry* relie la Loire au Cher et remonte jusqu'à Montluçon.

Entre Rhône et Loire. — Le canal du **Centre** va de Digoin, sur la Loire, à Chalon-sur-Saône.

Entre Rhône et Rhin. — Le canal du **Rhône au Rhin** commence à Saint-Symphorien, sur la Saône, va à Dôle, remonte le Doubs, passe à Besançon, traverse la dépression de Belfort, dessert Mulhouse et se termine à Strasbourg.

Entre Rhône et Garonne. — Le canal du **Midi**, ou du Languedoc, va de Toulouse à Carcassonne et à Cette; il se continue par le canal de *Cette au Rhône*.

200. Parmi les autres canaux, on peut citer :

Le canal de la *Somme*, ou la Somme canalisée, va d'Abbeville à Saint-Simon, où il joint le canal de Saint-Quentin.

Le canal *latéral de la Haute-Seine* descend de Bar-sur-Seine au confluent de l'Aube (à Marcilly).

Le canal *latéral à la Garonne* va de Toulouse à Castets.

Le canal de *Nantes à Brest* a un embranchement sur Lorient.

Le canal d'*Ille-et-Rance* va de Rennes à Saint-Malo.

Le canal d'*Arles à Marseille*, communiquant avec le canal *Saint-Louis*, permet à la navigation d'éviter la barre et les ensablements du Rhône.

201. Nos grands **ports marchands** sont :

1° *Sur la mer du Nord*, Dunkerque et Calais.

2° *Sur la Manche*, Boulogne, Dieppe, Le Havre, Rouen, Caen, Saint-Malo.

3° *Sur l'Océan*, Brest, Saint-Nazaire et Nantes, La Rochelle, Bordeaux, Bayonne.

4° *Sur la Méditerranée*, Cette, Marseille.

Par *ordre d'importance*, Marseille est le premier port, Le Havre le second; puis viennent Rouen, Bordeaux, Dunkerque, Saint-Nazaire, Nantes, La Rochelle, Caen, Cette, Dieppe, Bayonne, Boulogne.

202. **Paquebots.** — Des services réguliers de *paquebots à vapeur* sont établis entre nos principaux ports et l'étranger.

Marseille est le point de départ de tous les grands services français de la Méditerranée et de la mer Noire, et, par l'isthme de Suez, de l'océan Indien et de l'océan Pacifique. — Marseille a aussi de nombreuses relations avec l'Afrique occidentale, les Antilles, le Brésil et la Plata.

Le Havre est notre principal port d'expédition pour l'Amérique : il fait surtout le commerce avec les Etats-Unis et le nord de l'Europe.

Saint-Nazaire a des relations directes avec les Antilles, à la Havane, — avec le Mexique, à Vera-Cruz, — et par le canal de Panama, avec la Californie, le Pérou, le Chili et l'île Taïti.

Bordeaux a des relations avec le Sénégal et l'île de la Réunion, — les Indes et l'île de Java, — Lisbonne, le Brésil, le Mexique et la Havane.

Dunkerque est en relation avec Londres, Rotterdam, Hambourg et Pétrograd.

III. Objet du commerce français.

203. Le **commerce intérieur** de la France, alimenté par une foule de produits de toute nature, est très considérable, surtout dans les grandes villes. Il se fait en *gros* ou en *détail*, d'une manière permanente dans les magasins et les boutiques, et d'une manière périodique dans les *foires* et les *marchés*.

Le **commerce extérieur** de la France se classe après celui de l'Angleterre, de l'Allemagne et des Etats-Unis; il s'est élevé en 1914 à plus de 14 milliards de francs, non compris le transit (1 800 millions). L'*importation* dépasse 8 milliards et l'*exportation* 6 milliards.

204. Les pays qui font *le plus d'échanges* avec la France sont : l'Angleterre (2300 millions), l'Allemagne (1 780 m.), les Colonies françaises (1 700 m.), la Belgique (1 570 m.), les Etats-Unis (1 200 m.), la Suisse, l'Argentine, la Russie, l'Italie, les Indes et l'Espagne.

205. **Importation.** Principaux articles :

1° Les objets d'alimentation (2020 millions) comprennent le **froment** de la Russie, de la Roumanie, de l'Australie, de l'Algérie; le *riz* de l'Indo-Chine; — les *bestiaux* de la Hollande et de l'Algérie; la *viande de conserve* de l'Argentine et des Etats-Unis; — les *poissons de mer*, des pays du Nord; — les **denrées coloniales** : *sucre de canne*, des Antilles; *café* et *cacao*, du Brésil; *thé*, *épices*, *tabac*, etc., — les **vins**, *fruits* et *raisins secs* provenant d'Espagne, d'Algérie-Tunisie, d'Italie, de Grèce.

2° Les matières premières pour l'industrie (4 525 millions) : la **soie**, provenant surtout de la Chine, du Japon et de l'Italie; — le **coton** des Etats-Unis, de l'Inde, de l'Egypte; — la **laine brute** de l'Australie, du Cap et de l'Argentine; — le *lin* de la Belgique et de la Russie; le chanvre de l'Italie et de la Russie; le *jute* de l'Inde, l'alfa de l'Algérie-Tunisie, le *caoutchouc* d'Angleterre et du Brésil.

Les *peaux* de l'Argentine et du Brésil, les *oléagineux* des Indes et de l'Afrique occidentale.

La **houille** provenant de l'Angleterre, de la Belgique et de la Prusse; — le *pétrole*, du Caucase, de Roumanie et des Etats-Unis; — le *platine*, de Russie; — le *cuivre*, des États-Unis, de l'Espagne, d'Angleterre, — le *plomb*, de l'Espagne et de l'Italie; — le *zinc*, de la Belgique et de la Prusse; — l'*étain*, de Bangka; — le *nitrate de soude* du Chili; — les *phosphates* d'Algérie-Tunisie; — les *bois de construction*, de la Russie, de la Suède et des Etats-Unis.

3° Les OBJETS FABRIQUÉS (1520 millions) : les machines d'Allemagne, d'Angleterre, des Etats-Unis, de Belgique; les *wagons* et *tramways* de Belgique; les *tissus* d'Angleterre; les *peaux ouvrées*, les *produits chimiques* d'Allemagne.

206. **Exportation.** 1° Les OBJETS D'ALIMENTATION (736 m.): **vins** et *liqueurs*, pour l'Angleterre, la Russie, les États-Unis, etc.; — *sucre*, *laitages*, *viandes*, *fruits*, *œufs*, pour l'Angleterre; les **céréales**; — en outre, les *chevaux* pour l'Allemagne et les *mulets* pour l'Espagne.

2° Les MATIÈRES PREMIÈRES pour l'industrie (1830 m.) : laines, coton, soie, *caoutchouc*, *peaux*, *bois de construction*, pour les contrées voisines.

3° Les OBJETS FABRIQUÉS (3500 m.): **soieries**, **cotonnades**, **lainages**, *vêtements* et *modes*, *peaux ouvrées*, *articles de Paris*, *meubles*, *produits chimiques*, *machines automobiles*, pour divers pays; *monnaies d'or et d'argent* pour la Belgique.

DÉPARTEMENTS ET VILLES

I. RÉGION DU NORD

I. ILE-DE-FRANCE, 5 départements.

207. **Généralités.** Pays de *plaines* ondulées, de vallées élargies, de plateaux bas et de *collines* d'une altitude moyenne de 100 à 200 mètres.

Agriculture progressive. Produits variés : les céréales, notamment les *blés* de la Brie, l'orge, le colza, la betterave à sucre. *Culture maraîchère* dans les environs de Paris. Vaches laitières et moutons.

Industrie très active, dont le siège principal est à Paris, pour tous les genres de produits de luxe, de mode, d'ameublement et d'instruction. Tissus, tapisseries des Gobelins (Paris), porcelaine, glaces. *Carrières* très nombreuses de pierres à bâtir, de plâtre, de craie (Meudon), de pierres meulières.

208. **SEINE**. Ch.-l. **Paris**✝, sur la Seine, capitale de la France, est l'une des premières villes de l'Europe pour les lettres, les sciences, les arts, la beauté des monuments publics, et la seconde par sa population, qui est de 2900000 habitants. Elle est aussi sur le continent le plus grand centre d'industrie, de commerce, d'opérations financières; ses "articles", ses modes, ses confections et objets d'art sont répandus partout.

Lutèce sous les Romains, *Paris*, la ville des *Parisii*, devint la capitale des rois francs sous Clovis, mais fut délaissée sous Charlemagne; Hugues Capet en fit la capitale du royaume de France. Au XIIIe siècle, son Université fut la première école de l'Europe. Paris subit toutes les vicissitudes de notre histoire; il fut assiégé notamment par les Normands en 885, par Henri IV en 1590, et par les Allemands en 1870-71, époque où des batailles se sont données sous ses murs, au *Bourget*, à *Champigny*, à *Buzenval*.

Paris est divisé en 20 *arrondissements* ou mairies; ses fortifications comprennent plus de 40 *forts* détachés.

Comme *monuments*, on cite les églises de Notre-Dame, de Saint-Sulpice, la Sainte-Chapelle, Sainte-Geneviève (le Panthéon), la Madeleine, le Sacré-Cœur; — les palais du Louvre, du Luxembourg, le Palais-Royal, l'Hôtel de Ville, l'hôtel des Invalides; — l'arc de triomphe de l'Etoile, la colonne de la place Vendôme, la colonne de Juillet, la tour Eiffel, en fer, haute de 300 m.

Églises : 1 *Notre-Dame*, 2 *Sacré-Cœur*, 3 *Ste Chapelle*, 4 *St Sulpice*, 5 *Ste Geneviève*, (*Panthéon*), 6 *Madeleine*. Palais : 7 *Louvre*, 8 *Luxembourg* (*Sénat*), 9 *Palais Bourbon* (*Députés*), 10 *Palais Royal*, 11 *Hôtel de Ville*, 12 *Invalides*, 13 *Hôtel-Dieu*, 14 *Trocadéro*, 15 *Elysée*. Places : 16 *Concorde*, 17 *Place de la Nation*, 18 *Etoile* (*Arc de Triomphe*), 19 *Vendôme*, 20 *Bastille*, 21 *Champ de Mars* (*École militaire*, *Tour Eiffel*), 22 *Halles centrales*, 23 *Jardin des Plantes*, 24 *Père-Lachaise*.

Saint-Denis, 72000 h., sur la Seine, ancienne sous-préfecture, constructions mécaniques et produits chimiques. — Eglise renfermant plusieurs tombeaux des rois de France; elle faisait partie d'une abbaye, aujourd'hui maison d'éducation pour les jeunes filles des membres de la Légion d'honneur.

Boulogne, 57000 h., bois de plaisance des Parisiens — *Vincennes*, 39000 h., parc et château fort historique. — *Saint-Maur*, 34000 h., traité de 1465. — *Alfortville*, 18., possède l'une des trois écoles vétérinaires de France. (Les deux autres sont à Lyon et à Toulouse.)

209. **SEINE-ET-OISE**. Ch.-l. **Versailles**✝, 60000 h.; château, parc et jets d'eau, merveilles du règne de Louis XIV; séjour habituel des rois de France de 1682 à 1789; musée historique. — Traité de 1783, où fut reconnue l'indépendance des Etats-Unis. Traité de paix avec l'Allemagne, en 1919.

S.-pr. : **Corbeil**, 10.; **Étampes**, 9., et **Pontoise**, 9., commerce de grains et farines [1].

Rambouillet, 6., belle forêt et château. **Mantes**, 9.

Essonnes, 9., a la plus grande papeterie de France. — *Sèvres*, 9., sur la Seine, célèbre manufacture de porcelaine. — *Saint-Cloud*, 10., sur la Seine. Henri III y fut assassiné en 1589. Son château fut brûlé par les Prussiens, en 1871. — *Saint-Germain-en-Laye*, 18., forêt; château transformé en musée d'antiquités celtiques. — *Poissy*, 9., vit naître le roi saint Louis. — *Saint-Cyr*, 4., près de Versailles, école militaire. — *Saint-Clair-sur-Epte* (près Mantes), traité de 912.

[1] La population des localités est donnée en abrégé, lorsqu'elle est inférieure à 20000 h. Ex. : Pontoise, 9 (pour 9000 h.).

210. **SEINE-ET-MARNE.** Chef-lieu **Melun**, 15., sur la Seine, commerce de blé et farine.

S.-pr. : **Fontainebleau**, 15., près de la Seine, forêt; château où Napoléon Ier abdiqua en 1814.

Meaux✝, 14., sur la Marne, illustré par Bossuet. Commerce de grains et de fromages de Brie. — **Coulommiers**, 7.; **Provins**, 9.

Montereau, 9., sur la Seine, faïence. Assassinat de Jean sans Peur, en 1419. — *La Ferté-sous-Jouarre*, 5., sur la Marne, carrières de pierres meulières.

211. **OISE**. Ch.-l. **Beauvais**✝, 20000 h., sur le Thérain, belle cathédrale inachevée; draps, couvertures, tapis; manufacture nationale de tapisseries. Siège de 1472 et défense héroïque de Jeanne Hachette.

S.-pr. : **Compiègne**, 17., sur l'Oise, château et forêt. En 1430, Jeanne d'Arc y fut prise et vendue aux Anglais.

Clermont, 6.; **Senlis**, 7.

Noyon, 7., rappelle le couronnement de Charlemagne, en 768; l'élection de Hugues Capet, en 987, et le traité de paix entre François Ier et Charles-Quint, en 1516. — *Creil*, 10., sur l'Oise, faïence et pierres de taille. — *Chantilly*, 6., dentelles de soie appelées *blondes*; forêt et château remarquables.

212. **AISNE**. Ch.-l. **Laon**, 16., ville forte sur une colline escarpée, fut la capitale des derniers rois carolingiens.

S.-pr. : **Saint-Quentin**, 56000 h., sur la Somme, centre industriel pour les cotonnades et les toiles. Victoire des Espagnols sur les Français, en 1557. Bataille de 1871.

Soissons✝, 14., sur l'Aisne, haricots dits *de Soissons*. Victoire de Clovis, en 486; déposition de Louis le Débonnaire, en 833.

Château-Thierry, 8., sur la Marne, patrie de La Fontaine. — **Vervins**, 3., traité de 1598.

La Fère, 5., sur l'Oise, place forte. — *Chauny*, 11., et *Saint-Gobain*, 2., glaces et produits chimiques.

II. III. PICARDIE ET ARTOIS, 2 départs.

213. **Généralités.** Pays de *plaines*, basses au centre, un peu relevées au N. et à l'O. par les collines dites de Picardie et d'Artois.

Agriculture progressive, analogue à celle de la Flandre; production des céréales, du lin, du colza, de la betterave à sucre. Excellents chevaux boulonnais. Pommiers à cidre.

Industrie. Fabrication active de lainages, toiles et cotonnades, sucre de betterave. Extraction de la tourbe dans la vallée de la Somme, du minerai de fer et de la houille (Pas-de-Calais).

214. **SOMME**. Ch.-l. **Amiens**✝, 93000 h., sur la Somme, fabrique des *velours*, des tapis et des toiles. Belle cathédrale. Traité de paix avec l'Angleterre, en 1802.

S.-pr. : **Abbeville**, 20000 h., sur la Somme, port, toiles et tapis. — **Doullens**, 6.

Montdidier, 5., patrie de Parmentier, qui a propagé en France la culture de la pomme de terre.

Péronne, 5., place forte, château historique.

215. **PAS-DE-CALAIS**. Ch.-l. **Arras** ✝, 26000 h., commerce de grains et d'huiles. Traité de 1435 entre Philippe le Bon et Charles VII.

S.-pr. : **Boulogne-sur-Mer**, 53000 h., port, passagers pour l'Angleterre, pêche du hareng et de la morue; ciment et plumes métalliques.

Béthune, 15., houille; **Montreuil**, 3.; **Saint-Omer**, 20000 h., pipes; **Saint-Pol**, 4.

Calais, 72000 h., ville forte et port, passagers pour l'Angleterre, grande fabrication de tulle. Aux Anglais de 1347 à 1558. — *Lens*, 32000 h., houille; *Azincourt* (près Saint-Pol), *Guinegatte* (près Saint-Omer), *Ardres* (près Calais), lieux historiques.

IV. FLANDRE, 1 département.

216. **Généralités**. Pays de *plaines basses* et unies à l'ouest et au centre (Flandre), un peu relevées au sud-est par l'Ardenne (Hainaut).

Agriculture la plus progressive de la France, produisant les céréales : froment, orge, avoine; les *plantes industrielles* : betterave, lin, chanvre, colza. Excellents bœufs flamands, vaches laitières, chevaux de gros trait.

Industrie très active. Extraction de houille; métallurgie, hauts fourneaux, fonderies, verreries. Fabrication importante de toiles de lin et de chanvre, cotonnades et lainages, tapis, dentelles. Sucre de betteraves. Pêche maritime.

217. **NORD**. Ch.-l. **Lille** ✝, 218000 h., grande place forte, centre très important pour l'industrie du lin, du chanvre, du coton, des huiles, du sucre et la fabrication des machines.

S.-pr. : **Cambrai** ✝, 28000 h., sur l'Escaut, batistes. Traité de 1529, appelé *Paix des Dames*. Episcopat de Fénelon.

Douai, 36000 h., sur la Scarpe, houille et métallurgie.

Dunkerque, 39000 h., ville forte, port très actif sur la mer du Nord; travail du jute. Patrie de Jean Bart. Bataille dite *des Dunes*, en 1658.

Valenciennes, 35000 h., dans le Hainaut français, fabrique des batistes et du sucre de betterave, houille et métallurgie.

Hazebrouck, 13.; **Avesnes**, 6.

Anzin, 14., et *Denain*, 27000 h., mines de houille, métallurgie. — *Roubaix*, 123000 h.; *Tourcoing*, 83000 h., et *Wattrelos*, 29000 h., ont de nombreuses fabriques de tissus de laine et coton mêlés. — *Armentières*, 29000 h., toiles et linge damassé. — *Maubeuge*, 23000 h., place forte, métallurgie, glaces. — *Bailleul*, 13., dentelles. — *Bouvines* (près Lille), *Cassel* (près Hazebrouck), *Gravelines* (près Dunkerque), *Cateau-Cambrésis* (près Cambrai), *Malplaquet* (près Maubeuge), *Denain*, lieux historiques.

II. RÉGION DU NORD-EST

V. CHAMPAGNE, 4 départements.

218. **Généralités**. Pays de *plaines* ondulées à l'ouest, unies au centre; relevé au N. et à l'E. par les *collines* de l'Ardenne et de l'Argonne, au S. par le *plateau* de Langres.

Agriculture. Blé de la Brie, vigne; céréales, fourrages et sapinières de la Champagne, autrefois dite pouilleuse ou stérile. Elevage des moutons.

Industrie. Ardoises; forges; clouteries, couteaux; draps, lainages, bonneterie; vins mousseux.

219. **AUBE**. Ch.-l. **Troyes** ✝, 55000 h., sur la Seine, bonneterie et charcuterie. Traité de 1420, par lequel Henri V, roi d'Angleterre, fut déclaré héritier présomptif de la couronne de France.

S.-pr. : **Arcis-sur-Aube**, 3.; **Bar-sur-Aube**, 5.; **Bar-sur-Seine**, 3., **Nogent sur-Seine**, 4., commerce agricole. — *Romilly*, 11., bonneterie de laine et de coton.

220. **HAUTE-MARNE**. Ch.-l. **Chaumont**, 15., sur la Marne. Fabrique de gants.

S.-pr. : **Langres** ✝, 9., place forte importante, sur un plateau, à 473 m. d'altitude, est renommée pour ses pierres à émoudre et sa coutellerie, fabriquée surtout à *Nogent-en-Bassigny*.

Wassy, 4., où commencèrent, en 1562, les guerres religieuses.

Saint-Dizier, 16., sur la Marne, a des hauts fourneaux, et fait un grand commerce de bois et de fers. — *Bourbonne-les-Bains*, 4., possède des eaux minérales thermales.

221. **MARNE**. Ch.-l. **Châlons-sur-Marne** ✝, 31000 h., école des arts et métiers, commerce de céréales et de vins de Champagne. Aux environs, défaite d'Attila en 451. A 20 km N., camp dit de Châlons.

S.-pr. : **Reims** ✝, 115000 h., place forte, grande fabrication de lainages, grand commerce de *vins de Champagne*, de biscuits et de pain d'épice. Belle cathédrale, où l'on sacrait les rois de France. Patrie de saint J.-B. de la Salle et de Colbert.

Epernay, 22000 h., sur la Marne, grand commerce de vin mousseux dit *champagne*.

Sainte-Menehould, 5.; **Vitry-le-François**, 9.

Ay, 7., vins mousseux. — *Valmy* (près Sainte-Menehould), village où les Prussiens furent défaits en 1792.

222. **ARDENNES**. Ch.-l. **Mézières**, 10., sur la Meuse, rappelle la défense de Bayard contre les Impériaux, en 1521.

S.-pr. : **Sedan**, 20000 h., sur la Meuse, draps fins et autres lainages. Patrie de Turenne. Bataille du 1er septembre 1870.

Rocroi, 2., place forte, rappelle la victoire de Condé sur les Espagnols, en 1643.

Rethel, 5., fabrique des lainages. **Vouziers**, 4.

Charleville, 23000 h., sur la Meuse, en face de Mézières. Quincaillerie et clouteries. — *Nouzon*, 8., métallurgie. — *Fumay*, 6., sur la Meuse, extraction très importante d'ardoises. — *Givet*, 8., place forte sur la Meuse.

VI. LORRAINE, 3 départements.

223. **Généralités**. Pays de *plaines* assez élevées, accidentées par les *collines* de l'Argonne et les *montagnes* des Vosges et des Faucilles.

Agriculture. Céréales, vins de la Moselle, kirsch des Vosges; pâturages, chevaux lorrains, moutons et porcs. Les forêts des Vosges sont les plus belles de France.

Industrie. Marbres et grès, sel gemme; très riches mines de fer, hauts fourneaux; lainages, broderies, cotonnades; papiers, glaces, cristaux. Eaux minérales.

224. **MEUSE**. Ch.-l. **Bar-le-Duc**, 17., sur l'Ornain et le canal de la Marne au Rhin. Confitures de groseilles et cotonnades.

S.-pr. : **Verdun** ✝, 22000 h., place forte sur la Meuse, liqueurs et dragées. Traité de 843.

Montmédy, 3., petite place forte; **Commercy**, 9.

225. **VOSGES**. Ch.-l. **Épinal**, 30000 h., place forte sur la Moselle, fabriques de cotonnades et d'images populaires.

S.-préf. : **Saint-Dié** ✝, 23000 hab., sur la Meurthe, tissus communs.

Mirecourt, 6., dentelles et instruments de musique. **Neufchâteau**, 4.; **Remiremont**, 11., cotonnades.

Gérardmer, 10., fait le commerce de fromages dits *géromés*. — *Domremy* (près Neufchâteau), où naquit sainte Jeanne d'Arc, 1412. — *Plombières*, eaux minérales.

Belfort, 39000 h., place forte défendant la « trouée » entre le Jura et les Vosges. Défense héroïque en 1870-71. — Tissage de coton.

226. **MEURTHE-ET-MOSELLE**. Ch.-l. **Nancy** ✝, 120000 h., grande et belle ville, sur la Meurthe. Minières et métallurgie; commerce des broderies de Lorraine; cotonnades et lainages. École forestière. Siège de 1477, où fut tué Charles le Téméraire.

S.-pr. : **Lunéville**, 26000 h., sur la Meurthe, faïences; ancien palais des ducs de Lorraine. Traité de paix de 1801, entre la France et l'Autriche.

Toul, 16., sur la Moselle, ville forte, fut l'un des Trois-Évêchés (avec Verdun et Metz).

Briey, 3., et *Longwy*, 11., mines de fer, métallurgie. — *Pont-à-Mousson*, 14., sur la Moselle, hauts fourneaux.

Baccarat, 7., sur la Meurthe; manufacture de cristaux. — *Cirey* (près Baccarat), glaces. — *Saint-Nicolas-du-Port*, 6., et *Varangéville* (près Nancy), salines importantes.

VIbis. L'ALSACE-LORRAINE, 3 dép.

L'ALSACE et une partie de la LORRAINE, qui nous avaient été enlevées en 1871 par les Allemands, nous ont été rendues à la suite de la Grande Guerre.

Superficie : 14500 kilom²; *population* : 1900000 habitants.

227. **BAS-RHIN**. Ch.-l. **Strasbourg** ✝, 185000 h., capitale de l'Alsace, près du Rhin, sur l'Ill et les canaux de la Marne au Rhin et du Rhône au Rhin, est un des grands ports de la vallée rhénane. C'est aussi une ville d'industries alimentaires, célèbre par sa belle cathédrale.

Schelestadt, 10., sur l'Ill, vignobles. — **Saverne**, 9., sur le canal de la Marne au Rhin. — **Wissembourg**, 6., sur la Lauter.

228. **HAUT-RHIN**. Ch.-l. **Colmar**, 45000 h., dans la plaine d'Alsace. Ville industrielle.

Mulhouse, 102000 h., sur l'Ill et le canal du Rhône au Rhin, grande cité d'industries métallurgiques et cotonnières, dans la plaine d'Alsace.

229. **MOSELLE**. Ch.-l. **Metz** ✝, 70000 h., sur la Moselle, grande place forte, industrie métallurgique.

Sarreguemines, 16., sur la Sarre, faïences. — **Thionville**, 15., sur la Moselle. — **Sarrebourg**, 9., sur la Sarre. — **Château-Salins**, 2., verreries.

III. RÉGION DU NORD-OUEST

VII. NORMANDIE, 5 départements.

230. **Généralités**. Pays de *plaines accidentées* au N. et à l'O.; de plateaux et de *collines*, dites de Normandie, au S.

Agriculture soignée : culture des céréales, du colza, du lin et du chanvre; prairies grasses où l'on élève d'excellents chevaux, vaches laitières et bœufs normands; beurre et fromage; poules de Gournay (près de Rouen). Pommiers à cidre.

Industrie prospère : craie, forges, constructions navales, épingles et aiguilles; fabrication très active de cotonnades, draps et toiles, dentelles, porcelaines, pêche, bains de mer.

231. **SEINE-INFÉRIEURE**. Chef-lieu **Rouen** ☩, 125000 h., grand port marchand sur la Seine, et centre manufacturier très actif, surtout pour les tissus de coton connus sous le nom de *rouenneries*. Beaux monuments gothiques : la cathédrale, Saint-Ouen, etc. Patrie de Corneille; Jeanne d'Arc y fut brûlée vive par les Anglais, en 1431.

S.-pr. : **Le Havre**, 136000 h., à l'embouchure de la Seine, second port de France, desservant Paris et en relation surtout avec les États-Unis; entrepôt pour le coton, le caoutchouc, le café; constructions navales.

Dieppe, 24000 h., port, pêche, ivoirerie.

Neufchâtel, 4., fromages. **Yvetot**, 7.

Elbeuf, 18., sur la Seine, draps fins. — *Fécamp*, 17., port de pêche.

232. **EURE**. Ch.-l. **Évreux** ✝, 19., sur l'Iton, affluent de l'Eure, fabriques de coutils.

S.-pr. : **Louviers**, 10., forme avec Elbeuf un grand centre manufacturier pour les draps fins.

Les Andelys, 6.; **Bernay**, 8.; **Pont-Audemer**, 6.

Vernon, 9., équipages militaires. — *Ivry* (au sud-est d'Évreux), bataille de 1590.

233. **CALVADOS**. Ch.-l. **Caen**, à 12 km de la mer, 47000 h., port sur l'Orne et sur un canal; commerce de chevaux et de dentelles appelées *blondes*.

S.-pr. : **Bayeux** ✝, 8., porcelaines et dentelles.

Falaise, 7., bonneterie de coton, foire aux chevaux dans le faubourg de Guibray.

Lisieux, 16., toiles dites *cretonnes*.

Vire, 6., draps; **Pont-l'Évêque**, 3., fromages.

Honfleur, 9., port. — *Trouville*, 6., bains de mer. — *Isigny*, beurre.

234. **MANCHE**. Ch.-l. **Saint-Lô**, 12., sur la Vire, haras, gros draps.

S.-pr. : **Cherbourg**, 44000 h., port militaire sur la Manche, en face de l'Angleterre, ch.-l. d'une préfecture maritime. Digue défensive de 3712 m. de long.

Coutances ✝, 7., a donné son nom au Cotentin.

Avranches, 7.; **Mortain**, 2.; **Valognes**, 6.

Granville, 11., port de pêche.

Le mont *Saint-Michel* est un rocher isolé, surmonté d'une abbaye. Deux fois par jour, la marée en fait une île, et le flot s'avance sur la plage avec « la vitesse d'un cheval au galop ».

235. **ORNE**. Ch.-l. **Alençon**, 17., sur la Sarthe, dentelles dites *point d'Alençon*.

S.-pr. : **Mortagne**, 4., toiles. Aux environs est la célèbre abbaye de Soligny-la-Trappe.

Argentan, 7.; **Domfront**, 5, chevaux percherons.

Sées ✝, 4., sur l'Orne supérieur. — *Laigle*, 6., aiguilles et épingles. — *Flers*, 14., cotonnades. — *Vimoutiers*, 3., toiles et fromages.

VIII. MAINE, 2 départements.

236. **Généralités**. Pays de *plaines* basses au S., se relevant au N. vers les *collines* dites du Perche, du Maine et de Normandie.

Agriculture et industrie. Culture des céréales et du chanvre; pommiers à cidre; élevage de bœufs manceaux et de chevaux percherons; porcs, volaille estimée, marbre, toiles et coutils.

237. **SARTHE**. Ch.-l. **Le Mans** ✝, 69000 h., sur la Sarthe, toiles de chanvre et volailles. Batailles de 1793 et 1871.

S.-pr. : **La Flèche**, 11., sur le Loir, prytanée militaire; poulardes et chapons dits *du Mans*.

Mamers, 6., et **Saint-Calais**, 4., toiles.

Sablé, 5., marbre; à 2 km. N.-E., abbaye de Solesmes.

238. **MAYENNE**. Ch.-l. **Laval** ✝, 30000 h., sur la Mayenne, coutils nouveautés.

S.-pr. : **Mayenne**, 10., et **Château-Gontier**, 7., sur la Mayenne, toiles. — *Pontmain*, pèlerinage.

IV. RÉGION DE L'OUEST

IX. BRETAGNE, 5 départements.

239. **Généralités**. Pays de *plaines accidentées*, basses au S.-O. sur la Loire, plus élevées au centre et traversées par les *collines* d'Arrée, du Menez et la Montagne-Noire.

Agriculture. Sol médiocrement fertile : culture du seigle, du sarrasin, du chanvre; landes et prairies, où l'on élève de nombreux bestiaux et chevaux de petite taille; abeilles; huîtres; pommiers à cidre.

Industrie. Granite de Bretagne et des îles Chausey (Manche); ardoises; sel marin; tourbe, houille et fer des bords de la Loire, constructions navales dans les grands ports, toiles, bonneteries, conserves alimentaires, pêche de la sardine.

240. **ILLE-ET-VILAINE**. Ch.-l. **Rennes** ☩, 79000 h., au confluent de l'Ille et de la Vilaine. Toiles à voiles; commerce de beurre, miel et volailles.

S.-pr. : **Saint-Malo**, 12., est, avec *Saint-Servan*, 13., à l'embouchure de la Rance, un port actif pour la pêche de la morue sur les bancs de Terre-Neuve; toiles. Patrie de Jacques Cartier, qui découvrit le Canada; du marin Duguay-Trouin et de Chateaubriand.

Fougères, 22000 h., cordonnerie; **Montfort**, 2.; **Redon**, 7., et **Vitré**, 11.

Cancale, 7., huîtres.

241. **COTES-DU-NORD**. Ch.-l. **Saint-Brieuc**, ✝. 24000 h., à 3 km. de la mer, où il a un port sur le Gouet. Aux environs, extraction de granite.

S.-pr. : **Dinan**, 11., près de là est né Duguesclin; **Guingamp**, 9.; **Lannion**, 6.; **Loudéac**, 6.

242. **FINISTÈRE**. Ch.-l. **Quimper** ✝, 19., port sur l'Odet; belle cathédrale.

S.-pr. : **Brest**, 91000 h., port militaire, sur une magnifique rade communiquant avec l'Océan par l'étroit passage du Goulet; deux câbles y relient la France à l'Amérique et un à l'Afrique occidentale (Dakar).

Châteaulin, 4., ardoises.

Morlaix, 15., toiles et tabac; **Quimperlé**, 9.

Concarneau, 7., huîtres et sardines. — L'île d'*Ouessant*.

243. **MORBIHAN**. Ch.-l. **Vannes** ✝, 24000 h., port de pêche près du Morbihan.

S.-pr. : **Lorient**, 49000 h., à l'embouchure du Blavet, port militaire.

Pontivy, 9.; **Ploërmel**, 5.

Auray, 7., pèlerinage à sainte Anne, patronne de la Bretagne. — *Port-Louis*, 4., à l'entrée de la rade de Lorient, pêche de la sardine. — *Quiberon*, sur la presqu'île de ce nom, désastre des émigrés, en 1795. — Les îles *Groix* et *Belle-Ile*.

244. **LOIRE-INFÉRIEURE**. Ch.-l. **Nantes** ✝, 171000 h., port marchand, à 60 km. de l'embouchure de la Loire, et qui prospère depuis la création du canal maritime. Raffineries de sucre, fabriques de conserves alimentaires; bonneterie. Édit de 1598, en faveur des protestants.

S.-pr. : **Saint-Nazaire**, 38000 h., à l'embouchure de la Loire, avant-port de Nantes pour les plus gros vaisseaux; port actif en relation avec l'Amérique centrale.

Ancenis, 5.; **Châteaubriant**, 7.; **Paimbœuf**, 2.

Indret, 4., dans une île, près de Nantes, construction de machines à vapeur pour les navires de l'État. — *Guérande*, 7., marais salants.

X. ANJOU, 1 département.

245. **Généralités**. Pays de *plaines* basses au centre, se relevant un peu vers le S.

Agriculture et industrie. Céréales; bœufs choletais; vins de la Loire; pépinières d'arbres fruitiers; houille de Chalonnes; ardoises; tissus.

246. **MAINE-ET-LOIRE**. Ch.-l. **Angers** ✝, 84000 h., sur la Maine, école des arts et métiers, fabriques de toiles et cordages pour la marine. Facultés catholiques. Dans les environs se trouvent d'importantes carrières d'ardoises et de grandes pépinières d'arbres fruitiers.

S.-p. : **Cholet**, 21000 h., cotonnades et mouchoirs, commerce de bœufs et moutons.

Saumur, 16., sur la Loire, école de cavalerie, vin blanc.

Baugé, 3.; **Segré**, 4.

XI. POITOU, 3 départements.

247. **Généralités**. Pays de *plaines* basses et unies à l'O., un peu relevées à l'E., entourant au centre les *collines* du Poitou et le plateau de Gâtine.

Agriculture. Prairies et pâturages où l'on élève des ânes et des mulets renommés, des bœufs et des chevaux.

Industrie. Granit de Gâtine; sel des marais salants de la Vendée; houille de Chantonnay (près de La Roche), armes et couteaux, gants, pêche.

248. **VENDÉE**. Ch.-l. **La Roche-sur-Yon**, 15., fut bâtie par Napoléon Ier en 1805.

S.-pr. : **Les Sables-d'Olonne**, 14., pêche de la sardine et bains de mer sur une plage magnifique.

Fontenay-le-Comte, 10.

Luçon ✝, 7. Richelieu en fut évêque.

Iles de *Noirmoutier*, salines, et d'*Yeu*, pêcheries.

249. **DEUX-SÈVRES**. Ch.-l. **Niort**, 24000 h., sur la Sèvre-Niortaise, fabriques de gants et de confitures d'angélique.

S.-pr. : **Melle**, 3., commerce de mulets.

Bressuire, 5., et **Parthenay**, 8., bœufs.

250. **VIENNE**. Ch.-lieu **Poitiers** †, 41 000 h., ancienne ville des Gaules, près de laquelle se donnèrent trois batailles célèbres : *Vouillé*, où Clovis défit les Wisigoths, en 507 ; *Poitiers*, où Charles Martel écrasa les Sarrasins, en 732; *Maupertuis*, où le prince Noir fit prisonnier Jean le Bon, en 1356.

S.-pr. : **Châtellerault**, 18., sur la Vienne, coutellerie renommée et manufacture nationale d'armes de guerre.

Civray, 3.; **Loudun**, 5.; **Montmorillon**, 5.

V. RÉGION DU CENTRE

XII. ORLÉANAIS, 3 départements.

251. **Généralités**. Pays de *plaines* ondulées ou de plateaux bas, coupés au S. par la *vallée* de la Loire, se relevant au N.-O. par les *collines* du Perche.

Agriculture. Culture importante du *blé* dans la Beauce, vins de la Loire; élevage des chevaux percherons et de nombreux moutons; miel. Forêt d'Orléans; pins de la Sologne.

Industrie. Farine, vinaigre, lainages, gants, chapellerie, faïence.

252. **LOIRET**. Ch.-l. **Orléans** †, 72 000 h., sur la Loire, couvertures, chapellerie et vinaigre. Orléans fut assiégé en 1428 par les Anglais, et délivré l'année suivante par sainte *Jeanne d'Arc*. Bataille de 1870.

S.-pr. : **Gien**, 8., sur la Loire, faïence.

Montargis, 13., sur le Loing, commerce de miel du Gâtinais.

Pithiviers, 7., pâtés d'alouettes et miel du Gâtinais.

Patay (au N.-O. d'Orléans), où Jeanne d'Arc défit les Anglais, en 1429. Bataille de 1870, où s'illustrèrent les zouaves pontificaux. — *Coulmiers* (près d'Orléans), victoire en 1870.

253. **EURE-ET-LOIR**. Ch.-l. **Chartres** †, 24 000 h., sur l'Eure, commerce de grains et farines. Belle cathédrale gothique de N.-D., où Henri IV fut sacré en 1594. Patrie du général Marceau.

S.-pr. : **Châteaudun**, 7., sur le Loir; défense héroïque en 1870.

Dreux, 11., près de l'Eure, victoire du duc de Guise sur le prince de Condé en 1562.

Nogent-le-Rotrou, 8., chevaux percherons.

254. **LOIR-ET-CHER**. Ch.-l. **Blois** †, 24 000 h., sur la Loire, magnifique château royal. Le duc Henri de Guise et le cardinal de Lorraine y furent assassinés en 1588.

S.-pr. : **Vendôme**, 10., sur le Loir, ganteries; **Romorantin**, 8., lainages.

Chambord, château bâti par François Ier.

XIII. TOURAINE, 1 département.

255. **Généralités**. Pays de *plaines* ondulées, coupé au centre par la vallée de la Loire.

Agriculture. La vallée de la Loire est très bien cultivée en plantes potagères, arbres fruitiers et vignobles, ce qui a fait surnommer la Touraine le jardin de la France; mais le reste du pays est moins riche. Colonie agricole de Mettray.

Industrie. Soieries, imprimerie, poudrerie.

256. **INDRE-ET-LOIRE**. Ch.-l. **Tours** †, 73 000 h., sur la Loire; grande imprimerie Mame, soieries. Restes du monastère de *Marmoutier*, fondé par saint Martin, et du château du *Plessis*, où mourut Louis XI.

S.-pr. : **Chinon**, 6., sur la Vienne, et **Loches**, 5., sur l'Indre, restes de châteaux royaux.

Amboise, 5., sur la Loire, château rappelant la conjuration de 1560. — *Le Ripault*, poudrerie. — *Châteaurenault*, tanneries.

XIV. BERRY, 2 départements.

257. **Généralités**. Pays de *plaines* accidentées à l'O., de plateaux bas et de *collines* à l'E. et au S.

Agriculture. Culture de céréales; vins du Cher; élevage des moutons dits berrichons; poissons des étangs de la *Brenne* et de la Sologne.

Industrie. Houille, forges importantes de Bourges et des environs, fonderie de canons, porcelaine; draps et tabac.

258. **INDRE**. Ch.-l. **Châteauroux**, 26 000 h., sur l'Indre, draps pour la troupe, tabac.

S.-pr. : **Issoudun**, 14., parcheminerie. Eglise Notre-Dame du Sacré-Cœur.

Le Blanc, 6., et **La Châtre**, 5.

259. **CHER**. Ch.-l. **Bourges** †, 46 000 h., arsenal, fonderie de canons, approvisionnements militaires; draps et toiles peintes. Belle cathédrale; palais de Jacques Cœur.

S.-pr. : **Saint-Amand**, 9.; **Sancerre**, 3.

Vierzon, 12., sur le Cher, porcelaine et verrerie. — *Mehun*, 6., houille.

XV, XVI. NIVERNAIS et BOURBONNAIS 2 départements.

260. **Généralités**. Pays de *plateaux accidentés*, relevés à l'E. par les *monts du Morvan*, au N. par les collines du *Nivernais*.

Agriculture. Prairies nourrissant des bœufs morvandeaux renommés; forêts du Morvan, qui approvisionnent Paris de bois de chauffage; vins du Bourbonnais.

Industrie. Houille, métallurgie active, glaces, faïence et porcelaine; eaux minérales.

261. **NIÈVRE**. Ch.-l. **Nevers** †, 28 000 h. au confluent de la Nièvre et de la Loire, a des forges, faïenceries et l'école nationale de chaudronnerie.

S.-pr. : **Cosne**, 9., sur la Loire, fabrique de limes.

Clamecy, 5., sur l'Yonne, flottage de bois.

Château-Chinon, 2., bestiaux.

Fourchambault, 5.; *La Chaussade*, *Imphy*, près de Nevers, métallurgie très active. — *Decize*, 5., houille.

262. **ALLIER**. Ch.-l. **Moulins** †, 22 000 h., sur l'Allier, marchés aux grains et aux bestiaux. Tombeau du maréchal de Montmorency. Patrie de Villars.

S.-pr. : **Montluçon**, 34 000 h., sur le Cher, glaces et produits chimiques.

Gannat, 5.; **Lapalisse**, 3.

Commentry, 10., mines de houille et forges. — *Vichy*, 17., sur l'Allier; *Cusset*, 7., *Néris*, 3., et *Bourbon-l'Archambault*, 3., eaux minérales.

XVII, XVIII. MARCHE, LIMOUSIN 3 départements.

263. **Généralités**. Pays de *plaines* ondulées à l'O. et au S., relevées au centre et à l'E. par les *monts du Limousin*.

Agriculture. Pâturages et élevage de chevaux dits *limousins*, et de nombreux bestiaux; châtaigneraies.

Industrie. Granite, kaolin, porcelaine, houille, armes et tapis.

264. **CREUSE**. Ch.-l. **Guéret**, 8., à 5 km. de la Creuse.

S.-pr. : **Aubusson**, 7., sur la Creuse, tapis.

Bourganeuf, 4.; **Boussac**, 1.

Ahun, 2., houille; *Felletin*, 3., tapis.

265. **HAUTE-VIENNE**. Ch.-l. **Limoges** †, 92 000 h., sur la Vienne, grande fabrication de porcelaine et de lainages. Commerce de grains.

S.-pr. : **Saint-Yrieix**, 8., extraction de kaolin et manufacture de porcelaine, ainsi qu'à *Saint-Junien*, 11.

Bellac, 5.; **Rochechouart**, 5.

266. **CORRÈZE**. Ch.-l. **Tulle** †, 16., sur la Corrèze, manufacture nationale d'armes à feu.

S.-pr. : **Brive**, 21 000 h., sur la Corrèze, pâtés truffés; **Ussel**, 5.

XIX. AUVERGNE, 2 départements.

267. **Généralités**. Pays de *montagnes* et de volcans éteints (monts d'Auvergne), coupé du S. au N. par la profonde vallée de l'Allier ou plaine de la Limagne.

Agriculture. Fruits et froment dans la riche vallée de la Limagne; sur les plateaux, seigle, sarrasin, pâturages nourrissant un bétail rustique; châtaigneraies.

Industrie. Extraction de lave et basalte, asphalte, houille, plomb, chaudronnerie, coutellerie, dentelles communes, pâtes alimentaires et fruits confits. Eaux minérales et thermales.

268. **PUY-DE-DOME**. Ch.-l. **Clermont-Ferrand** †, 65 000 h., pâtes alimentaires, pâtes d'abricots et confitures. Ferronnerie. Fontaine pétrifiante de Saint-Allyre. Patrie de Grégoire de Tours et de Pascal. La première croisade y fut prêchée par le pape Urbain II, en 1095. Dans les environs était Gergovia, où César fut battu par Vercingétorix.

S.-pr. : **Thiers**, 17., coutellerie. — **Riom**, 11., cour d'appel. — **Ambert**, 8.; **Issoire**, 6.; *Saint-Eloy*, centre d'un bassin houiller.

Volvic, basalte. — *Pontgibaud* (près Riom), plomb argentifère. — *Le Mont-Dore*, eaux minérales.

269. **CANTAL**. Ch.-l. **Aurillac**, 18., chaudronnerie; commerce de fromages et de bœufs.

S.-pr. : **Saint-Flour** †, 6., étoffes et colle forte. **Mauriac**, 4.; **Murat**, 3.

Chaudesaigues, eaux thermales les plus chaudes de France (80° centigrades).

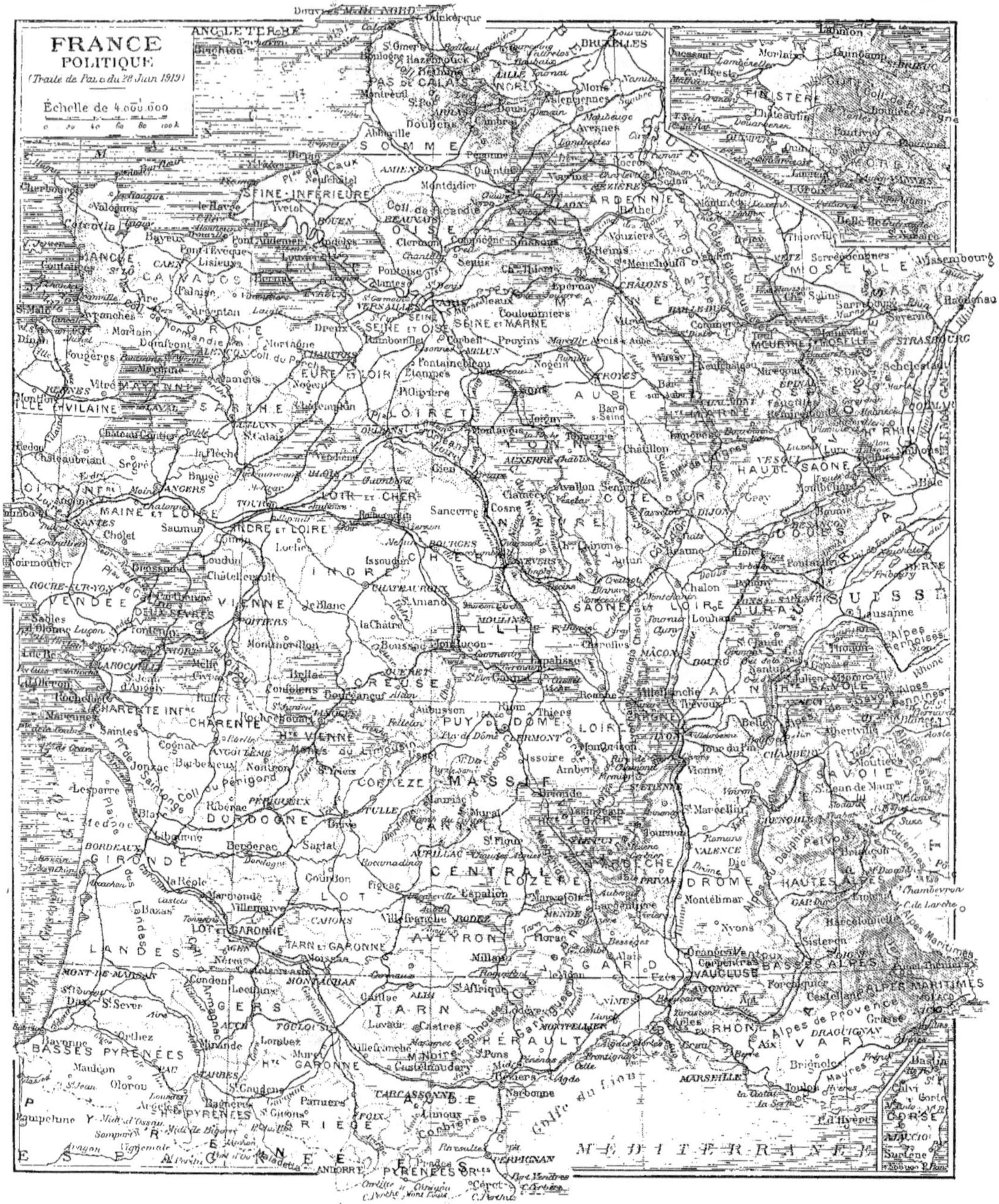
FRANCE
POLITIQUE
(Traité de Paix du 28 Juin 1919)
Échelle de 4.000.000
ANGLETERRE
BRUXELLES
SOMME
SEINE-INFÉRIEURE
OISE
AISNE
ARDENNES
MOSELLE
STRASBOURG
PARIS
SEINE ET OISE
SEINE ET MARNE
MARNE
CALVADOS
MANCHE
ORNE
EURE ET LOIR
LOIRET
AUBE
YONNE
SARTHE
MAYENNE
ILLE ET VILAINE
FINISTÈRE
MAINE ET LOIRE
INDRE ET LOIRE
LOIR ET CHER
CHER
INDRE
NIÈVRE
CÔTE D'OR
HAUTE SAÔNE
DOUBS
JURA
SUISSE
VENDÉE
VIENNE
DEUX SÈVRES
CHARENTE
CREUSE
ALLIER
SAÔNE ET LOIRE
PUY DE DÔME
LOIRE
RHÔNE
SAVOIE
CORRÈZE
DORDOGNE
GIRONDE
CANTAL
HTE LOIRE
ARDÈCHE
DRÔME
HAUTES ALPES
LOT
LOZÈRE
LANDES
LOT ET GARONNE
TARN ET GARONNE
AVEYRON
GARD
VAUCLUSE
BASSES ALPES
ALPES MARITIMES
GERS
TARN
HÉRAULT
BASSES PYRÉNÉES
HTE GARONNE
AUDE
ARIÈGE
PYRÉNÉES ORLES
VAR
CORSE
MARSEILLE
Golfe du Lion
MÉDITERRANÉE
ESPAGNE

VI. RÉGION DU SUD-OUEST

XX, XXI. ANGOUMOIS, SAINTONGE et AUNIS, 2 départements.

270. **Généralités.** Pays de *plaines* basses à l'O., un peu relevées à l'E. par les *collines* de l'Angoumois.

Agriculture. Culture de céréales, prairies naturelles et artificielles; vignobles pour *eaux-de-vie; huîtrières.*

Industrie. Exploitation des *marais salants;* pierres de taille; papeterie; constructions navales; fonderie de canons.

271. **CHARENTE.** Ch.-l. **Angoulême** +, 38 000 h., sur la Charente, papeteries importantes; pierres de taille.

S.-pr. : **Cognac**, 19., sur la Charente, entrepôt des eaux-de-vie dites *cognac.*

Barbezieux, 4.; **Confolens**, 3.; **Ruffec**, 3.

Ruelle, 4., fonderie de canons pour la marine.

272. **CHARENTE-INFÉRIEURE.** Ch.-l. **La Rochelle** +, 30 000 h., port marchand (avec *la Pallice*) sur l'Océan. Richelieu l'enleva en 1628 aux protestants, après un siège mémorable. Patrie du physicien Réaumur.

S.-pr. : **Rochefort**, 35 000 h., port militaire sur la Charente, à 15 km de l'Océan; constructions navales.

Saintes, 21 000 h.; **Saint-Jean-d'Angély**, 7.; **Jonzac**, 3.; eaux-de-vie.

Marennes, 5., huîtres vertes.

Iles de *Ré* et d'*Oléron*, sel et huîtres.

XXII. GUYENNE, 6 départements.

273. **Généralités.** Pays de *plaines* basses à l'O., sur la Gironde, accidentées au centre, se relevant au N. et à l'E. en larges *plateaux montagneux* (Massif central), coupés de vallées profondes.

Agriculture. Culture des céréales, du tabac; *vins* très renommés de Bordeaux, du Médoc, *eaux-de-vie* d'Armagnac; pâturages et châtaigneraies du Massif central; élevage de moutons, de bêtes à cornes, de porcs; fromages; prunes d'ente, truffes.

Industrie. Pierres meulières; minerai de fer; houille, forges, constructions navales.

274. **GIRONDE.** Ch.-l. **Bordeaux** ☨, 262 000 h., sur la Garonne, à 100 km de l'Océan, troisième port de France; grand commerce de vins, eaux-de-vie et liqueurs; relations avec l'Afrique et l'Amérique du Sud.

S.-pr. : **Libourne**, 20 000 h., port au confluent de la Dordogne et de l'Isle; vins et farines.

Lesparre, 4., près des vignobles du Médoc.

Bazas, 5.; **Blaye**, 5., et **La Réole**, 4.

Arcachon, 10., sur le bassin de même nom, huîtres, bains de mer, station sanitaire.

275. **DORDOGNE.** Ch.-l. **Périgueux** +, 34 000 h., sur l'Isle, commerce de porcs, truffes et pâtés truffés. Cathédrale byzantine.

S.-pr. : **Bergerac**, 16., sur la Dordogne, vins, pierres meulières.

Nontron, 4., coutellerie. — **Ribérac**, 4.; **Sarlat**, 6.

276. **LOT.** Ch.-l. **Cahors** +, 14., dans une presqu'île du Lot. Vins, huiles et truffes.

S.-pr. : **Figeac**, 6.; **Gourdon**, 4.

Rocamadour, antique pèlerinage à N.-D.

277. **AVEYRON.** Ch.-l. **Rodez** +, 15., tricots et couvertures de laine; belle tour de la cathédrale.

S.-pr. : **Millau**, 18., sur le Tarn, mégisseries, gants de peau.

Saint-Affrique, 6., commerce de fromage estimé, fabriqué dans les caves de *Roquefort.*

Villefranche-de-Rouergue, 8.; **Espalion**, 4.

Aubin, 10., et *Decazeville,* 14., houille et forges.

278. **LOT-ET-GARONNE.** Ch.-l. **Agen** +, 23 000 h., sur la Garonne, prunes d'ente. Patrie du naturaliste Lacépède.

S.-pr. : **Marmande**, 10.; **Villeneuve-sur-Lot**, 13., prunes d'ente; **Nérac**, 6.

Tonneins, 6., manufacture de tabac.

279. **TARN-ET-GARONNE.** Ch.-l. **Montauban** +, 30 000 h., sur le Tarn, minoteries et soie pour tamis. Cette ville, pendant les guerres de religion, était une des principales places d'armes des protestants. Richelieu la prit en 1629, et en fit raser les fortifications.

S.-pr. : **Moissac**, 8., sur le Tarn, grains et farines; **Castelsarrasin**, 7.

XXIII. GASCOGNE, 3 départements.

280. **Généralités.** Pays de *plaines* au N.-O., dans les Landes, de plateaux au centre et de *hautes montagnes* au S., dans les Pyrénées.

Agriculture et industrie. Culture du maïs et du lin; pâturages nourrissant des chevaux, mulets, moutons, chèvres et un bétail rustique; pins des Landes donnant bois et résine; chênes-liège. Marbres; minerai de fer; fonderies. Eaux minérales.

281. **GERS.** Ch.-l. **Auch** ☨, 14., sur le Gers, belle cathédrale; eaux-de-vie.

S.-pr. : **Condom**, 6., eaux-de-vie d'Armagnac. **Lectoure**, 4.; **Lombez**, 1.; **Mirande**, 3.

282. **LANDES.** Ch.-l. **Mont-de-Marsan**, 12., liège et résine.

S.-pr. : **Dax**, 11., sur l'Adour, eaux et boues thermales, résine, bouchons de liège, bois de pins.

Saint-Sever, 5.

Près de Dax, ancien village de Pouy, aujourd'hui *Saint-Vincent-de-Paul*, où naquit le saint de ce nom. — *Aire* +, 4., sur l'Adour.

283. **HAUTES-PYRÉNÉES.** Ch.-l. **Tarbes** +, 29 000 h., sur l'Adour, commerce de chevaux, arsenal d'artillerie.

S.-pr. : **Bagnères-de-Bigorre**, 8., sur l'Adour; eaux thermales. — **Argelès**, 2.

Barèges, Cauterets et *Saint-Sauveur* (au S. d'Argelès), eaux minérales. — *Gavarnie,* village bâti près d'un vaste cirque de rochers, où le Gave de Pau forme une cascade de 422 mètres d'élévation. — *Lourdes,* 9., sur le Gave de Pau, pèlerinage célèbre à Notre-Dame.

XXIV. BÉARN, 1 département.

284. **Généralités.** Pays pyrénéen, *montagneux* au S., s'abaissant vers le N. en collines et en plateaux.

Agriculture et industrie. Maïs et vignobles; pâturages : bestiaux, moutons, chevaux navarrais, mulets. Calcaires et marbres; toiles de lin; chocolats et jambons. Eaux minérales.

285. **BASSES-PYRÉNÉES.** Ch.-l. **Pau**, 37 000 h., sur le Gave de ce nom, commerce de chevaux et de mulets. Station hivernale. Château où naquit Henri IV.

S.-pr. : **Bayonne** +, 28 000 h., sur l'Adour, port marchand et place forte. Chocolat renommé et commerce d'excellents jambons.

Orthez, 6., centre de la préparation des jambons dits *de Bayonne.*

Oloron, 9., bérets; **Mauléon**, 3.

Biarritz, 18., bains de mer très fréquentés. — *Eaux-Bonnes* et *Eaux-Chaudes* (au S. d'Oloron), villages renommés pour leurs eaux minérales.

VII. RÉGION DU SUD

XXV, XXVI. COMTÉ DE FOIX et ROUSSILLON, 2 départements.

286. **Généralités.** Pays pyrénéens *montagneux.* — Pâturages; élevage de bêtes à cornes et de moutons. Dans le bas Roussillon, vignes, oliviers, mûriers, miel. Marbres des Pyrénées; minerai de fer excellent, fers et aciers.

287. **ARIÈGE.** Ch.-l. **Foix**, 7., sur l'Ariège, forges et aciéries.

S.-pr. : **Pamiers** +, 10., fers et aciers. **Saint-Girons**, 6.

288. **PYRÉNÉES-ORIENTALES.** Ch.-l. **Perpignan** +, 40 000 h., place forte, miel, vins et bouchons de liège.

S.-pr. : **Prades**, 4.; **Céret**, 4.

Port-Vendres, 3., port en relation avec l'Algérie. — *Rivesaltes,* 6., vins muscats.

XXVII. LANGUEDOC, 8 départements.

289. **Généralités.** Pays généralement *montagneux,* excepté sur les côtes de la Méditerranée, qui sont basses et bordées de lagunes. Il est formé au S.-O. par le massif des Pyrénées, au centre par la montagne Noire et les Garrigues, au N. par le Massif central et la chaîne des Cévennes.

Agriculture. Culture du maïs, du blé, du tabac, surtout de la vigne : le bas Languedoc est le pays de France qui produit le plus de *vins,* en partie convertis en alcools ou eaux-de-vie de Montpellier, de Béziers. Culture du mûrier et élève du ver à soie; culture de l'olivier, de l'amandier, du figuier dans la plaine, et du châtaignier sur le Massif central; pâturages, élevage des moutons et des abeilles; miel de Narbonne.

Industrie. Marbres; production importante de sel dans les salines qui bordent la Méditerranée. Houille, zinc, fer, forges. Dentelles, lainages, soieries; papiers. Eaux minérales.

290. **HAUTE-GARONNE.** Ch.-l. **Toulouse** ☨, 150 000 h., à la jonction de la Garonne et du canal du Midi; grand marché pour les vins, grains, laines et fers; minoteries, fabriques de faux, limes et aciers. Belle église romane de Saint-Sernin. Capitole ou hôtel de ville, académie des Jeux Floraux; école vétérinaire.

S.-pr. : **Muret**, 4., victoire de Simon de Montfort sur les Albigeois, en 1213.

Saint-Gaudens, 7.; **Villefranche-de-Lauragais**, 2.

Bagnères-de-Luchon, 3., eaux sulfureuses. — *Saint-Béat* (près de Bagnères), marbre blanc.

291. **TARN**. Ch.-l. **Albi** ✝, 25 000 h., sur le Tarn, rappelle la secte des Albigeois. Patrie du navigateur La Pérouse. Tissus et faïence.

S.-pr. : **Castres**, 28 000 h., et *Mazamet*, 15., fabrication active de lainages.

Gaillac, 7.; **Lavaur**, 6.

Carmaux, 11., houille et verrerie.

292. **AUDE**. Ch.-l. **Carcassonne** ✝, 26 000 hab., sur l'Aude, confiseries. La *Cité*, ou ville haute, est un curieux ensemble de constructions féodales.

S.-pr. : **Narbonne**, 28 000 h., miel renommé, vins.

Limoux, 7., sur l'Aude, vin blanc dit *blanquette de Limoux*.

Castelnaudary, 10.

293. **HÉRAULT**. Ch.-l. **Montpellier** ✝, 80 000 h., école de médecine; vins et eaux-de-vie dites *de Montpellier*.

S.-pr. : **Béziers**, 51 000 h., commerce de vins et d'eaux-de-vie. Patrie de Paul Riquet, à qui l'on doit le canal du Midi.

Lodève, 8., draps pour l'armée; **Saint-Pons**, 3.

Cette, 33 000 h., port marchand sur la Méditerranée. — *Lunel*, 8., et *Frontignan*, 5., vins muscats. — *Pézenas*, 7., commerce de spiritueux.

294. **GARD**. Ch.-l. **Nîmes** ✝, 81 000 h., soieries, tapis, vins, eaux-de-vie, huiles. Antiquités romaines : les Arènes, la Maison-Carrée, la tour Magne, le temple de Diane.

S.-pr. : **Alais**, 30 000 h., mines de houille et de fer, forges et fonderies; **Uzès**, 5.; **Le Vigan**, 5.

La Grand'Combe, 12., et *Bessèges*, 8., mines importantes de houille, fers et aciers. — *Aigues-Mortes*, 4., où saint Louis s'embarqua pour ses croisades. — *Beaucaire*, 8., sur le Rhône, foire autrefois célèbre.

295. **ARDÈCHE**. Ch.-l. **Privas**, 7., commerce de cuirs et de soie grège.

S.-pr. : **Tournon**, 5., sur le Rhône; **Largentière**, 2.

Annonay, 17., papiers, peaux de chevreaux pour la ganterie. Patrie des frères Montgolfier, inventeurs des ballons. — *Aubenas*, 7., sur l'Ardèche, marché de soie. — *Viviers* ✝, 3., sur le Rhône. — *Vals*, eaux minérales.

296. **LOZÈRE**. Ch.-l. **Mende** ✝, 7., sur le Lot, fabrique des serges.

S.-pr. : **Florac**, 2.; **Marvejols**, 4.

297. **HAUTE-LOIRE**. Ch.-l. **Le Puy** ✝, 21 000 h., près de la Loire, bâti en amphithéâtre sur la pente du mont Corneille, que surmonte la statue colossale de Notre-Dame de France; centre de fabrication de dentelle.

S.-pr. : **Brioude**, 5., près de l'Allier; **Yssingeaux**, 8.

VIII. RÉGION DE L'EST

XXVIII. LYONNAIS, 2 départements.

298. **Généralités**. Pays *montagneux*, formé à l'O. par la chaîne du Forez, au centre par celles du Lyonnais et du Beaujolais, traversé par la vallée de la Loire.

Agriculture. Peu de céréales. Vins du Beaujolais; pâturages, vaches, moutons et chèvres; fromages du Mont-d'Or.

Industrie. Houille du bassin de Saint-Étienne. — Métallurgie; forges, ateliers de construction, verrerie; cotonnades, riches soieries, chapellerie, rubans et velours; eaux minérales.

299. **RHONE**. Ch.-l. **Lyon** ✝, 524 000 h., au confluent du Rhône et de la Saône, grande place forte, troisième ville de France par sa population et son commerce; c'est, avec Milan, le centre principal de l'industrie de la soie en Europe. Patrie de Jacquart, inventeur du métier à tisser les étoffes brochées. Notre-Dame de Fourvière.

S.-pr. : **Villefranche-sur-Saône**, 16., cotonnades.

Tarare, 13., au pied du mont Tarare; mousselines, etc. — *Saint-Cyr*, près de Lyon, fromages dits du *Mont-d'Or*. — *Givors*, 13., sur le Rhône, forges, verreries.

300. **LOIRE**. Ch.-l. **Saint-Étienne**, 149 000 h., sur le Furens, grande ville industrielle : charbon de terre, usines métallurgiques, armes, rubanerie en soie.

S.-pr. : **Roanne**, 37 000 h., sur la Loire, cotonnades; **Montbrison**, 8.

Rive-de-Gier, 16., et *Firminy*, 20 000 h., houille, usines à fer, verreries. — *Saint-Chamond*, 15., houille, métallurgie, lacets de soie. — *Saint-Galmier*, 3. (à l'E. de Montbrison), eaux minérales.

XXIX. BOURGOGNE, 4 départements.

301. **Généralités**. Pays de *collines*, *plateaux* et *monts* au N. et à l'O., plaine de la Saône au centre; collines et montagnes du Jura, au S.-E.

Agriculture. Céréales, maïs, vins renommés dits de Bourgogne, moutarde. Élevage d'excellents bœufs charolais, de moutons bourguignons, de poulardes bressanes; forêts dans les montagnes; étangs poissonneux, mais insalubres, dans la Dombes.

Industrie. Pierres lithographiques, chaux et ciment, pierres de taille, asphalte, houille, métallurgie, verreries, tuileries, tabletterie.

302. **AIN**. Ch.-l. **Bourg**, 21 000 h., poulardes, belle église de Brou.

S.-pr. : **Belley** ✝, 6., pierres lithographiques.

Gex, 2., fromages. — **Nantua**, 3., tabletterie, ainsi qu'à *Oyonnax*, 10.

Trévoux, 3. — Village d'*Ars*.

Seyssel, sur le Rhône, asphalte.

303. **SAONE-ET-LOIRE**. Ch.-l. **Mâcon**, 20 000 h., sur la Saône. Vins dits *du Mâconnais*. Patrie de Lamartine.

S.-pr. : **Autun** ✝, 16., antiquités romaines.

Chalon-sur-Saône, 32 000 h., commerce de vins et de blé, construction de bateaux.

Charolles, 4., bœufs renommés; **Louhans**, 4.

Le Creusot, 36 000 h., possède l'établissement métallurgique le plus important de France; bassin houiller s'étendant à *Montceau-les-Mines*, 27 000 h.; *Blanzy*, 5., verreries, et *Montchanin*, 5, tuiles.

Tournus, 5., pierres de taille. — *Paray-le-Monial*, 5., pèlerinage au sacré Cœur. — *Cluny*, 4., ancienne abbaye de bénédictins, aujourd'hui école nationale de contremaîtres.

304. **COTE-D'OR**. Ch.-l. **Dijon** ✝, 77 000 h., place forte sur le canal de Bourgogne; vins, vinaigre, pains d'épice et moutarde; patrie de Bossuet; saint Bernard est né aux environs.

S.-pr. : **Beaune**, 13., centre de production des meilleurs vins de Bourgogne (*Clos-Vougeot, Nuits, Pommard, Volnay*, etc.).

Châtillon-sur-Seine, 5., forges; congrès de 1814; **Semur**, 3.

Alise, au pied du mont Auxois, sur lequel était Alésia, où Vercingétorix se rendit à César, l'an 52 avant J.-C.

305. **YONNE**. Ch.-l. **Auxerre**, 21 000 h., sur l'Yonne, commerce de vins et de bois de chauffage. Belle cathédrale gothique.

S.-pr. : **Sens** ✝, 15., sur l'Yonne. Belle cathédrale.

Avallon, 6., et **Joigny**, 6., vins.

Tonnerre, 4., vins et pierre statuaire.

Chablis, 2., vins blancs renommés. — *Fontenay-en-Puisaye* (au S.-O. d'Auxerre), bataille de 841, entre les fils de Louis le Débonnaire. — *Vézelay*, où saint Bernard prêcha la deuxième croisade en 1146.

XXX. FRANCHE-COMTÉ, 3 départements.

306. **Généralités**. Pays de *plaines* unies à l'O., sur la Saône, accidentées et se relevant à l'E. par les montagnes du Jura, et au N. par celles des Vosges.

Agriculture. Culture du froment, du maïs et de la vigne : bons vins; pâturages et excellents bestiaux dits comtois; fromages dits de Gruyères; forêts des Vosges et du Jura.

Industrie. Sel gemme; eaux minérales; houille; forges; fabrication active d'horlogerie de Besançon et du Jura; tabletterie.

307. **HAUTE-SAONE**. Ch.-l. **Vesoul**, 11., ville d'entrepôt, au pied d'une butte conique dont les pentes sont couvertes de vignobles.

S.-pr. : **Gray**, 7., nombreux moulins à farine.

Lure, 7., draps.

Luxeuil, 6., eaux minérales, ancienne abbaye. — *Ronchamp* (près Lure), houille.

308. **DOUBS**. Ch.-l. **Besançon** ✝, 58 000 h., place forte sur le Doubs. Centre de notre fabrication d'horlogerie fine et commune.

S.-pr. : **Montbéliard**, 10., sur le Doubs; horlogerie; patrie de Cuvier. — Forges d'*Audincourt* (près Montbéliard).

Pontarlier, 9., sur le Doubs, est défendu par le *fort de Joux*. Commerce de bois de sapin.

Baume-les-Dames, 3.

309. **JURA**. Ch.-l. **Lons-le-Saunier**, 14., qui doit son surnom à ses salines.

S.-pr. : **Dôle**, 16., sur le Doubs, ville industrielle; patrie de Pasteur.

Saint-Claude ✝, 12., tabletterie et ouvrages au tour, appelés *articles de Saint-Claude*.

Poligny, 4., et *Arbois*, 4., vins blancs.

Salins, 5., sel gemme; *Morez*, 6., horlogerie.

IX. RÉGION DU SUD-EST

XXXI. SAVOIE, 2 départements.

310. **Généralités**. Pays *alpestre*, ou entièrement couvert par les ramifications des grandes Alpes, qui sont surmontées de *glaciers* et de

neiges perpétuelles, et entrecoupées de vallées profondes.

Agriculture. Peu de céréales; *alpages* ou pâturages des montagnes; élève de bestiaux, de chèvres, de moutons, de vers à soie et d'abeilles; fabrication de fromages.

Industrie peu développée : soieries, horlogerie, eaux minérales, etc.

311. **HAUTE-SAVOIE**. Ch.-l. **Annecy** †, 15., sur le lac de ce nom, évêché illustré par saint François de Sales.

S.-pr. : **Thonon**, 7., sur le lac de Genève **Bonneville**, 2.; **Saint-Julien**, 1.

312. **SAVOIE**. Ch.-l. **Chambéry** †. 23000 h., soieries.

S.-pr. : **Albertville**, 6., place forte.

Moutiers-en-Tarentaise †, 3., sur l'Isère.

Saint-Jean-de-Maurienne †, 3., sur l'Arc.

Aix-les-Bains, 9., près du lac du Bourget, eaux sulfureuses. — *Modane*, village où commence le grand tunnel dit du *Mont-Cenis*, long de 12 km. et traversant les Alpes pour déboucher en Italie à La Bardonnèche, sur la Riparia et la route de Turin.

XXXII. DAUPHINÉ, 3 départements.

313. **Généralités**. Pays *alpestre*, presque entièrement couvert par les ramifications des Alpes, dont les hauts sommets sont couronnés de *glaciers* et de neiges perpétuelles. Des vallées profondes s'ouvrent à l'O., sur la grande vallée du Rhône.

Agriculture. Céréales, surtout dans la vallée du Graisivaudan; cultures de chanvre, mûriers, noyers, vignes; alpages; élevage de moutons, vaches, chèvres, vers à soie, abeilles.

Industrie. Fer et forges; toiles, lainages, soieries; gants; liqueurs. Eaux minérales.

314. **ISÈRE**. Ch.-l. **Grenoble** †, 77000 h., place forte sur l'Isère. Fabrication de gants et de liqueurs. Bayard est né aux environs, à Pontcharra.

S.-pr. : **Vienne**, 25000 h., sur le Rhône ville ancienne; fabriques de draps.

Saint-Marcellin, 3.; **La Tour-du-Pin**, 4.

Voiron, 13., toiles. — *La Grande-Chartreuse* (au N. de Grenoble), célèbre monastère situé dans une vallée agreste et où se fabriquait jadis une liqueur très estimée. — *N.-D. de la Salette*, lieu de pèlerinage, situé à 1800 m. d'altitude, dans le massif du Pelvoux.

315. **DROME**. Ch.-l. **Valence** †, 29000 h., sur le Rhône, soie et vin.

S.-pr. : **Die**, 4., sur la Drôme, vin blanc appelé *clairette de Die*.

Montélimar, 13., commerce de soie et de nougats.

Nyons, 4.

Romans, 17., sur l'Isère, cordonnerie.

316. **HAUTES-ALPES**. Ch.-l. **Gap** †, 11., près de la Durance et à 740 m. d'altitude.

S.-pr. : **Briançon**, 8., à 1320 m. d'altitude, place forte qui défend la vallée de la haute Durance.

Embrun, 4., sur la Durance, jadis fortifié.

XXXIII, XXXIV. PROVENCE, le COMTAT et NICE, 5 départements.

317. **Généralités**. Pays *alpestre* très élevé dans les parties orientales, et s'abaissant en montagnes moyennes au centre et en légères collines à l'O., pour se terminer par la plaine et le delta du Rhône.

Agriculture. Culture de la vigne, du mûrier, de l'olivier, de l'amandier, de l'oranger, du tabac; des fleurs odoriférantes à Nice; forêts, pâturages et élevage de moutons dans les Alpes.

Industrie. Peu développée dans les montagnes, plus active dans le Comtat et sur la côte; lignite; forges et constructions navales; lainages, chapellerie, huiles et savons; filature de la soie; parfums; marais salants.

318. **VAUCLUSE**. Ch.-l. **Avignon** †, 49000 h., sur le Rhône, a été le séjour des papes de 1309 à 1376. Château et cathédrale remarquables. Commerce de soie.

S.-pr.: **Orange**, 11., arc de triomphe et autres antiquités gallo-romaines; — **Apt**, 6., faïencerie; — **Carpentras**, 11., lainages, confiseries.

Vaucluse, village où jaillit la fontaine qui donne naissance à la *Sorgue*.

319. **BOUCHES-DU RHONE**. Ch.-l. **Marseille** †, 551000 h., sur la Méditerranée, fondée par une colonie grecque, 600 ans avant Jésus-Christ, est le premier port de mer et la seconde ville de la France. Elle exporte des vins, huiles, savons, soieries, et importe du blé, des denrées coloniales, etc. Son port est en communication surtout avec l'Algérie, l'Inde et la Chine. Nombreuses savonneries et huileries, industries alimentaires, navires. Dévouement de Belsunce son évêque, pendant la peste de 1720. Sanctuaire de N.-D. de la Garde.

S.-pr. : **Aix** †, 30000 h., école des arts et métiers. Eaux thermales, amandes, huiles d'olives.

Arles, 31000 h., sur le Rhône, à l'entrée de l'île de la Camargue, antiquités romaines.

La Ciotat, 10., constructions navales. — *Tarascon*, 9., sur le Rhône, commerce de saucissons et d'huiles.

320. **VAR**. Ch.-l. **Draguignan**, 10., a des corroieries.

S.-pr. : **Brignoles**, 5., prunes renommées. **Toulon**, 105000 h., grand port militaire sur la Méditerranée. Cette ville fut livrée aux Anglais, en 1793, et reprise après un siège où se révéla le génie militaire de Bonaparte.

Hyères, 21., dans un climat délicieux, près d'une vaste rade fermée par les îles de même nom, fait le commerce d'oranges, de citrons et d'huiles. Patrie de Massillon. — *Fréjus* †, 4., près de la baie de Fréjus, dite aussi de Saint-Raphaël, où Bonaparte débarqua en 1799. Nombreuses ruines romaines. — *La Seyne*, 22000 h., sur la rade de Toulon, constructions navales.

321. **BASSES-ALPES**. Ch.-l. **Digne** †, 7., commerce de fruits secs et confits.

S.-pr. : **Barcelonnette**, 3.; **Castellane**, 2.; **Forcalquier**, 3.; **Sisteron**, 4.

322. **ALPES-MARITIMES**. Ch.-l. **Nice** † 143000 h., place forte et port marchand sur la Méditerranée; parfums, huiles, fleurs et fruits; principale station hivernale de la Côte d'Azur. Patrie de l'astronome Cassini et du maréchal Masséna.

S.-pr.: **Grasse**, 20000 h., parfums, huiles et essences; **Puget-Théniers**, 1.

Cannes, 30000 h., port, où débarqua Napoléon à son retour de l'île d'Elbe; huiles et parfums. — *Menton*, 18., est, comme Nice, Grasse et Cannes, une station hivernale très fréquentée.

323. **MONACO**, 4., est la capitale d'une petite principauté de 15000 h., indépendante, bien qu'enclavée dans le département des Alpes-Maritimes.

XXXV. CORSE, 1 département.

324. **Généralités**. La Corse est une *île haute*, presque entièrement couverte de montagnes très élevées au centre, et s'abaissant à l'E. sur une côte basse et bordée de lagunes.

Agriculture arriérée. Céréales, vins, tabac, oliviers, orangers, châtaigniers; forêts et chênes liège; chèvres et vers à soie. *Industrie* presque nulle. Marbre et porphyre; forges et fonderies.

325. **CORSE**. Ch.-l. **Ajaccio** †, 19; ville maritime fortifiée, fait le commerce de corail et de fruits. Patrie de Napoléon Ier.

S.-pr. : **Bastia**, 20000 h., place forte et port au N. de l'île; pâtes alimentaires dites *pâtes d'Italie*, marbreries, forges et fonderie du Toga.

Calvi, 2., place forte, port.

Corte, 5., statue du patriote Pascal Paoli; **Sartène**, 5.

Bonifacio, 4., sur le détroit qui sépare la Corse de la Sardaigne. — *Porto-Vecchio*, 4., sur une magnifique baie, au S.-E. — *Ile-Rousse*, 2., petit port au N. de l'île.

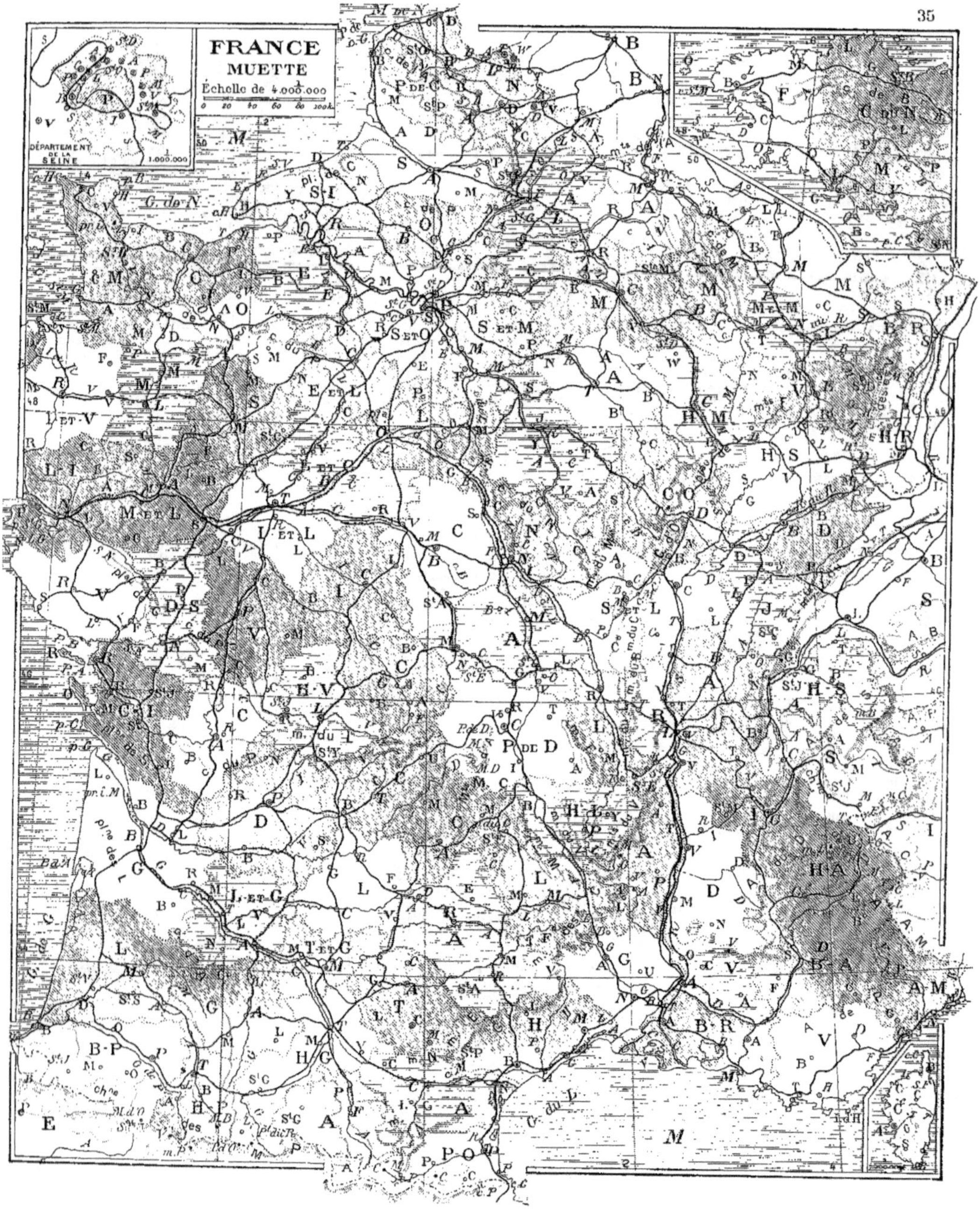
FRANCE
MUETTE
Échelle de 1/4.000.000
DÉPARTEMENT DE LA SEINE
1/1.000.000

COLONIES FRANÇAISES

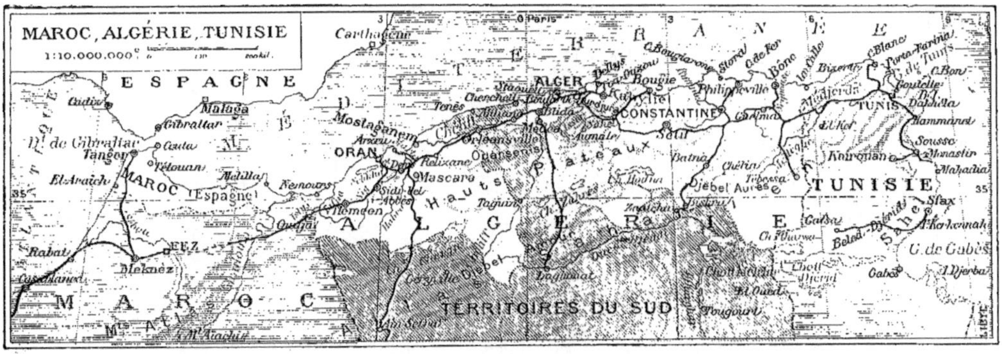

I. AFRIQUE FRANÇAISE

MAROC

326. Le **Maroc**, situé à l'O. de l'Algérie, a une *superficie* d'environ 500000 km². C'est une contrée montagneuse, traversée par la chaîne de l'Atlas, où les monts Aïachi et Miltsin atteignent 4 600 m. d'altitude.

Il est arrosé par la *Moulouïa*, qui se jette dans la Méditerranée ; le *Sébou* et le *Tensift*, tributaires de l'Atlantique.

Le Maroc compte environ 4000000 d'habitants : Berbères, Maures, Arabes et nègres, tous mahométans. Cette *sultanie*, où l'anarchie régnait en permanence, a été placée sous le protectorat français, sauf le littoral nord, ou Rif, et une zone Sud protégés par l'Espagne.

Villes. **Fez**, 100000 h., **Meknez**, 40., et **Maroc**, 50., sont trois capitales sultaniennes. **Tanger**, port international, sur le détroit de Gibraltar; **Rabat**, **Casablanca** et **Mogador**, sur l'Océan, sont les ports principaux. Ceux de *Melilla*, *Ceuta*, *Tetouan* et *El-Araïch* dépendent de l'Espagne.

Le pays est fertile au nord-ouest de l'Atlas, où les chemins de fer se développent. Au sud, c'est le désert du Sahara avec quelques oasis. Le *commerce*, déjà en progrès, exporte du bétail pour Gibraltar, des peaux et laines, des fruits et légumes. Il importe des cotonnades, de la quincaillerie, des farines, sucres et café.

326 *bis* **Utilité des colonies**. — Les avantages des colonies sont surtout de *développer le commerce*, la *marine*, ainsi que l'influence morale et politique de la métropole, à laquelle elles offrent en outre une patrie nouvelle pour l'excédent de sa population. Elles lui procurent des *matières premières pour l'industrie*, telles que le coton, la soie, les métaux, ainsi que les denrées que l'Europe ne cultive pas, comme le café, les épices. Les colonies reçoivent, en retour, de la métropole des *produits manufacturés* : vins, tissus, armes, machines, quincaillerie, etc.

ALGÉRIE

327. **Bornes**. L'**Algérie** est bornée, au N., par la Méditerranée; — à l'O., par le Maroc; — au S. par le Sahara; — à l'E. par la Tunisie.

La *superficie* de l'Algérie propre ou du Nord est de 208000 kilomètres carrés.

La *côte*, peu échancrée, est en général rocheuse et escarpée; les baies, mal abritées, rendent la navigation souvent difficile. Le cap *Bougiarone*, à l'E., est le plus septentrional.

Montagnes. L'Algérie est traversée de l'ouest à l'est par les monts *Atlas*, composés de deux chaînes parallèles très ramifiées, que séparent les *Hauts Plateaux*. La chaîne du N. renferme les massifs de l'Ouarsenis et du *Djurdjura;* celle du sud, le *djebel Amour* et le *djebel Aurès*, avec le mont Chélia, 2328 m., point culminant.

Les *cours d'eau* (oueds) de l'Algérie ne sont pas navigables; mais, par des barrages, on les fait servir à l'irrigation du sol. Les principaux sont, de l'O. à l'E. : la *Tafna*, grossie de l'*Isly;* la *Macta*, formée de l'Habra et du Sig; le *Chéliff*, le plus grand de tous (650 km); l'*Isser*, le *Sahel*, le *Rummel* et la *Seybouse*.

Il n'y a *pas de lacs*, mais des nappes saumâtres qui se dessèchent la plupart en été; telles sont : la sebkha d'*Oran*, les chotts *Chergui* et du *Hodna;* le chott *Melrhir*, dont le niveau est inférieur de 27 m. à celui de la mer.

Régions physiques. 1° Le *Tell*, entre la mer et l'Atlas, est une région montueuse, avec plaines et vallées, où croissent toutes les cultures de l'Europe méridionale; — 2° les *Hauts Plateaux*, entre les deux chaînes de l'Atlas, présentent des champs d'alfa, des chotts et des pâturages d'été; — 3° le *Sahara algérien*, au S. de l'Atlas, est une région sablonneuse ou pierreuse, torride et déserte, présentant cependant de nombreuses *oasis* plantées surtout de palmiers et habitées : celles de Laghouat, Zaatcha, Biskra, etc.

Population. L'Algérie a une population de 5564000 habitants, formée principalement de Berbères, d'Arabes, de Maures et de nègres, tous mahométans et parlant le berbère ou l'arabe. On compte 752000 Européens, dont 563000 Français ou naturalisés Français.

329. **Administration**. L'Algérie, colonie autonome, est administrée par un gouverneur général. Elle forme les **trois départements** d'*Alger*, de *Constantine* et d'*Oran*, divisés en 17 arrondissements;

328. **Tableau général.**

COLONIES (1920) ET DATES D'ACQUISITION		SUPERFICIE	POPULATION
AFRIQUE		kilom. car.	habitants.
Algérie Territ. du N.	1830	208000	5070000
— *Territ. du S.*	1890	2700000	494000
Tunisie, protectorat.	1881	120000	1900000
Maroc	1912	440000	4000000
Sénégal	XIVe s.	190000	1170000
Mauritanie	XIXe s.	900000	1225000
Ht-Sénégal et *Niger*	1880	3000000	4500000
Guinée	1843	300000	1740000
Côte de l'Ivoire	1843	325000	1220000
Dahomey	1892	110000	1880000
Afrique équat. franç.	1880	2000000	8000000
Réunion	1630	2512	175000
Mayotte et Comores	1885	2000	98000
Madagascar	1885	580000	3055000
Somalie française	1862	120000	210000
ASIE			
Territoires indiens	XVIIIe s.	508	282000
Cochinchine	1862	58000	3000000
Cambodge, protector.	1863	170000	1500000
Annam, protectorat	1874	180000	5000000
Tonkin	1885	101000	6700000
Laos, protectorat.	1895	240000	660000
Kouang-tcheou	1898	85	170000
OCÉANIE			
Nouvelle-Calédonie	1851	20000	53000
Taïti et *Marquises*	1847	4000	29000
AMÉRIQUE			
Guyane	XVIIe s.	78000	35000
Martinique	id.	987	183000
Guadeloupe et dép.	id.	1870	190000
S-Pierre et *Miquelon*	XVIe s.	245	4000
Totaux, environ		11500000	53000

En outre, au sud, les **quatre Territoires** militaires d'*Aïn-Sefra*, des *Oasis*, de *Ghardaïa* (Laghouat) et de *Tougourt* (Ouargla), qui comprennent une grande partie du Sahara.

L'Algérie constitue, avec la Tunisie, notre **19e région de corps d'armée**, dont le quartier général est à Alger.

Elle est divisée en **trois diocèses**, dont un archevêché, Alger, et deux évêchés, Oran et Constantine.

Pour l'instruction publique, elle forme l'*académie d'Alger*. Les musulmans ont des écoles coraniques.

330. **Département d'Alger**, ch.-l. *Alger*; sous-préfectures *Médéa*, *Miliana*, *Orléansville*, *Tizi-Ouzou*.

Alger ✝, 172000 h., ville forte bâtie en amphithéâtre sur la Méditerranée, est la capitale de l'Algérie et l'entrepôt général du commerce de la colonie. Jadis repaire de pirates, elle fut prise par les Français en 1830.

Staoueli, près d'Alger, première victoire des Français en 1830. Couvent et ferme des Trappistes. — *Boufarik*, 11., centre agricole. — *Blida*, 35., commerce d'oranges.

Médéa, 16., est un important marché, ainsi qu'*Aumale*, 6., poste militaire.

Miliana, 9., et **Orléansville**, 16., dans la vallée du Chéliff, sont des marchés agricoles. — **Tizi-Ouzou** et *Fort-National* surveillent la Grande-Kabylie.

Laghouat est le chef-lieu d'un *territoire militaire*, où se trouve *El-Goléa*.

331. **Département d'Oran**, ch.-l. *Oran*; sous-préfectures *Mascara*, *Mostaganem*, *Sidi-bel-Abbès*, *Tlemcen*.

Oran ✝, 123000 h., grand port de commerce, en partie peuplé d'Espagnols.

Tlemcen, 40., belle ville sur un plateau.

Sidi-bel-Abbès, 31.; **Mascara**, 24., ancienne capitale d'Abd-el-Kader, et *Saint-Denis-du-Sig*, 14., sont des centres agricoles florissants.

Mostaganem, 23., port près du Chéliff. — **Aïn-Sefra**, 10., ch.-lieu d'un *territoire militaire* où se trouve **Figuig**, et qui est suivi du *territoire des Oasis*, chef-lieu **Insalah**, dans le Touat.

332. **Département de Constantine**, ch.-lieu *Constantine*; sous-préfectures *Batna*, *Bône*, *Bougie*, *Guelma*, *Philippeville*, *Sétif*.

Constantine ✝, 65000 h., est une ville forte située sur un plateau rocheux. Elle fut prise d'assaut en 1837. Céréales.

Philippeville, 27., est un port actif, ainsi que **Bône**, 42. — *La Calle*, 5., corail et liège.

Bougie, 19., exporte de l'huile d'olive et des fruits. — **Guelma**, 11., et **Sétif**, 26., dans l'intérieur, élèvent des bestiaux et chevaux. — **Batna**, 10., poste militaire. — *Tébessa*, 10., phosphates.

Biskra, 11., à l'entrée du désert, station d'hiver, dattes et olives.

Tougourt est le chef-lieu d'un *territoire militaire* à l'est.

333. L'Algérie est essentiellement agricole. Le Tell cultive les **céréales**, la **vigne**, le tabac, l'olivier, l'oranger, les primeurs, etc.; sur les Hauts-Plateaux, on récolte l'*alfa*, plante textile; les oasis, fertilisées par les puits artésiens, produisent des *dattes*. L'**élevage** est également prospère : bœufs, dans le Tell, moutons et chèvres sur les Hauts-Plateaux; chameaux dans les oasis; ânes porteurs. Le célèbre cheval arabe diminue.

L'Algérie extrait des minerais de fer, de zinc, de plomb, des marbres et phosphates, du sel des chotts; sources thermales (*hammam*). Mais elle a peu d'industrie manufacturière, faute de mines de houille.

Le *commerce intérieur* possède une artère de chemins de fer parallèle à la côte, allant d'Oran à Alger, Constantine et Tunis avec des lignes perpendiculaires, dites de *pénétration*, vers le sud.

Le *commerce extérieur* dépasse un milliard de francs et se fait pour les $^3/_4$ avec la France, par Marseille notamment.

Importation de *tissus* de coton et de laine, de machines et autres objets *fabriqués*, de vins, sucres, café, houille.

Exportation de *vins*, *céréales*, oranges, figues et dattes, primeurs, *huile d'olive*, *bestiaux*, laines, tabac, *liège*, *alfa*, *minerais* et *phosphates*.

Le commerce avec le Sahara et le Soudan est très faible; il se fait par caravanes.

TUNISIE

334. La **Tunisie** est *bornée* au N. et à l'E. par la Méditerranée, à l'O. par l'Algérie, dont elle est le prolongement physique.

Sa **superficie** est d'environ 120000 kilomètres carrés.

Le **littoral** tunisien, plus découpé que celui de l'Algérie, présente plusieurs golfes, îles et caps, outre la presqu'île de Dakhéla.

La Tunisie est traversée au N. par l'extrémité E. de l'*Atlas* et arrosée par la *Medjerda*, qui se jette dans le golfe de Tunis. Au S., s'étendent les chotts *Rharsa* et *Djérid*.

Les productions naturelles sont analogues à celles de l'Algérie et déjà activement exploitées.

La Tunisie compte environ 1900000 hab., de races berbère et arabe, de religion mahométane. Il y a 75000 juifs et 135000 Européens.

La Tunisie, ci-devant régence ou province turque, est depuis 1881 sous le protectorat français. Elle est gouvernée par un *bey* héréditaire, sous le contrôle du *résident général de France*. — Elle forme l'archevêché de Carthage et Tunis.

335. **Tunis** ✝, 230000 h., au fond d'une baie, est la capitale et un port actif, dont *La Goulette* était jadis l'avant-port. Fabriques d'armes, de bijoux, selles, maroquins, tapis, essences de fleurs.

Bizerte, 20., port militaire et marchand.

Kairouan, 25., est la cité sainte des musulmans tunisiens. — *Sousse*, 20., port, exporte de l'huile d'olive.

Sfax, 70., port actif, expédie surtout des phosphates. — *Gabès*, 12., oasis et petit port sur le golfe de ce nom. — *Gafsa*, 4., station de caravanes dans le Beled-Djérid, fertile en dattes. — L'île *Djerba* compte 40000 indigènes industrieux.

Outre ses produits agricoles, la Tunisie fournit du fer, du plomb, du marbre, des *phosphates* surtout; mais la houille fait défaut. L'industrie indigène est alimentée par l'importation des mêmes articles européens.

Des *chemins de fer* relient Tunis à l'Algérie, ainsi qu'à La Goulette, Bizerte, El Kef, Sousse et Kairouan, Sfax et Gafsa.

Le *commerce extérieur* atteint 265 millions de francs, dont plus de la moitié pour l'exportation.

336. Le **Sahara français**, majeure partie du Grand Désert africain, est formé de plaines et dunes sablonneuses, de plateaux pierreux et des massifs du Ahaggar, du Tassili, de l'Aïr et du Tibesti. Il est sillonné de vallées sèches : celles des oueds *Igharghar*, *Taderret*, etc. Partagé en territoires militaires et civil, on distingue : au N., les oasis de *Figuig*, *Tougourt* et autres; à l'O., l'*Adrar* et le *Tagant*, peuplés de Maures; au centre, le *Touat*, le *Hoggar* et l'*Aïr*, où dominent les Touareg, nomades et pillards; à l'E., le *Tibesti*.

AFRIQUE OCCIDENTALE

337. L'**Afrique occidentale française** comprend les *colonies* du **Sénégal**, du **Haut-Sénégal et Niger**, de la **Guinée**, de la **Côte de l'Ivoire** et du **Dahomey**; le *territoire militaire* du **Niger** et le *territoire civil* de la **Mauritanie**.

Le gouverneur général civil, résidant à *Dakar*, correspond avec les chefs spéciaux de ces colonies et territoires.

Cette contrée s'étend de l'Atlantique au lac Tchad, dans le bassin du Sénégal et celui du haut et moyen Niger; huit fois plus étendue que la France, elle est peuplée d'environ 11 millions de nègres païens ou mahométans, sauvages ou très peu civilisés. — *Climat* torride. *Exportation* d'arachides, de noix de palme et de kola, de caoutchouc, gomme, poudre d'or.

338. La *colonie du* **Sénégal** comprend le bassin du bas *Sénégal*, jusqu'à Kayes, et celui de la *Gambie* supérieure. Elle renferme 4000 Européens, avec les villes de *Saint-Louis*, 25., ch.-l., port sur le Sénégal, et *Dakar*, 20., port militaire et marchand, plus accessible. Au N. du Sénégal, s'étend le *territoire civil de la Mauritanie*.

La *colonie* du **Haut-Sénégal et Niger** a pour chef-lieu *Bamako*, sur le Niger, relié par chemin de fer avec *Kayes*, sur le Sénégal; v. pr. *Tombouctou*, 10. A l'est, le *territoire militaire du Niger*, ch.-l. *Zinder*, 15., s'étend jusqu'au Tchad.

— La *colonie de la* **Guinée** comprend les rivières maritimes dites *du Sud*, les bassins supérieurs du Sénégal et du Niger avec le massif du Fouta-Djalon. Relativement favorable à la colonisation, elle a pour chef-lieu *Konacry*, bon port.

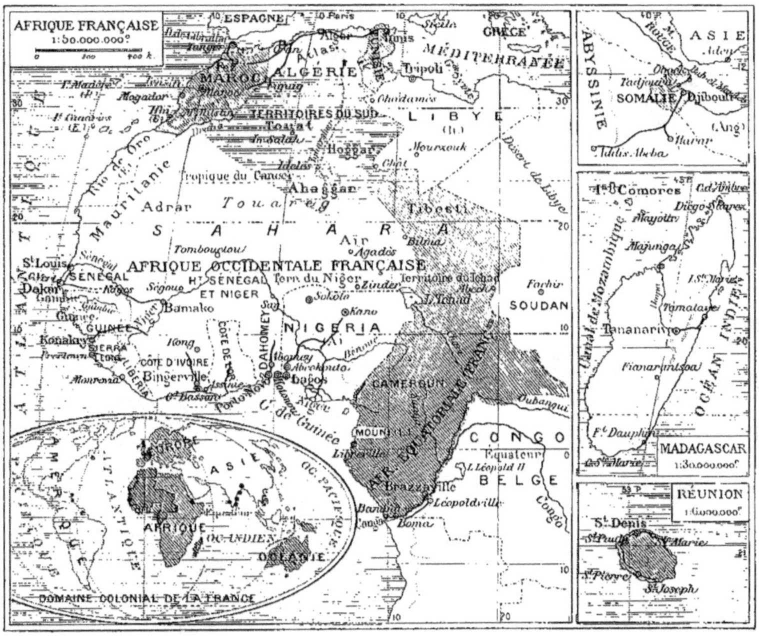

— La *colonie de la* **Côte de l'Ivoire** renferme : *Bingerville*, ch.-lieu; les établissements de *Grand-Bassam*, *Assinie* et autres, situés sur le littoral, bas et insalubre; le bassin du Comoé et le plateau montueux de Kong, v. pr. *Kong*, 15.

— La *colonie du* **Dahomey** renferme *Abomey*, 20., ancienne capitale de rois sanguinaires; les ports de *Porto-Novo*, chef-lieu, *Kotonou* et *Ouidah*, sur la côte des Esclaves. Elle s'avance jusqu'à *Saï*, sur le Niger.

AFRIQUE ÉQUATORIALE

339. **L'Afrique équatoriale française**, avec le *Cameroun*, a 2000000 de km², avec 8 millions de nègres, pour la plupart sauvages et idolâtres. Montueuse vers la côte, elle est arrosée par l'*Ogôoué*, le *Congo* inférieur et son affluent l'*Oubangui*, ainsi que le *Chari*, qui se jette dans le lac *Tchad*. Elle comprend : la colonie du **Gabon**, ch.-l. *Libreville*, port; la colonie du **Moyen-Congo**, ch.-l. *Brazzaville*, résidence du gouverneur général; la colonie de l'**Oubangui-Chari** et le territoire militaire du **Tchad**, qui s'étend jusques et y compris le *Ouadaï* mahométan. — *Climat* torride. *Exportation* de caoutchouc, ivoire, noix de palme, arachides, bananes.

AFRIQUE ORIENTALE

340. La grande île **Madagascar** est située dans l'océan Indien, au S.-E. de l'Afrique, dont la sépare le canal de Mozambique. Son climat, très chaud, est malsain sur la côte marécageuse, plus salubre sur le plateau de l'intérieur, que domine le massif de l'*Ankaratra*, 2700 m. Il y a plusieurs fleuves peu navigables. Madagascar compte 3000000 d'indigènes : Hovas, de race malaise; Sakalaves et autres Malgaches, de race nègre. Depuis 1897, l'île est administrée par un gouverneur général français. Ses villes sont : *Tananarive*, 65., chef-lieu, situé sur le plateau et relié à la côte par un chemin de fer; *Fianarantsoa*, 6.; *Tamatave*, 15., port principal, à l'E.; *Diégo-Suarez*, port militaire au N.; *Majunga*, port au N.-O.

Exportation de riz, bœufs, bois de teinture, or, caoutchouc.

L'île *Sainte-Marie* à l'E., *Nossi-Bé* au N.-O., ainsi que les îles *Comores*, dépendent du gouverneur de Madagascar.

341. La **Réunion** ou île *Bourbon*, colonie ancienne, est très montagneuse, volcanique et riche en cultures tropicales. Elle est surtout peuplée de créoles et de noirs affranchis (175000 h.). Ses villes principales sont : *Saint-Denis*, 33., ch.-lieu; *Saint-Pierre*, 24., et *Saint-Paul*, 25., ports qui expédient en France du sucre de canne, du rhum, de la vanille. Un chemin de fer fait presque le tour de l'île.

342. **La Côte française des Somali**, ancien territoire d'Obock, est située au fond du golfe d'Aden, avec 200000 h., de races arabe et abyssine mélangées. Ch.-lieu *Djibouti*, bon port, relié par un chemin de fer avec l'Abyssinie, dont il fait une partie du commerce.

II.

ASIE FRANÇAISE

343. **L'Inde française** (282000 h.) comprend cinq villes avec leurs territoires, savoir : *Mahé*, port sur la côte de Malabar; *Karikal*, *Pondichéry*, 50., ch.-l., et *Yanaon*, ports sur la côte de Coromandel; *Chandernagor*, 33., port sur l'Ougly, au N. de Calcutta. — Exportation de cotonnades bleues dites guinées, d'arachides, d'indigo.

Indo-Chine française.

344. **L'Indo-Chine française**, la plus importante de nos colonies après l'Algérie-Tunisie, est située au sud de la Chine sur l'océan Pacifique. Elle comprend la Cochinchine, le Cambodge, l'Annam, le Tonkin, le Laos et Kouang-tcheou; soit une superficie d'environ 750000 kilom. carrés.

L'intérieur du pays est un *plateau* de 500 à 1000 m. d'altitude moyenne, surmonté de chaînes montagneuses, surtout dans l'Annam. Il y a aussi les *plaines* du Bas-Laos et du Cambodge, ainsi que les deltas, très fertiles en riz et très peuplés, du *Mékong* et du *Song-Koï* ou *Fleuve Rouge*.

Le *climat*, très chaud et humide, surtout dans les deltas, est débilitant pour les Européens; mais il y a sept mois réconfortants au Tonkin.

La *population* totale est évaluée à 17 millions d'habitants, de race jaune et professant le culte de Bouddha et celui des ancêtres; on compte 600000 catholiques.

345. **Administration.** L'Indo-Chine française est administrée par un *gouverneur général civil*, ayant sous ses ordres le *lieutenant-gouverneur* de la Cochinchine et les *résidents supérieurs* des autres pays. Saïgon et Hanoï en sont les chefs-lieux.

346. La **Cochinchine**, conquise en 1862, a pour chef-lieu *Saïgon*, 70., belle ville, principal port d'importation, port de guerre. — *Cholon*, 200., peuplé surtout de Chinois, décortique et exporte le riz, dont il est le grand entrepôt.

Le royaume « protégé » du **Cambodge** a pour capitale *Pnom-Penh*, 70., située sur le Mékong, non loin de la ville de *Oudong* et du lac Tonlé-Sap, où abonde le poisson. — *Battembang*, 50., est à l'ouest.

Le royaume « protégé » d'**Annam** a pour capitale *Hué*, 70., située à trois lieues de la mer et à proximité du port de *Tourane*.

Le **Tonkin** est très peuplé à l'est. — *Hanoï*, 150., à l'origine du delta du Song-Koï, est le chef-lieu du pays et une capitale de l'Indo-Chine. — *Nam-Dinh*, 40., dans le S. du delta; *Haiphong*, 50., port principal, et *Hongay* (*Port-Courbet*), station navale dans le N.-E.

Le **Laos**, sur la rive gauche du Mékong, est aussi un pays de protectorat; ch.-l. *Vien-tiane*; v. pr. *Louang-Prabang*.

En outre, le territoire de *Kouang-tcheou*, port franc, en Chine.

347. L'**industrie** des Indo-Chinois consiste principalement dans la culture du **riz**, du thé, du coton, l'élève du bétail et des vers à soie, la pêche, la fabrication des objets usuels. L'industrie moderne se développe.

Le **commerce**, surtout en Cochinchine et au Tonkin, consiste dans l'exportation du *riz*, principalement, et l'importation de cotonnades, wagons, etc. Il s'y fait en grande partie au moyen des *canaux* naturels et par les Chinois, qui trafiquent surtout avec leur pays et les places anglaises de Hong-kong et Singapore. Il s'élève à 550 millions de fr.

Des *chemins de fer* se dirigent d'Hanoï : au nord vers Lang-Son, Lao-Kay et dans le Yunnan chinois, au sud vers Hué, etc.

III. OCÉANIE FRANÇAISE

348. La **Nouvelle-Calédonie**, située à l'est de l'Australie, est une longue île ayant pour annexes l'île des *Pins* et les îles *Loyalty*. La population est de 53000 habitants, y compris les déportés français, forçats des pénitenciers ou colons libérés.

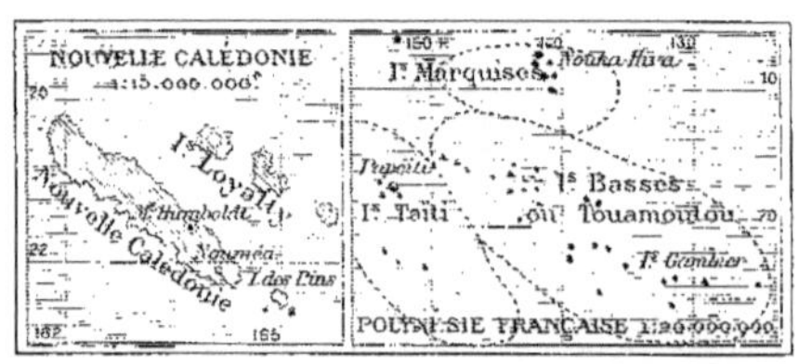

Nouméa, 4., chef-lieu, est le port principal. Exportation de minerais de nickel et autres, en échange de vivres et vêtements.

Les îles de la **Société**, principalement *Taïti*, ch.-l. *Papéiti*, les îles *Marquises* et les îles *Basses* ou *Touamotou* sont des archipels de la Polynésie orientale.

349. Les **Nouvelles-Hébrides** (70000 h.) appartiennent par indivis à la France et à l'Angleterre.

IV. AMÉRIQUE FRANÇAISE

350. La **Guyane** française, située au N. du Brésil, est une contrée basse et fertile sur la côte, mais insalubre. Au sud sont les monts *Tumuc-Humac*. Il y a plusieurs établissements pénitenciers. Le ch.-l. est *Cayenne*, 13., port dans une petite île; exportation d'or.

351. Les **Antilles** françaises comprennent deux îles importantes et plusieurs petites :

1° La **Martinique**, ch.-l. *Fort-de-France*, 15., port militaire. La ville maritime de *Saint-Pierre* †, détruite en 1902 par une éruption volcanique, se rebâtit activement.

2° La **Guadeloupe**, formée de deux îles très rapprochées : la Basse-Terre, v. pr. *Basse-Terre* †, ch.-l. et port, et la Grande-Terre, v. pr. *Pointe-à-Pitre*, 17., port.

3° La *Désirade*, *Marie-Galante*, les *Saintes*, qui dépendent du gouvernement de la Guadeloupe, ainsi que l'île *Saint-Barthélemy* et la moitié de l'île *Saint-Martin*, situées plus au N.

Les Antilles exportent beaucoup de sucre de canne et de rhum.

Les petites îles **Saint-Pierre et Miquelon**, situées au S. de Terre-Neuve, sont un rendez-vous pour les bâtiments français qui viennent chaque année faire la pêche de la morue, très abondante dans les parages terre-neuviens.

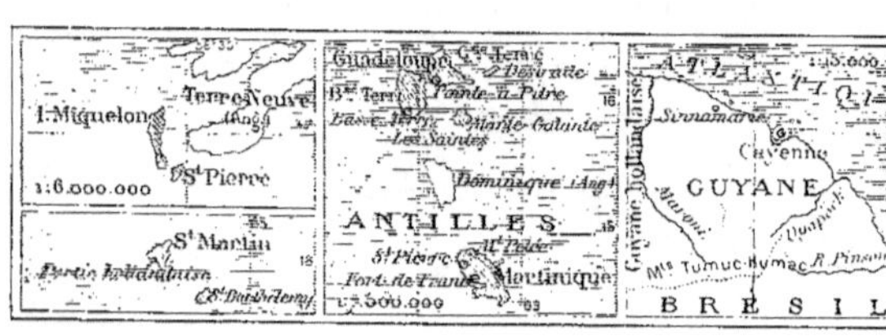

EUROPE

Géographie physique.

352. **Caractères physiques** : 1° L'Europe est caractérisée par sa *faible étendue* relative et par le démembrement de sa masse continentale. Ses *contours*, très sinueux, présentent beaucoup de presqu'îles et enferment de nombreuses mers intérieures. Ses *côtes*, basses dans le Nord, montagneuses dans le Sud, sont riches en bonnes positions commerciales.

2° La *profondeur des mers* septentrionales, entourées de plaines, est peu considérable. On observe en moyenne 100 à 200 mètres dans la mer du Nord, la Baltique, la mer Blanche et le nord de la Caspienne. — Au contraire, les mers méridionales, entourées de montagnes, atteignent 4570 m. de profondeur dans la Méditerranée, et 6000 m. dans l'Atlantique.

3° Le relief du sol européen, généralement moins élevé que celui des autres continents, forme deux divisions de premier ordre : la *haute Europe du Sud-Ouest*, qui a de 500 à 1000 m. d'altitude moyenne, et atteint 4810 m. au point culminant du grand massif des Alpes; — la *grande plaine de la basse Europe du Nord-Est*, qui atteint à peine 300 m. d'altitude; c'est l'une des plus vastes du globe, car elle s'étend depuis l'Oural et la mer Caspienne jusqu'à la mer du Nord et les Pyrénées.

4° Une *dépression* remarquable au-dessous du niveau général de l'Océan est formée en Russie par une partie du bassin de la *mer Caspienne*, dont le niveau est à 25 m. plus bas que celui de la mer Noire.

353. L'**Europe** égale à peine le tiers de l'Afrique et le quart de l'Amérique et de l'Asie, mais elle est un peu plus grande que l'Océanie (10 000 000 de km²).

354. **Bornes**. L'Europe est bornée au N. par l'océan Glacial boréal; — à l'E. par l'Asie (ou par les monts Oural, le fleuve Oural et la mer Caspienne); — au S. par le Caucase, la mer Noire et la Méditerranée; — à l'O. par l'océan Atlantique.

355. **Contrées**. Les 25 contrées principales de l'Europe, constituées en Etats, sont :

5 à l'ouest, la *France*, les *Iles Britanniques*, la *Belgique*, les *Pays-Bas* ou *Hollande*, et le grand-duché de Luxembourg;

5 au centre, l'*Allemagne*, l'*Autriche*, la *Hongrie*, la *Tchéco-Slovaquie* et la *Suisse*;

6 au nord, le *Danemark*, la *Norvège*, la *Suède*, la *Russie*, la *Finlande* et la *Pologne*;

9 au sud, le *Portugal*, l'*Espagne*, l'*Italie*, la *Turquie*, la *Bulgarie*, la *Grèce*, la *Roumanie*, la *Yougo-Slavie* et l'*Albanie*.

356 **Mers**. 1° L'océan **Glacial** BORÉAL, formant la mer de *Kara* et la mer *Blanche*.

2° L'océan **Atlantique**, formant la mer *Baltique*, la mer du *Nord*, la mer d'*Irlande*, la *Manche* et la mer de **France**, appelée aussi golfe de **Gascogne**.

3° La mer **Méditerranée**, formant la mer *Tyrrhénienne*, la mer *Adriatique*, la mer *Ionienne*, l'*Archipel* (ou mer Egée), la mer de *Marmara*, la mer *Noire* et la mer d'*Azov*.

4° La mer **Caspienne** est isolée; c'est le plus grand lac du globe.

357. **Golfes**. Dans la Baltique, le golfe de *Botnie*, entre la Suède et la Finlande; — le golfe de *Finlande* entre la Finlande et la Russie et celui de *Riga*, en Russie. — Dans la mer du Nord, le *Zuiderzee*, au nord des Pays-Bas. — Dans l'Atlantique, le golfe de *Gascogne*, entre la France et l'Espagne. — Dans la Méditerranée, le golfe du *Lion*, en France; — les golfes de *Gênes*, de *Naples*, de *Tarente* et de *Venise*, en Italie; les golfes de *Lépante* et de *Salonique*, en Grèce.

358. **Détroits**. 1° Dans l'Atlantique et ses dépendances, le *Skagerrak*, le *Kattegat* et le *Sund*, entre le Danemark, la Norvège et la Suède. — Le *Pas de Calais*, entre la France et l'Angleterre (34 km de largeur); — le canal *du Nord* et le canal *Saint-Georges*, entre la Grande-Bretagne et l'Irlande.

2° Dans la Méditerranée et ses dépendances, le détroit de *Gibraltar*, entre l'Espagne et l'Afrique; — le détroit de *Bonifacio*, entre la Corse et la Sardaigne; — le *Phare de Messine*, entre l'Italie et la Sicile; — le canal d'*Otrante*, entre l'Italie et l'Albanie;

Les *Dardanelles*, ou détroit de Gallipoli, et le *Bosphore*, ou canal de Constantinople, entre la Turquie d'Europe et la Turquie d'Asie; — le détroit de *Kertch*, entre la Crimée et la Caucasie.

359. **Iles et archipels**. 1° Dans l'océan Glacial, la *Nouvelle-Zemble* et l'île *Vaïgatch* (inhabitées), appartenant à la Russie; — les îles *Lofoten*, à la Norvège.

2° Dans la mer Baltique, les îles *Seeland*, *Fionie*, et autres îles de l'*archipel Danois*; — les îles *Œland* et *Gotland*, à la Suède: — les îles *Aland*, *Dagö* et *Œsel*, à la Russie.

3° Dans l'Atlantique, l'*Islande*, indépendante; — les îles *Færöer*, au Danemark; — l'archipel des *Iles Britanniques*, comprenant la **Grande-Bretagne**, l'**Irlande**, les *Hébrides*, les *Orcades* et les *Shetland*; — l'île *Jersey*, à l'Angleterre.

4° Dans la Méditerranée, les îles *Baléares*, à l'Espagne; — la *Corse*, à la France; — la **Sardaigne**, la **Sicile**, à l'Italie; — l'île de *Malte*, à l'Angleterre; — les îles *Ioniennes*, les *Cyclades*, *Eubée* et la *Crète*, à la Grèce; — les îles du N. de l'*Archipel*, à la Turquie.

360. **Presqu'îles**. Les quatre grandes presqu'îles sont : la péninsule *scandinave* (Suède et Norvège); — la péninsule *hispanique* (Espagne et Portugal); — la péninsule *italique*; — celle des *Balkans* (Bulgarie, Grèce, etc.).

Les trois petites presqu'îles sont : le *Jutland*, en Danemark; — la *Morée*, partie sud de la Grèce; — la *Crimée*, au sud de la Russie, entre la mer Noire et la mer d'Azov.

361. **Isthmes**. On ne compte en Europe que deux isthmes remarquables par leur peu de largeur : celui de *Corinthe* (6 km), qui joint la Morée au continent (il est percé par un canal maritime), et celui de *Pérécop* (8 km), qui unit la Crimée à la Russie.

362. **Caps**. Dans l'océan Glacial, le cap *Nord*, en Laponie. — Dans l'Atlantique, les caps *Lindesness*, en Norvège; *Falsterbo*, en Suède, et *Skagen*, au N. du Jutland; — les caps *Duncansby*, en Ecosse; — *Landsend*, en Angleterre; — *Saint-Mathieu*, en France; — *Finisterre*, en Espagne; — *Saint-Vincent*, en Portugal.

Dans la Méditerranée, les caps *Spartivento* et *Leuca*, en Italie; — *Matapan*, en Morée; — *Khersonèse*, au sud de la Crimée.

363. **Montagnes**. Les principales sont :

1° DANS L'EUROPE CENTRO-MÉRIDIONALE. — Les **Alpes**, en France, en Italie, en Suisse et en Autriche, le *Mont-Blanc*, 4810 m. est le point culminant de l'Europe; — le *Jura*, entre la France et la Suisse; — les *Vosges*, les *Cévennes* et les *monts d'Auvergne*, en France.

Les *monts de Bohême*; les *Karpates*, en Pologne et en Roumanie; — les *Balkans*, en Bulgarie, et les autres monts de la Balkanie; — les *Apennins*, en Italie.

2° AU SUD-OUEST. — Les **Pyrénées**, 3404 m., entre la France et l'Espagne; — les *monts Ibériens* et la **Sierra Nevada**, en Espagne.

3° AU NORD. — Les *monts Grampians*, en Ecosse; — les *monts Kiœlen* et les *Fielde*, en Norvège et en Suède.

4° A L'EST. — L'*Oural*, 1700 m., entre la Russie et l'Asie.

364. **Volcans**. Les volcans les plus remarquables de l'Europe sont : le **Vésuve**, près de Naples; — l'*Etna*, en Sicile, — et l'*Hékla*, en Islande.

365. Les **plateaux** remarquables sont ceux de l'*Espagne* (750 m.), de la *France centrale*, de l'Allemagne méridionale, de la *Bohême*, de la *Transilvanie*, de la Balkanie et de la Scandinavie. Les plateaux russes, très vastes, ont à peine 150 m. d'altitude moyenne.

Les grandes **plaines** de l'Europe sont : la *Russie*, qui est l'une des plus vastes du monde; — les plaines de la Suède méridionale, de l'*Allemagne septentrionale*, des *Pays-Bas hollandais et danois*, de la *Belgique* et de la France occidentale; — les plaines isolées de la *Hongrie*, du *Pô* et du *Rhin moyen*.

366. **Bassins maritimes**. L'Europe peut se diviser en deux grands *versants généraux du Nord-Ouest et du Sud-Est*, comprenant *sept grands bassins* ou *versants* maritimes, savoir : le versant de l'*océan Glacial*, le bassin de la mer *Baltique*, le bassin de la mer du *Nord*, le versant propre de l'*Atlantique*, le versant de la mer *Méditerranée*, le versant de la mer *Noire* et le versant de la mer *Caspienne*.

Chacune de ces divisions hydrographiques est circonscrite par une *ligne de partage* des eaux.

367. La **ligne de partage** *des deux versants généraux* s'étend de l'océan Glacial au détroit de Gibraltar. Elle passe par les monts *Ourals* et les plateaux de la Russie (*Valdaï*), les plaines de la Pologne, les monts *Karpates*, les monts de *Bohême*, la Forêt-Noire, les *Alpes* suisses, le Jura, les Cévennes, les *Pyrénées*, les monts Ibériens et la *Sierra Nevada*.

368. **Cours d'eau**. 1° Dans le versant de l'OCÉAN GLACIAL : la *Petchora*, la *Dvina* et l'*Onéga*, au nord de la Russie; — la *Tana*, en Laponie.

2° Dans le bassin de la Baltique : la *Dal* et la *Torne elf*, en Suède ; — la *Neva*, la *Düna*, le *Niemen*, en Russie ; — la *Vistule*, en Pologne, — et l'*Oder*, en Prusse.

3° Dans le bassin de la mer du Nord : le *Glommen*, en Norvège ; la *Göta*, en Suède ; — l'*Elbe*, grossie de la *Sprée*, et la *Weser*, en Allemagne ; — le **Rhin**, en Suisse, en Allemagne, en France et dans les Pays-Bas (1 300 km) ; il reçoit l'*Aar*, la *Moselle*, le *Main* et la *Ruhr* ; — la *Meuse* et l'*Escaut*, en France, en Belgique et dans les Pays-Bas ; — la *Tamise* et l'*Humber*, en Angleterre ; le *Forth*, en Ecosse.

4° Dans le versant propre de l'Atlantique : le *Shannon*, en Irlande ; la *Severn*, en Angleterre ; — la *Seine*, la *Loire* et la *Garonne*, en France ; — le *Douro*, le *Tage*, la *Guadiana* et le *Guadalquivir*, dans la péninsule hispanique.

5° Dans le versant de la Méditerranée : la *Ségura* et l'*Ebre*, en Espagne ; — l'*Aude* et le *Rhône*, en France ; — l'*Arno*, le *Tibre*, le *Pô* et l'*Adige*, en Italie ; — le *Vardar*, en Yougo-Slavie et en Grèce ; — la *Maritza*, en Bulgarie et en Turquie.

6° Dans le versant de la mer Noire : le **Danube**, le second fleuve de l'Europe (2 800 km), qui parcourt l'Allemagne, l'Autriche, la Hongrie, et sépare la Bulgarie de la Roumanie ; — ses principaux affluents sont : l'*Inn*, la *Theiss* et la *Save* ; — le *Dniestr*, le *Dniepr* et le *Don*, en Russie.

7° Dans le versant de la mer Caspienne : la **Volga** (3 400 km), le plus long fleuve de l'Europe, en Russie; il est grossi de l'*Oka* et de la *Kama;* — enfin l'*Oural,* que l'on prend pour limite entre l'Europe et l'Asie.

369. **Lacs.** En Finlande, le lac **Ladoga,** le plus grand de l'Europe, les lacs de la Finlande; — en Russie, le lac ***Onega*** ; — en Suède, les lacs ***Venern, Vettern*** et ***Mælar;*** — en Suisse, les lacs de ***Genève*** et de ***Constance;*** — en Italie, les lacs ***Majeur*** et de ***Garde;*** — en Hongrie, le lac ***Balaton.***

CLIMAT ET PRODUCTIONS NATURELLES

370. **Climat.** Le climat européen est généralement *tempéré.* Il est plus *humide* dans les contrées de l'Ouest, soumises à l'influence des vents tièdes de l'Atlantique; — *plus froid* dans les contrées du Nord-Est, où soufflent les vents polaires; — *plus chaud* dans les contrées du Sud, où le soleil est le plus ardent et où se font même sentir les vents brûlants d'Afrique.

371. **Minéraux** L'Europe est riche en minéraux usuels : *houille, fer,* cuivre, zinc, plomb, mercure, marbres, *sel,* etc.

372. **Végétaux.** L'Europe peut se diviser en 4 *zones agricoles,* basées sur les principales cultures alimentaires ou industrielles; du reste, chaque zone possède les cultures des zones qui la précèdent au N. :

1° La *zone du seigle,* de l'orge et de l'avoine comprend : la Suède, la Norvège et la Russie boréale, régions trop froides pour les autres cultures.

2° La *zone du froment,* de la pomme de terre, du lin, du chanvre, comprend les îles Britanniques, la Belgique, les Pays-Bas, le Danemark, l'Allemagne septentrionale et la Russie centrale.

3° La *zone de la vigne,* du maïs, du houblon, du colza, du tabac, comprend spécialement : la France, l'Allemagne méridionale, la Hongrie et la Russie méridionale.

4° La *zone de l'olivier,* de l'oranger, du figuier, du riz, du mûrier, etc., comprend les régions baignées par la Méditerranée.

373. **Animaux.** Parmi les *animaux sauvages* de l'Europe, on remarque l'ours blanc des régions polaires, l'ours brun des montagnes, le loup, le renard; la marmotte et le chamois des Alpes, le cerf, le sanglier, le lièvre, les oiseaux rapaces, etc.

Les *animaux domestiques* les plus précieux sont : le cheval, l'âne, le mulet, la vache, la chèvre, le mouton, le porc, le renne de la Laponie, le lapin, les oiseaux de basse-cour, l'abeille et le ver à soie.

EUROPE POLITIQUE

I. — NOTIONS GÉNÉRALES

374. **Population.** L'Europe a une population totale d'environ 455 000 000 d'habitants.

Sa superficie est de 10 000 000 de kilom. carrés (ou 18 fois la superficie de la France). — Sa *densité* ou *population relative* est de 45,5 hab. par km car. La Russie en compte 19, la France 75, l'Allemagne 135, l'Angleterre 146, et la Belgique 253.

375. **Ethnographie des peuples.** L'Europe est peuplée par la race blanche, qui se divise en trois familles principales :

1° La *famille latine,* comprenant les Français, les Belges-Wallons, les Espagnols, les Portugais, les Italiens et les Roumains.

2° La *famille teutonne,* qui comprend **les Allemands, les Hollandais, les Belges-Flamands, les Scandinaves et les Anglais.**

3° La *famille slave,* qui comprend **les Russes, les Polonais les Bohêmes,** les Serbes, les Bulgares, etc.

Il y a en outre **25** millions de *jaunes :* Finlandais, Hongrois, etc.

376. **Religions.** Le *catholicisme* domine au S.-O.: **Italie, Espagne, Portugal,** France, Belgique, ainsi qu'en Autriche, Hongrie, Pologne et Irlande.

Le ***protestantisme,*** au N.-O. : Allemagne, Angleterre et Écosse, Suisse, Hollande, Danemark, Suède et Norvège.

Le *schisme grec,* à l'E., en Russie et dans la péninsule balkanique.

On compte environ 13 **millions** de ***mahométans,*** en Balkanie et dans la Russie méridionale; **10 millions** de ***juifs,*** surtout en Russie et en Pologne.

377. **Gouvernement.** Les gouvernements en Europe se partagent entre la *monarchie constitutionnelle représentative* et la *république.*

L'Europe, malgré sa faible étendue relative, est, grâce surtout aux bienfaits de la religion chrétienne, la Partie du monde la plus civilisée, la plus riche, la plus puissante. Elle étend sa domination sur une grande partie du reste du globe.

378. **Divisions politiques.** Les États de l'Europe, transformée par la guerre de 1914-1918, sont au nombre de 30. En 1914, il n'y en avait que 26.

379. **Tableau des États de l'Europe, en 1920.**

ÉTATS	SUPERFICIE ABSOLUE	SUPERFICIE COMPARÉE	ÉTATS	POPULATION ABSOLUE	POPULATION RELATIVE
	km. car.			habitants	hab.
RUSSIE. .	4 800 000	9	RUSSIE. .	90 000 000	19
UKRAINE. .	500 000	1,1	ALLEMAGNE.	60 000 000	135
FRANCE .	551 000	1	ANGLETERRE.	46 000 000	146
ESPAGNE .	500 000	0,9	FRANCE .	41 000 000	75
POLOGNE. .	455 000	0,8	ITALIE. .	38 000 000	124
SUÈDE . .	450 000	0,8	UKRAINE. .	33 000 000	55
ALLEMAGNE	410 000	0,8	POLOGNE. .	31 000 000	75
Finlande .	350 000	0,7	*Espagne* .	20 000 000	40
Norvège .	325 000	0,6	*Tchéco-Slovaquie* . .	16 000 000	138
Angleterre .	315 000	0,6	*Roumanie* .	15 000 000	52
Italie . .	308 000	0,6	*Yougo-Slavie*.	13 000 000	50
Roumanie.	290 000	0,5	*Hongrie* .	8 000 000	86
Yougo-Slavie.	260 000	0,5	*Belgique* .	7 600 000	253
Grèce . .	155 000	0,3	*Pays-Bas* .	6 700 000	147
Tchéco-Slovaquie . .	130 000	0,2	*Autriche* .	6 500 000	84
Bulgarie .	102 000	0,2	*Suède* .	5 800 000	13
Hongrie. .	93 000	0,16	*Grèce* .	5 700 000	37
Portugal .	90 000	0,16	*Portugal* .	5 500 000	61
Autriche .	77 000	0,14	Bulgarie .	4 300 000	43
Danemark. .	43 000	0,08	Suisse . .	3 800 000	92
Suisse . .	41 400	0,08	Finlande .	3 300 000	9
Pays-Bas .	34 000	0,06	Danemark.	3 000 000	67
Belgique .	30 000	0,06	Norvège .	2 400 000	7
Albanie. .	28 000	0,05	Turquie. .	1 200 000	400
Turquie .	3 000	0,005	Albanie. .	850 000	30
Luxembourg	2 600	0,005	Luxembourg	260 000	100
EUROPE, environ. .	10 000 000	18		455 000 000	45,5

II. ILES BRITANNIQUES

380. Les **Iles Britanniques** forment le *royaume-uni* de Grande-Bretagne et d'Irlande, comprenant **l'Angleterre,** capitale *Londres;* l'ÉCOSSE, capitale *Édimbourg,* et l'IRLANDE, cap. *Dublin.*

Elles ont une *population* de 46 000 000 d'hab., qui, pour la plupart, appartiennent à la *famille* teutonne et à la *religion* protestante, et parlent la *langue* anglaise. Les Irlandais sont catholiques.

381. **Villes.** En Angleterre, **Londres,** sur la Tamise, capitale de l'empire britannique, est la première ville de l'Europe

pour la richesse, le commerce et la population; celle-ci est de 4 700 000 habitants. — **Liverpool,** 770., est célèbre par son commerce maritime : coton, laine; — **Manchester,** 740., par ses tissus de coton ; — **Birmingham,** par ses armes et machines; — ***Sheffield,*** par ses aciers et sa coutellerie; — ***Leeds,*** par ses draps; — ***Newcastle,*** par sa houille. — ***Hull, Douvres, Portsmouth, Bristol,*** ports.

En ÉCOSSE : **Edimbourg,** 330., capitale; — **Glasgow, 1 100 000** hab., port, houille, tissus, constructions navales.

En IRLANDE : **Dublin,** 400., capitale, port; — *Belfast,* port, industrie du lin; *Cork,* port.

382. **Industrie.** Le sol des Iles Britanniques, généralement bas, fertile, très bien cultivé, est en outre le plus riche de l'Europe en produits miniers, du moins pour la houille et le fer. L'Angleterre est la plus grande puissance commerciale, maritime et coloniale dont l'histoire fasse mention.

383. **Colonies.** L'empire colonial britannique, le plus vaste et le plus peuplé du monde (380 000 000 d'hab.), comprend en *Europe :* la ville de Gibraltar et l'île de Malte, dans la Méditerranée;

En *Asie :* l'EMPIRE DES INDES, cap. Delhi, plusieurs États malais, une partie de Bornéo, les îles Ceylan, Singapore et Hong-Kong; Aden et l'île Périm, à l'entrée de la mer Rouge; l'île de Chypre, dans la Méditerranée;

En *Afrique :* la Gambie, le Sierra-Leone, la Côte de l'Or et la NIGERIA; l'île Sainte-Hélène, dans l'Atlantique; l'UNION SUD-AFRICAINE (Cap, Natal, Orange, Transvaal); la Rhodesia; l'Est africain anglais; la Somalie septentrionale, les îles Maurice, Zanzibar, Seychelles et Socotora, dans l'océan Indien; l'EGYPTE et le Soudan égyptien.

En *Amérique :* le CANADA, la Guyane anglaise, la Jamaïque et la plupart des petites Antilles;

En *Océanie :* l'AUSTRALIE, la Tasmanie et la Nouvelle-Zélande; la moitié orientale de la Nouvelle-Guinée.

III. BELGIQUE

384. Le *royaume* de **Belgique** a une *population* de 7 600 000 hab., lesquels appartiennent aux *familles* teutonne et latine, professent la *religion* catholique, et parlent les *langues* flamande et wallonne ou française.

385. **Villes. Bruxelles,** 750., capitale de la Belgique ; — **Anvers,** 310., sur l'Es-

caut, est le principal port de commerce ; — *Gand*, 170., centre d'industrie cotonnière et linière ; — *Liége*, 170., *Charleroi*, 30., et le « Couchant » de *Mons*, 30., exploitent de riches bassins houillers et produisent beaucoup de fers. — *Ostende*, 45., port et station balnéaire ; — *Louvain*, 45., université.

386. **Industrie.** La Belgique est une contrée généralement basse, très fertile et très bien cultivée, riche en mines de houille et en carrières. Eu égard à son étendue, c'est le pays le plus peuplé de l'Europe. Elle se place au premier rang par la valeur proportionnelle des produits commerciaux.

387 **Colonie.** Le *Congo belge*, dans l'Afrique centrale, a été fondé en 1885, par le roi Léopold II, qui l'a cédé à la Belgique en 1908.

IV. PAYS-BAS

388. Le *royaume* des **Pays-Bas** ou de Hollande a une *population* de 6 700 000 hab., lesquels appartiennent à la *famille* teutonne, aux *cultes* protestant et catholique et parlent la *langue* hollandaise.

389. **Villes. La Haye**, 320., capitale de la Hollande ; — **Amsterdam**, 620., second port marchand sur le Zuiderzee, taille du diamant. Le premier port est **Rotterdam**, 500., à l'embouchure de la Meuse. — **Utrecht**, 120.

390. **Industrie.** Les Pays-Bas, comme leur nom l'indique, forment une région plate et très basse, dont les parties occidentales, nommées *polders*, ont un niveau inférieur à celui des hautes marées, et doivent être maintenues à

l'abri des inondations par des digues. C'est une contrée agricole, tandis que la mer et de nombreux canaux en font une contrée essentiellement maritime et commerçante.

391. Colonies (40000000 d'hab.). En *Amérique*, la Guyane hollandaise et quelques-unes des petites Antilles; — en *Asie*, l'importante île JAVA, cap. Batavia; les îles Sumatra, Célèbes, Moluques: la plus grande partie de Bornéo; en *Océanie*, la moitié occidentale de la Nouvelle-Guinée.

392. Le grand-duché de LUXEMBOURG, 260 000 hab., de langue allemande, fut détaché de la Belgique en 1839, et forme un Etat indépendant. La capitale est *Luxembourg*, 25.

V. ALLEMAGNE

393. L'**Allemagne** a une *population* de 60 000 000 d'hab., qui appartiennent à la *famille* teutonne et professent les *cultes* luthérien et catholique. L'ancien empire d'Allemagne forme depuis la Grande Guerre une *république fédérative*, dont la capitale est *Berlin*.

Elle comprend 26 Etats républicains, dont: un *grand Etat*, la Prusse, qui compte 41 000 000 d'hab.; six *Etats moyens*, et dix-neuf *petits Etats*, ceux-ci n'ayant pas 1000000 d'hab. chacun.

394. **États et villes.** 1° La PRUSSE, capitale **Berlin**, 2 100 000 h., sur la Sprée, la 3e ville de l'Europe, centre industriel. — V. pr.: **Breslau**, 530., sur l'Oder, marché et tissage de laines. — **Cologne**, 530., avec une cathédrale magnifique, et *Dusseldorf*, ports sur le Rhin. — *Essen*, grand centre houiller et métallurgique. — *Kœnigsberg*, *Stettin* et *Kiel*, ports sur la Baltique. — *Magdebourg*, sur l'Elbe, sucreries. — *Francfort-sur-Main*, ville de banque et de librairie. — *Aix-la-Chapelle*, ancienne capitale de l'empire de Charlemagne. — *Hanovre*, anc. capitale d'un royaume.

2° La BAVIÈRE, cap. **Munich**, 620., renommée par sa bière. — *Nuremberg*, connue par sa bimbeloterie.

3° La SAXE, cap. **Dresde**, 560., qui rappelle une victoire des Français en 1813. — **Leipzig**, 630., célèbre par ses foires et sa librairie. Bataille de 1813. — *Chemnitz*, grand centre de tissage.

4° Le WURTEMBERG, cap. **Stuttgart**, 300.

5° La *république* BADOISE, cap. **Carlsruhe.**

6° Les villes libres de **Hambourg**, 960., **Brême**, 250., *Lubeck*, *Danzig*, grands ports marchands.

395. **Industrie.** L'Allemagne est une contrée basse, sablonneuse et peu fertile au nord; accidentée, montagneuse au sud, très bien cultivée. Elle se place après l'Angleterre pour l'importance des mines de houille, de fer, de zinc, et pour l'industrie, le commerce et le tonnage de la marine marchande.

VI. AUTRICHE

396. L'ancien empire d'Autriche-Hongrie, démembré à la suite de la Grande Guerre, a formé 4 républiques indépendantes: Autriche, Hongrie, Tchéco-Slovaquie et Yougo-Slavie.

La *république autrichienne* compte 6 500 000 hab. appartenant à la *famille* teutonne et à la *religion* catholique; ils parlent allemand.

397. **Villes. Vienne**, 2 100 000 hab., la capitale, est une belle ville savante et manufacturière; — *Graz*, en Styrie, centre métallurgique.

398. **Industrie.** L'Autriche est une contrée généralement montagneuse; elle est industrielle et riche en mines et en forêts.

VII. HONGRIE

399. La population de la Hongrie (8 000 000 d'h.) appartient à la *famille* hongroise de race jaune et à la *religion* catholique; elle parle le hongrois.

400. **Villes. Budapest**, 900., la capitale, est formée de deux villes séparées par le Danube, grand marché de grains et de farines.

401. **Industrie.** La Hongrie est une région de plaines; elle s'adonne à l'agriculture et produit pour l'exportation des bestiaux, des tabacs, des céréales et des farines.

VIII. TCHÉCO-SLOVAQUIE

402. La *république* Tchéco-Slovaque comprend les anciennes provinces Austro-Hongroises de Bohême et de Moravie et le pays des Ruthènes.

La population (18000000 d'hab.) appartient à la *famille* slave et à la religion catholique, sauf les Ruthènes, qui sont schismatiques.

403. **Villes. Prague**, 540., la capitale, est le principal centre industriel de la Bohême; — *Brünn*, en Moravie, a des soieries et des lainages.

404. **Industrie.** La Tchéco-Slovaquie est un pays de plateau d'une grande activité industrielle.

IX. SUISSE

405. La **Suisse** ou *Confédération helvétique* est une *république*; sa *population* de 3 800 000 hab. appartient en majorité à la *famille* teutonne, professe les *cultes* protestant et catholique, et parle l'allemand, le français ou l'italien.

406. **Villes. Berne**, 90., sur l'Aar, est le siège du gouvernement fédéral; — **Genève**, 135., sur le lac de ce nom, centre d'une grande fabrication d'horlogerie fine; — *Bâle*, 140., sur le Rhin, et *Zurich*, 200., villes de commerce et d'industrie.

407. **Industrie.** La Suisse, très visitée pour la beauté de ses montagnes, ses vallées pittoresques, ses glaciers, ses lacs et ses cascades, est essentiellement un pays de pâturages et de troupeaux (fromage de gruyère). C'est en même temps un pays très industriel et commerçant.

X. DANEMARK

408. Le *royaume* de **Danemark** a une population de 3 000 000 d'h., appartenant à la *famille* teutonne, professant le *culte* luthérien et parlant la *langue* danoise.

409. **Villes.** Le Danemark a pour capitale **Copenhague**, 600., ville forte, située sur le Sund, dans l'île Seeland; elle est le centre du commerce et de l'industrie du Danemark: — *Odense*, dans l'île Fionie.

410. **Industrie.** Le Danemark est une contrée basse, formée d'îles et de presqu'îles. C'est un pays agricole et marchand, ayant beaucoup d'analogie avec la Hollande. Il *exporte* des œufs, du beurre, des chevaux, des céréales et des produits de pêche maritime.

411. **Colonies.** Les îles Færoer, en Europe; — les côtes du Groenland, au N.-E. de l'Amérique.

XI. NORVÈGE

412. Le *royaume* de **Norvège**, séparé de la Suède en 1905, a 2 400 000 hab., qui appartiennent à la *famille* teutonne, au *culte* luthérien et parlent la *langue* norvégienne.

413. **Villes. Christiania**, 250., capitale, port marchand. — *Bergen*, sur l'Atlantique, port, pêcheries.

414. **Industrie.** Les Norvégiens, établis sur un littoral très étendu, rocheux et découpé en *fiords*, s'occupent surtout de la pêche, des constructions navales, du commerce maritime; ils exportent du poisson, du bois, du minerai de fer.

XII. SUÈDE

415. Le *royaume* de **Suède** compte 5 800 000 hab., qui appartiennent à la *famille* teutonne, au *culte* luthérien et parlent la *langue* suédoise.

416. **Villes. Stockholm**, 400., capitale, très bon port sur la mer Baltique. — **Göteborg**, 175., sur le Kattegat, port d'exportation, cotonnades.

417. **Industrie.** La Suède, basse et assez fertile au S.-E., produit du minerai de fer, des bois de sapin, de la pâte à papier pour l'*exportation.*

XIII. RUSSIE

418. L'ancien empire de **Russie** forme depuis la Grande Guerre une *république* dont le domaine s'étend aussi sur une grande partie de l'Asie et compte plus de 13 000 000 d'hab., appartenant à la *race* slave et à la *religion* grecque schismatique. Ils parlent la *langue* russe.

419. **Villes. Petrograd** (St-Pétersbourg), 2 300 000 hab., cap. de l'empire russe et port à l'embouchure de la Neva. — **Moscou**, 1 800 000 hab., ancienne capitale, centre principal de l'industrie russe. — *Nijni-Novgorod*, 110., grandes foires. — *Riga*, 500., port, exportation de lin, graine de lin et bois de sapin dits de Riga. — *Astrakhan*, 150., à l'embouchure de la Volga, est l'entrepôt des marchandises de l'Asie centrale russe.

L'Ukraine, détachée de la Russie, forme une république de 35 000 000 d'h. — Sa capitale est **Kiev**, 630., distilleries, sucreries. — *Odessa*, 630., port sur la mer Noire, exporte une grande quantité de froment.

420. **Industrie.** La Russie d'Europe est une vaste plaine, froide et stérile dans le nord, aride au sud-est, mais très fertile au centre. Elle produit pour l'*exportation* du froment, de l'avoine, du lin, du bois, des bestiaux, des peaux et fourrures. Elle exploite de grandes forêts de sapins et des mines de houille, d'or, de platine, de fer et de pierres précieuses, dans l'Oural, etc.

XIV. FINLANDE

421. La Finlande (3 300 000 h.) s'est détachée de la Russie durant la Grande Guerre; elle forme une *république*.

Helsingfors, 150., est une ville industrielle et un port sur le golfe de Finlande.

La population appartient à la *famille* finnoise de *race* jaune et à la *religion* luthérienne.

XV. POLOGNE

422. L'ancienne **Pologne** démembrée par la Russie, l'Autriche et la Prusse s'est reconstituée à la suite de la Grande Guerre. Elle forme une *république*. La population (34 000 000 d'h.) appartient à la *famille* slave et à la *religion* catholique.

423. **Villes. Varsovie**, 880., sur la Vistule, la capitale, est un centre actif d'industries alimentaires; — *Lodz*, 420., centre manufacturier; — *Cracovie*, 150., ancienne capitale de la Pologne; — *Lemberg*, 210., filatures.

XVI. PORTUGAL

424. La *république* du **Portugal** a une *population* de 5 500 000 hab., lesquels appartiennent à la *famille* latine, professent la *religion* catholique et parlent la *langue* portugaise.

Villes. Lisbonne, 440., cap. du Portugal, à l'embouchure du Tage, qui forme l'une des plus belles rades de l'Europe. C'est un grand port d'escale.

Porto, 180., port, exporte des vins renommés. — *Coïmbre*, anc. université.

425. **Industrie.** Le Portugal est une contrée montagneuse, fertile, mais mal cultivée; les mines sont inexploitées. Il produit cependant pour l'*exportation* du vin, du sel, de l'huile d'olive, des fruits, surtout des oranges.

426. **Colonies.** En *Afrique*, les Açores, Madère, parties intégrantes de la république; — les îles du Cap-Vert, l'Angola, l'Est africain portugais; — en *Asie*, la ville de Goa, sur la côte ouest de l'Inde, et la ville de Macao, sur la côte sud de la Chine; la moitié de l'île Timor.

XVII. ESPAGNE

427. Le *royaume* d'**Espagne** a une *population* de 20 000 000 d'hab., qui appartiennent à la *famille* latine, professent la *religion* catholique et parlent la *langue* espagnole.

428. **Villes. Madrid**, 600., au centre, est la capitale et une ville de science et d'industrie. — *Valladolid*, fabrique activement des soieries et farines.

Barcelone, 600., grand port fortifié sur la Méditerranée, est le principal centre industriel de l'Espagne. — **Valence**, 230., connue pour ses oranges, est le centre de l'industrie de la soie. — *Malaga*, 150., et *Alicante* sont renommées pour leurs vins et leurs fruits. — *Cadix, Séville*, 160.; *Cordoue, Grenade* et *Murcie*, sont des villes célèbres du midi de l'Espagne.

— *Tolède*, sur le Tage, possède une superbe cathédrale. — *Saragosse*, sur l'Ebre, fut prise par les Français en 1809.

429. **Gibraltar**, 27., port très commerçant et forteresse importante, appartient aux Anglais.

430. **Industrie.** L'Espagne est formée de plateaux arides où dominent les pâturages; ses montagnes sont riches en mines, et ses vallées sont très fertiles. Mais l'insuffisance de voies de communication paralyse l'industrie et le commerce, qui toutefois se développent.

431. **Colonies.** En *Afrique*, les îles Canaries, partie intégrante du royaume, le nord et le sud du Maroc; le Rio de Oro, le Rio Mouni, l'île Fernando-Po.

XVIII. ITALIE

432. Le *royaume* d'**Italie** a une *population* de 38 000 000 d'hab., qui appartiennent à la *famille* latine, professent la *religion* catholique et parlent la *langue* italienne.

433. **Divisions et villes.** Le royaume d'Italie comprend les anciennes divisions politiques suivantes :

1° Le Piémont, villes principales : **Turin**, 450., centre industriel, et **Gênes**, 300., port fortifié, le plus actif de l'Italie; — la Sardaigne, ville principale *Cagliari*, port.

2° La Lombardie et la Vénétie, villes princ. : **Milan**, 670., rivale de Lyon pour les soieries; — **Venise**, 160., bâtie sur des îlots de l'Adriatique, fabriques d'émaux et de verroteries; — **Trieste**, 160., sur l'Adriatique, constructions navales.

3° La Toscane, villes princ. : **Florence**, 240., renommée pour ses beaux édifices et ses industries d'art; — *Livourne*, 105., port actif, exportation de soie et de marbre.

4° et 5° Les anciens duchés de Parme et de Modène, avec les villes de mêmes noms.

6° Les anciens États de l'Église, villes princ. : **Rome**, 600., sur le Tibre, capitale de l'Italie et du monde chrétien, séjour

des Papes; nombreux monuments de toutes époques; — **Bologne**, 175., renommée pour ses écoles.

7° L'ancien royaume de Naples et de Sicile, villes princ. : **Naples**, 700., la plus grande ville de l'Italie, port superbe; — **Palerme**, 350.; *Messine* (détruite en 1908), 130., et *Catane*, 210., ports de la Sicile.

434. Les principales **îles italiennes** sont : la Sicile, renommée pour ses soufrières; — la Sardaigne; — l'île d'*Elbe*, donnée par les Alliés à Napoléon après sa première abdication; — les îles *Lipari*.

L'île de **Malte**, 240000 hab., chef-lieu *La Valette*, port, appartient aux Anglais.

435. **Commerce.** L'Italie est une contrée célèbre par la beauté de son ciel, la variété et l'agrément de ses aspects, et par ses richesses naturelles. Cependant son industrie est peu progressive, excepté dans les provinces septentrionales, qui sont aussi très fertiles.

436. **Colonies.** L'Italie possède en Afrique la Libye, la côte de l'Abyssinie (*Erythrée*) et la Somalie orientale.

XIX. TURQUIE D'EUROPE

437. L'*Empire* Turc ne compte plus en Europe, depuis 1920, que 1200000 hab. : ils forment une *famille* mongolique et professent la *religion* mahométane.

438. **Ville. Constantinople**, 1100000 h., capitale de l'empire, à l'entrée du Bosphore, est le plus grand entrepôt commercial du Levant. Vue du dehors, la ville paraît magnifique, mais elle est mal bâtie.

439. **Industrie.** Le pays, naturellement riche, est pourtant peu prospère.

440. L'empire turc comprend principalement la Turquie d'Asie, et une partie de l'*Arabie*.

XX. BULGARIE

441. Le *royaume* de **Bulgarie**, au sud du Danube, compte 4300000 habitants, la plupart de famille slave et professant le schisme grec. Cap. *Sofia*, 105. — *Philippopoli*, 50., draps. — *Varna*, 45., port sur la mer Noire.

Exportation de blé, bestiaux, laines et essence de roses.

XXI. GRÈCE

442. Le *royaume* de **Grèce** a une *population* de 5700000 hab., qui sont, en général, grecs de *famille*, de *religion* et de *langue*.

443. **Villes. Athènes**, 170., cap. de la Grèce, évoque de grands souvenirs historiques et possède de belles ruines. V. pr. : *le Pirée*, 75., et *Salonique*, 115., ports et cités industrielles. — *Andrinople*, 120., place forte sur la Maritza; tissus, essence de roses. — *Gallipoli*, port sur les Dardanelles. — *Corfou*, *Zante*, la *Canée*, ports dans les îles.

444. La Grèce est une contrée péninsulaire et insulaire, favorable au commerce maritime; l'intérieur est formé de plateaux montagneux, arides et déserts. Peu industrielle, elle exporte des raisins secs, de l'huile d'olive, des minerais, du marbre.

XXII. ROUMANIE

445. Le *royaume* de **Roumanie** compte 15000000 d'hab. appartenant à la *famille* latine et à la *religion* grecque schismatique.

446. **Villes. Bukarest**, 350., capitale, dans la Valachie. — *Iassy*, dans la Moldavie. — *Galatz*, port sur le Danube.

447. **Industrie.** La Roumanie est un pays de plaines fertiles en blé et maïs, qu'elle exporte en partie, ainsi que du pétrole, par le Danube et le *port* de *Constanza*.

XXIII. YOUGO-SLAVIE

448. La **Yougo-Slavie** s'étend le long de l'Adriatique et réunit tous les Slaves du sud. Elle a été formée d'anciennes provinces austro-hongroises à l'ouest et des royaumes de *Serbie* et de *Monténégro* à l'est. La population (13000000 d'h.) est catholique à l'ouest en Carniole, Carinthie et Croatie; elle est grecque schismatique en Bosnie, Herzégovine, Serbie et Monténégro.

449. **Villes.** *Belgrade*, 90., sur le Danube, capitale en Serbie. — *Cettinié*, ancienne capitale du Monténégro. — *Laibach*, en Carinthie. — *Idria*, en Carniole, exploite des mines de mercure. — *Sérajevo*, en Bosnie.

450. **Industrie.** La Yougo-Slavie est un pays montagneux; ses habitants s'adonnent surtout à la culture et à l'élevage.

XXIV. ALBANIE

451. Le *royaume* d'**Albanie** (850 000 hab.), a pour capitale *Durazzo*. Les Albanais sont catholiques au nord et musulmans au sud.

INDUSTRIE ET COMMERCE DE L'EUROPE

452. Pour l'activité **industrielle et commerciale**, les pays de l'Europe les plus remarquables sont ceux de l'Ouest et du Centre : l'*Angleterre*, l'*Allemagne*, la *France*, pour la quantité absolue des produits; la *Belgique*, les Pays-Bas, la Suisse et le Danemark, pour la quantité proportionnelle à la population et à la superficie.

Ce sont aussi les pays où la population est généralement la plus dense et la plus riche.

453. **Produits végétaux.** Considérant la quantité absolue des produits, le **froment** est surtout cultivé en Russie, France, Autriche, Hongrie; — le *seigle* et l'*avoine*, en Russie, Allemagne, France; — le *maïs*, en Hongrie, Roumanie, Italie; — la **vigne**, en France, Italie, Espagne, Hongrie; — l'*orge* et le *houblon* (pour la bière), en Russie, Allemagne, Autriche, Angleterre; — la *betterave* (pour le sucre), en Allemagne, Russie, Autriche, Hongrie, France, Belgique; — le *lin* et le *chanvre*, en Russie, Allemagne, Irlande. — La Russie, la Suède, la Norvège et l'Autriche ont le plus de *forêts*.

454. **Animaux domestiques.** Pour la quantité absolue, la Russie, l'Allemagne, l'Autriche, la Hongrie et la France sont les pays qui élèvent le plus de **chevaux**, de **gros bétail**, et de **porcs**; la Russie, l'Angleterre et la France, le plus de **moutons**. L'Angleterre possède les races les plus perfectionnées. Les races bovines hollandaise et suisse donnent beaucoup de lait, dont on fait du beurre et des fromages renommés; les moutons saxons donnent la meilleure laine.

455. **Produits minéraux.** L'*Angleterre*, produisant le $^3/_7$ de la **houille**, $^1/_4$ du minerai de fer, se place au premier rang. L'Allemagne est au second rang; puis viennent l'Autriche, la Russie, la France, la Belgique, l'Espagne, etc.

456. **Industrie et commerce.** L'*Angleterre*, riche en métaux et surtout en combustibles nécessaires à la construction et à l'usage des machines, tient la première place pour les **produits manufacturés**, ainsi que pour le **commerce**. Au second rang vient l'Allemagne et au troisième la France pour la quantité absolue; de même la Belgique et la Suisse pour la quantité proportionnelle. Valeur du commerce, 118 milliards de francs.

457. **Moyens de transports des produits.**
1° Les pays qui ont le plus de *chemins de fer*, par rapport à la superficie, sont : la *Belgique*, l'*Angleterre*, l'Allemagne, la Hollande, la France et la Suisse.

2° Les pays les mieux dotés en *voies navigables* sont : la Hollande, la Belgique, l'Angleterre, la France et l'Allemagne.

3° La *marine marchande* **anglaise** est plus considérable que toutes les autres marines européennes réunies. Viennent ensuite les marines norvégienne, française, allemande, italienne, hollandaise, suédoise, espagnole, russe, etc.

458. **Grands ports de commerce.** Par ordre de *situation géographique*, les ports principaux de l'Europe sont sur :

La *mer Baltique* : **Pétrograd** et Riga, en Russie. — Danzig, Stettin, Lubeck et Kiel, en Prusse. — Copenhague, en Danemark. — Stockholm, en Suède.

La *mer du Nord* : **Hambourg** et Brême, en Allemagne. — Amsterdam et **Rotterdam**, en Hollande. — **Anvers**, en Belgique. — Dunkerque, en France. — **Londres**, Hull, Newcastle, en Angleterre.

La *mer d'Irlande* : **Liverpool**, en Angleterre. — **Glasgow**, en Écosse. — Dublin, en Irlande.

La *Manche* : Boulogne, **Le Havre** et Rouen, en France. — Southampton, en Angleterre.

L'*Atlantique* : Bristol, en Angleterre. — Nantes, Saint-Nazaire, La Rochelle, **Bordeaux** et Bayonne, en France. — Porto et **Lisbonne**, en Portugal. — Cadix, en Espagne.

La *Méditerranée* : Malaga, Valence et **Barcelone**, en Espagne. — Cette, **Marseille**

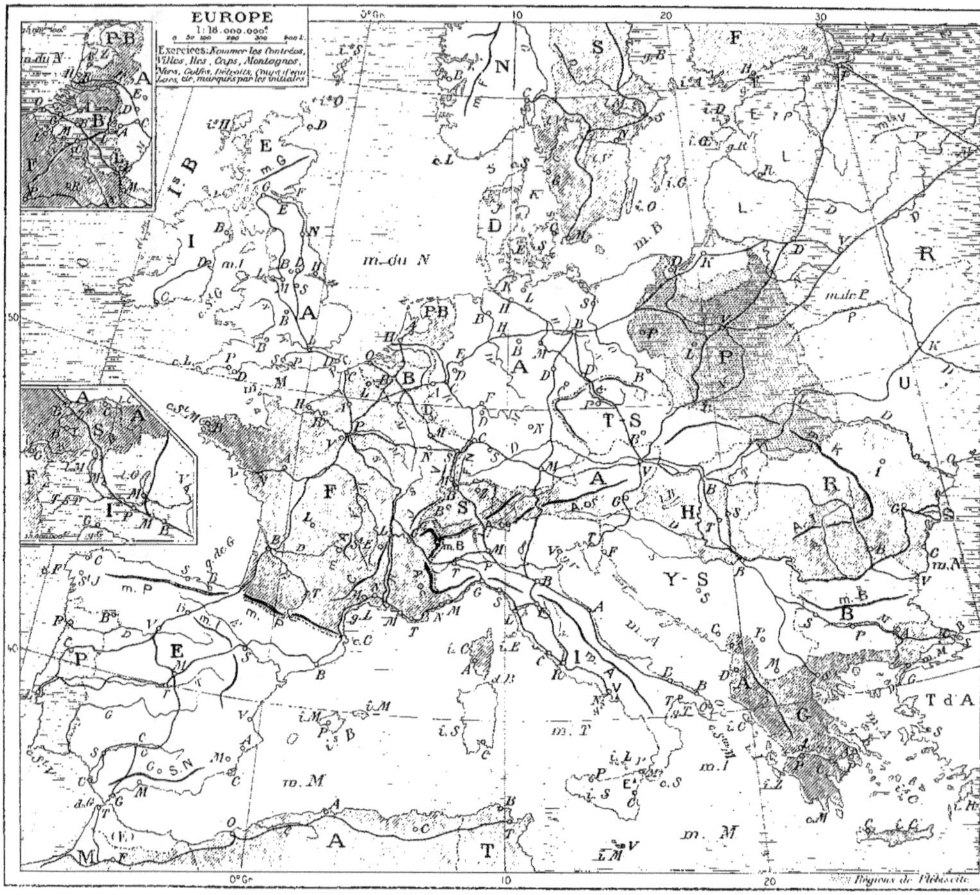

et Nice, en France. — **Gênes**, Livourne et Naples, en Italie. — Messine et Palerme, en Sicile.

L'*Adriatique :* Ancône, Venise, **Trieste** et Fiume, en Italie. — L'*Archipel :* Le Pirée, Salonique, en Grèce. — La *mer de Marmara :* **Constantinople**, en Turquie.

La *mer Noire :* Varna, en Bulgarie. — Constanza, en Roumanie. — Odessa, en Russie. — La *mer Caspienne :* Astrakhan, en Russie.

Principaux objets d'échange

entre l'Europe et les autres Parties du monde.

459. L'Europe, renfermant les populations les plus actives et les plus intelligentes du globe, produit, malgré sa faible étendue relative, une somme de marchandises bien supérieure à celle des autres Parties du monde, et elle provoque la presque totalité du mouvement commercial intercontinental.

Les **échanges** s'établissent surtout entre l'**Angleterre, l'Allemagne,** la **France,** la Belgique, la Hollande, d'une part; — les **Etats-Unis,** le Canada, les Indes et l'Australasie, d'autre part.

460. L'Europe **exporte** ou expédie dans toutes les Parties du monde des produits manufacturés et des substances alimentaires :

1° *Produits manufacturés :* **tissus** de coton, de laine et de soie; vêtements confectionnés, objets de mode, d'ameublement; — articles de bijouterie, d'horlogerie, de quincaillerie; — armes et machines; — instruments de musique et de précision, objets d'art et de science; — articles de librairie.

2° *Substances alimentaires :* vins, spiritueux, sucres raffinés, farines, conserves alimentaires, etc.

461. L'Europe reçoit des autres Parties du monde et **importe** chez elle :

1° Des *matières premières* pour ses manufactures : coton, soie, laine, peaux, etc.

2° Des *minéraux* ou *métaux bruts :* or, fer, cuivre, etc.

3° Des *substances alimentaires :* blé et farine, viandes, café et denrées coloniales. (Voir Asie, n° 487, Afrique, n° 514, Amérique, n° 549, Océanie, n° 567.

ASIE

I. — Géographie physique.

462. **Caractères physiques** : 1° L'Asie se fait remarquer par sa *grande masse* continentale, en forme de trapèze, ainsi que par ses grandes îles et presqu'îles. Ses *côtes* sont sinueuses, souvent montagneuses, offrant de larges embouchures de fleuves, de vastes deltas et de bonnes positions commerciales.

2° Le *relief du sol* présente un immense *Plateau central*, presque aussi étendu que l'Europe, ayant de 1000 à 4000 mètres d'altitude moyenne et entouré de grandes chaînes de montagnes, dont la plus remarquable est l'*Himalaya*, le « séjour des neiges ». Ce Plateau central renferme le Tibet, le Pamir, etc., et s'abaisse vers les quatre points cardinaux en versants plus ou moins accidentés.

3° Au N.-O. et à l'O. s'étend *une grande région basse*, la plus vaste du globe, formée des plaines herbeuses ou *steppes* de la Sibérie et du Turkestan occidentaux, et des marais glacés (*toundras*) de la Sibérie boréale.

4° L'Asie est traversée par la grande *zone des déserts* sablonneux qui s'étend dans la Mongolie (le *Gobi*), le Turkestan, la Perse, l'Arabie, et se rattache au Sahara africain.

5° L'Asie, aux puissants fleuves, renferme en outre un *grand bassin central fermé*, dont les eaux se perdent dans des *lacs sans écoulement* ou dans des sables du désert.

463. **L'Asie** est la plus grande des cinq Parties du Monde. Sa superficie est d'environ **44000000** de km² : c'est 4 fois et demie la superficie de l'Europe et environ 80 fois celle de la France.

464. **Bornes**. L'Asie est bornée au N. par l'océan Glacial arctique ; — à l'E. par l'océan Pacifique ; — au S. par l'océan Indien ; à l'O. par la mer Rouge, la Méditerranée et l'Europe.

465. **Contrées**. Les grandes contrées de l'Asie sont :

Au N., la **Sibérie** ; — à l'E., la **Chine** et le **Japon** ; au centre, la *Mongolie* et le *Turkestan* ; — au S., l'*Insulinde*, l'*Indo-Chine* et l'**Inde** ; — à l'O., l'*Iran*, la *Turquie d'Asie* et l'*Arabie*.

466. **Mers**. Au N., l'OCÉAN GLACIAL ARCTIQUE formant la mer de *Kara*.

A l'E., le PACIFIQUE, ou Grand Océan, formant la mer de *Béring*, la mer d'*Okhotsk*, la mer du *Japon*, la mer *Jaune*, la mer de *Chine orientale*, la mer de *Chine méridionale*, la mer de *Java* et la mer des *Moluques*;

Au S., l'OCÉAN INDIEN, formant le golfe de *Bengale*, la mer d'*Oman* et la mer *Rouge* ;

A l'O., la mer MÉDITERRANÉE, formant l'*Archipel* et la mer *Noire*; — la mer *Caspienne*.

Golfes. — Le golfe de l'*Ob*, en Sibérie ; le golfe de *Péking*, en Chine; les golfes du *Tonkin* et de *Siam*, dans l'Indo-Chine ; le golfe *Persique*, entre la Perse et l'Arabie ; le golfe d'*Aden*, entre l'Arabie et l'Afrique.

Détroits. Le détroit de *Béring*, entre l'Asie et l'Amérique ; le détroit de *Malacca*, entre la presqu'île de Malacca et l'île Sumatra; le détroit de la *Sonde*, entre Sumatra et Java; le *Bab-el-Mandeb*, entre l'Arabie et l'Afrique ; les *Dardanelles* et le *Bosphore*, entre les Turquies d'Asie et d'Europe.

467. **Iles**. Dans l'océan Glacial, les îles *Liakov*, appartenant à la Russie; — dans le Pacifique, l'île **Sakhaline**, à la Russie et au Japon ; les îles *Kouriles*, ***Yéso***, **Hondo**, *Formose* et autres îles de l'empire du Japon ; l'île *Haïnan*, appartenant à la Chine ; — les îles de l'Insulinde (n° 480) ; — dans l'océan Indien, l'île **Ceylan**, et dans la Méditerranée, l'île de *Chypre*, aux Anglais.

Presqu'îles. L'*Anatolie*, ou Asie Mineure, entre la mer Noire et la Méditerranée ; — l'*Arabie*, entre le golfe Persique et la mer Rouge ; l'*Inde méridionale*; entre la mer d'Oman et le golfe de Bengale ; — l'*Indo-Chine*, terminée par le Malacca, entre le golfe de Bengale et la mer de Chine méridionale ; — la *Corée* à l'E., et le *Kamtchatka*, au N.-E. de l'Asie.

Isthmes. L'isthme de *Suez*, qui joint l'Asie à l'Afrique, et l'isthme de *Kraw*, qui rattache le Malacca à l'Indo-Chine.

Caps. Le cap *Tchéliouskine*, le plus septentrional des deux continents; — le cap *Oriental*, au N.-E. de la Sibérie ; — le cap *Romania*, au S. du Malacca ; — le cap *Comorin*, au S. de l'Inde.

468. **Montagnes**. Les monts **Himalaya**, avec le pic *Everest*, 8840 m., la plus haute montagne du monde, au nord de l'Inde.

Les monts *Kouen-loun*, *Thian-Chan* et *Hindou-Koh*, sur le Plateau central;

L'*Altaï*, en Sibérie et Mongolie.

Les monts *Ararat* et *Liban*, en Turquie.

L'Oural et le **Caucase**, entre l'Asie et l'Europe.

On cite les *plateaux* du *Tibet* (4000 m.), du Pamir, de la Perse ; — les *plaines* de la Sibérie et du Turkestan occid., de la Chine orientale, du Gange. Il y a de nombreux *volcans* dans le Japon, le Kamtchatka et l'Insulinde.

469. **Bassins maritimes**. L'Asie forme quatre grands versants maritimes appartenant aux bassins de l'*océan Glacial*, du *Pacifique*, de l'*océan Indien* et de la *Méditerranée* ; elle renferme, en outre, un grand *bassin central fermé*, dont les eaux ne se rendent pas dans l'Océan.

470. **Fleuves**. 1° Dans le versant de l'océan Glacial : l'**Ob**, l'*Iénisséi* et la *Léna*, en Sibérie ;

2° Dans le versant du Pacifique : en Chine, l'*Amour*, le **Hoang-ho** ou fleuve *Jaune*, le **Yang-tse-kiang** ou fleuve *Bleu* (5000 km) ; — en Indo-Chine, le *Mékong*.

3° Dans le versant de l'océan Indien : dans l'Inde, le **Brahmapoutre**, le **Gange** et l'*Indus* : — en Turquie, l'**Euphrate** et le *Tigre*, formant le *Chatt-el-Arab*.

471. **Lacs**. Le lac **Caspien**, ou mer *Caspienne*, les lacs *Aral* et *Balkach*, dans le Turkestan ; le lac *Baïkal*, en Sibérie ; — le lac *Koukou Nor*, en Chine.

II. — Géographie politique.

472. **Population**. L'Asie est la plus peuplée des cinq Parties du monde : 910000000 d'hab. : ce qui lui donne une *population relative* de 21 hab. par kilom. carré.

473. **Races humaines**. La *race jaune* comprend les Chinois et leurs tributaires, les Coréens, les Japonais, les Sibériens, les Indo-Chinois, les Indonésiens, les Turcs, les Tartares : la *race blanche*, la plupart des Indiens, les Persans, les Arabes et autres peuples à l'ouest de l'Indus.

474. **Religions et civilisation**. Les *chrétiens* sont peu nombreux en Asie. Les Arabes, les Turcs, les Persans, de nombreux Chinois et Indiens sont *mahométans*. Les autres peuples sont *païens* : les Chinois, les Indo-chinois et les Japonais professent les cultes de Bouddha et des ancêtres ; les Hindous, le brahmanisme ou culte de Brahma ; ils ont une civilisation propre très ancienne : mais ils adoptent, les Japonais surtout, celle de l'Europe. **L'Asie occidentale a été le berceau du genre humain et de la religion chrétienne et le siège des premiers empires : mais elle est tombée en décadence par la domination du mahométisme.**

475. **Gouvernements**. La forme gouvernementale est en général la ***monarchie***, naguère ***absolue***, aujourd'hui ***constitutionnelle***, avec parlement élu.

476. **Divisions**. L'Asie est divisée politiquement en une vingtaine de contrées dont les unes sont des ***Etats libres*** (**Chine**, **Japon**, **Perse**, **Siam**), **les autres des *possessions européennes* ou *américaines*.**

477. **L'ASIE RUSSE**, 33000000 d'h., comprend : la SIBÉRIE, immense contrée froide, en partie stérile ; v. pr. *Tomsk* et *Irkoutsk* ; — le TURKESTAN occidental, v. pr. *Omsk*, *Tachkent* et *Boukhara* ; — la CAUCASIE, v. pr. *Tiflis*, ch.-l., et *Bakou*, centre pétrolifère.

La *Sibérie méridionale*, ou la zone de l'immense chemin de fer *transsibérien*, est fertile et voit se développer la culture des céréales, l'élevage des bestiaux et l'exploitation des mines, en même temps que la colonisation par les Russes.

Le *Turkestan* (coton) et la *Caucasie* (ver à soie, pétrole) sont également agricoles et miniers. Les établissements industriels se multiplient.

478. Les **Etats-Unis de CHINE** (375 mil. lions d'h.) se composent :

1° De la CHINE PROPRE, capitale **Péking**, **1000000** d'h. ; v. pr. *Tientsin*, 800., port de Péking; **Nanking**, 300., ville manufacturière ; **Changhaï**, 650., et **Canton**, **900.**, ports de mer, qui exportent surtout la soie et le thé; **Hankow**, 800., grand marché de l'intérieur. — **Hong-Kong** est un grand port anglais.

2° De la MANDCHOURIE, cap. *Moukden*;

3° De pays tributaires, savoir : le TURKESTAN ORIENTAL, le TIBET, cap. *Lhassa*, la MONGOLIE intérieure ou du Sud.

La République chinoise est aussi étendue que l'Europe et presque aussi peuplée que l'Empire britannique. L'agriculture, très soignée, produit surtout le *riz*, base de l'alimentation, et le *thé*, qui donne la boisson nationale; puis viennent le coton, la canne à sucre, le pavot à opium, destiné à disparaître. C'est le pays par excellence des *vers à soie*. L'industrie d'intérieur est très variée : soieries, cotonnades, vêtements, tabletterie, ameublement, porcelaine, papiers, vernis-laque, encre, etc. Le commerce s'élève à 3 milliards de francs.

La Mongolie extérieure, ou du Nord, est un Etat indépendant depuis 1912.

479. L'empire du **JAPON**, très florissant (75000000 d'hab.), est formé de la Corée

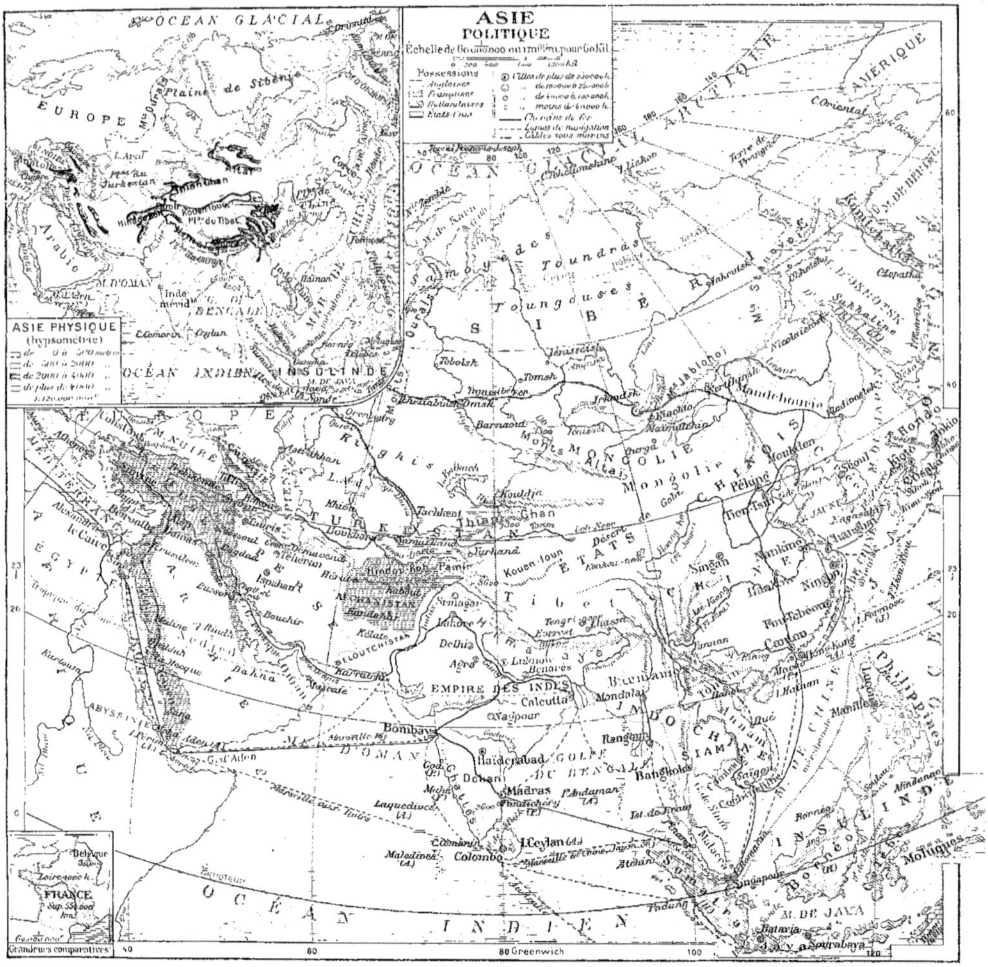

nanexée en 1910, de cinq grandes îles et de plusieurs milliers de petites; capitale **Tokio**, 2200000 hab.; v. pr. *Kioto*, 500., dans l'intérieur; *Osaka*, 1400000 hab., *Kobé*, 400, *Yokohama*, 400., *Nagasaki*, ports; *Séoul*, 300., ancienne capitale de l'ex-royaume coréen.

Beaucoup plus avancé que la Chine, qu'il a vaincue en 1894, le Japon est complètement initié aux sciences et aux industries européennes: extraction de la houille et des minerais, métallurgie, constructions navales, filature et tissage du coton et de la soie. Le riz et le thé sont très cultivés, l'opium est sagement prohibé. Le commerce est de 3 milliards de francs.

4°. L'**Insulinde** (Inde insulaire), également très fertile, comprend :

1° Les îles de la **Sonde** : SUMATRA, surtout JAVA, très peuplée, riche en denrées coloniales et en pétrole ; cap. **Batavia**, port principal ; CÉLÈBES, les MOLUQUES, ou « îles aux Épices »; BANGKA, connue pour son étain ; le tout appartenant aux Hollandais, ainsi qu'une partie de BORNÉO (l'autre partie est aux Anglais) ; soit une population de 40 millions d'habitants, faisant un commerce de 1600 millions de francs.

2° Les **Philippines**, peuplées de 9000000 d'habitants, la plupart catholiques ; enlevées aux Espagnols par les États-Unis, elles ont pour cap. **Manille**, 250., port superbe dans l'île Luçon. — Sucre, chanvre, copras, tabac et cigares.

3° L'île TIMOR, en partie aux Portugais et aux Hollandais.

481. L'**Indo-Chine**, contrée qui tient des richesses et des populations de l'Inde, de la Chine et de l'Insulinde, comprend :

1° Le royaume indépendant de SIAM (9 000 000 d'h.), cap. *Bangkok*, 650.

2° L'INDO-CHINE FRANÇAISE (17 000 000 d'h.), comprenant la COCHINCHINE, ch.-l. *Saigon;* le TONKIN, ch.-l. **Hanoï**; les royaumes d'ANNAM, cap. *Hué*, et de CAMBODGE, cap. *Pnom-Penh*, et le LAOS.

3° L'INDO-CHINE ANGLAISE (15 000 000 d'h.), v. pr. **Singapore**, 300., et *Rangoun*, grands ports, et *Mandalai*, cap. de la *Birmanie*.

482. L'**INDE** forme avec la *Birmanie*, etc., le riche EMPIRE DES INDES (aux Anglais), qui compte 316 000 000 d'h. La capitale est **Delhi**, 250., au centre. — Villes principales : **Calcutta**, 1 200 000 h., **Bombay**, 1 000 000 d'h. : *Karratchi* et **Madras**, 530., ports; *Haïderabad*, *Bénarès*, *Luknov*, *Lahore*, *Srinagar*. — CEYLAN relève directement de la couronne d'Angleterre, cap. **Colombo**, 220., port.

— (Pondichéry, Chandernagor et trois autres petites villes de l'Inde appartiennent aux Français; — Goa, aux Portugais.)

L'*agriculture* indienne, très développée comme d'ailleurs l'exubérante végétation, produit les céréales et les denrées tropicales. L'extraction de la houille progresse, ainsi que l'industrie du coton et du jute, s'ajoutant aux riches soieries. Les chemins de fer ont plus de 50 000 km de longueur, et le *commerce* atteint 7 milliards de francs. Néanmoins la famine et la peste qui s'ensuit font parfois de nombreuses victimes. Annuellement 22 000 personnes sont tuées par les serpents, un millier par les tigres.

Le **Béloutchistan**, chef-lieu *Kélat*, est annexé à l'Inde anglaise.

L'**Afghanistan**, 6 000 000 d'h., a pour cap. *Kaboul*.

483. Le royaume de **Perse**, 9 500 000 h., est vaste, mais peu peuplé; cap. **Téhéran**; v. pr. *Ispahan*, anc. capitale, et *Tabriz* (Tauris), très commerçante.

La **Turquie d'Asie**, cap. *Constantinople*, sur le Bosphore, en Europe; villes principales : *Smyrne*, *Scutari* et *Brousse*.

La **Mésopotamie**, cap. *Bagdad*.

La **Syrie**, cap. *Damas;* villes principales : *Beirouth*, *Alep*.

La **Palestine**, cap. *Jérusalem*.

La Turquie d'Asie et la Perse sont deux contrées musulmanes très arriérées et peu actives; cependant elles produisent des soieries, des tapis, des armes de luxe.

Le royaume **Arabe**, est une immense presqu'île, déserte en majeure partie; v. pr. *La Mecque*, patrie de Mahomet et grand pèlerinage des musulmans; *Mascate*; *Aden*, port important et relâche des paquebots, aux Anglais.

484. **Climat**. L'Asie a un climat *très varié*, car elle est traversée au nord par le cercle polaire et au sud, dans l'Insulinde, par l'équateur. Ses plaines septentrionales et ses hauts plateaux du centre sont très *froids* et peu habités; les régions sud-orientales et de l'Inde sont *humides*, *chaudes* et très populeuses; l'Asie occidentale est *sèche* et beaucoup moins peuplée.

485. **Productions**. Les productions naturelles de l'Asie sont importantes en espèces *minérales :* houille, pétrole, fer, or, étain, pierres précieuses; — en espèces *végétales :* riz, froment, thé, mûrier, cotonnier, épices, canne à sucre, opium, forêts (bambous), etc.; — en espèces *animales :* éléphant des Indes, chameau des déserts, renne de Sibérie, chèvre du Kachmir, cheval persan, bœuf porteur, buffle, chevrotain portemusc du Tibet, vers à soie, singes, tigre royal, serpents, etc.

486. **Industrie**. Le Japon jouit de tous les progrès modernes, auxquels sont plus ou moins ouverts les autres Etats asiatiques; ceux-ci pratiquent surtout l'agriculture, **l'élevage** et diverses industries qui en dérivent. L'exploitation minière et la métallurgie naissent à peine.

487. **Commerce**. L'Asie fournit à l'Europe :

L'or, l'argent, le platine, le fer, les pierres précieuses, les céréales, le beurre et les fourrures de la Sibérie; le *pétrole* de Bakou; l'*étain* du Malacca et de Bangka.

Le *thé*, le *coton*, la *soie*, la graine de vers à soie et les soieries des Indes, de la Chine et du Japon;

Le *riz*, le *froment*, les *oléagineux*, le *jute* de l'Inde, l'ivoire, les *papiers* et *porcelaines* de la Chine et du Japon.

Le cuivre du Japon, les perles, le caoutchouc de Ceylan. Les denrées coloniales et le pétrole de l'Insulinde.

Le café, la gomme, l'encens, le corail de l'Arabie et de la Perse;

Les céréales, figues, raisins secs, les laines et tapis, le tabac, les olives, les éponges de la Turquie d'Asie.

L'Asie *achète* à l'Europe du matériel de chemins de fer, des navires et canons, des machines et des métaux ouvrés, des cotonnades. Le commerce a une valeur de 17 milliards de francs. Il a lieu surtout avec l'Angleterre et par la voie de Suez.

La *navigation fluviale et côtière* est active; les *chemins de fer* sont étendus dans les Indes, l'Asie russe et le Japon. Les principaux *ports* sont : Osaka, Yokohama, Changhaï, Canton, Hong-kong, Manille, Batavia, Singapore, Calcutta, Bombay, Madras, Aden, Smyrne.

488. **Les découvertes en Asie.** — L'Asie Mineure nous fut révélée tout d'abord par la *Bible* (Moïse), puis par les écrits d'*Homère*, d'*Hérodote*, de Strabon, de Ptolémée. **Alexandre le Grand** pénétra jusqu'aux Indes. Au VIIIe siècle, les Arabes s'avancèrent en Chine, suivis, au XIIIe siècle, par les missionnaires catholiques, notamment le moine flamand **Ruysbroeck** ou **Rubruquis**.

Marco Polo, Vénitien, le plus grand des voyageurs du moyen âge, parvint de Constantinople à Péking et à Canton. — En 1498, **Vasco de Gama**, Portugais, arriva aux Indes en doublant le cap de Bonne-Espérance.

A partir du XVIe siècle, les négociants portugais et hollandais, les missionnaires jésuites, notamment saint François Xavier, pénétrèrent dans l'Asie méridionale et orientale, suivis plus tard par les Anglais et les Français, pendant que les Russes conquéraient la Sibérie, et que le Danois *Béring* abordait à l'océan Glacial par le détroit qui porte son nom.

Le *Passage Nord-Est*, par le nord de l'Asie, a été traversé en 1879 par **Nordenskiold**, et en 1915 par *Vilkitsky*.

AFRIQUE

I. — Géographie physique.

489. **Caractères physiques** : 1° L'Afrique est caractérisée par sa grande masse continentale aux *contours arrondis*, sans profondes échancrures, *sans mers intérieures*. — Ses *côtes* sont généralement basses, sablonneuses, marécageuses, *malsaines*, *dépourvues de bons ports*.

2° Le relief du sol présente le *grand plateau de l'Afrique australe et centrale*, ayant de 1 000 à 2 000 mètres d'altitude moyenne, bordé de montagnes, et dont l'intérieur est peu connu. — Au centre, se trouvent la *grande plaine* du Soudan et celle du Congo, habitées par des populations nègres.

3° Le grand désert du *Sahara*, presque aussi vaste que l'Europe, est formé de *plaines* sablonneuses et arides, de plateaux pierreux, de montagnes mêmes, de vallées sans eau, enfin de vertes *oasis*. Des tribus arabes et berbères habitent ces oasis et y cultivent notamment le dattier; les troupeaux sont transhumants, et le Sahara est parcouru en caravanes à chameaux.

490. L'**Afrique** est la troisième division de l'Ancien Continent. Elle se rattache à l'Asie par l'isthme de Suez.

Sa superficie égale 30 000 000 de km carrés, c'est-à-dire 3 fois celle de l'Europe, et 56 fois celle de la France.

491. **Bornes**. L'Afrique est bornée, au N., par la Méditerranée; — à l'E., par la mer Rouge et l'océan Indien; — au S. et à l'O., par l'Atlantique.

492. **Contrées**. Au N., le *Maroc*, l'*Algérie*, la *Tunisie* et la *Lybie*, autrefois appelés Etats barbaresques; — au N.-E., l'**Egypte** et l'*Abyssinie;* — au centre, le **Sahara**, le **Soudan** et le **Congo**; — à l'O., le *Sénégal*, la *Guinée* et l'*Angola;* — au S., le S.-O. *africain* et l'**Afrique australe anglaise**; — à l'E., l'*Afrique orientale*, portugaise et anglaise; la *Somalie* et l'île *Madagascar*.

493. **Mers**. A l'O., **l'océan Atlantique**, qui forme au nord la *Méditerranée;*

A l'E., **l'océan Indien**, qui forme la *mer Rouge*.

Golfes. Le golfe de la *Sidre* ou Syrte, dans la Tripolitaine; — le golfe de *Guinée*, dans l'Atlantique; — le golfe d'*Aden*, à l'entrée de la mer Rouge.

Détroits. Le détroit de *Gibraltar*, entre le Maroc et l'Espagne; — le canal de *Mozambique*, à l'O. de Madagascar; — le *Bab-el-Mandeb*, entre l'Afrique et l'Arabie.

494. **Iles**. Dans l'Atlantique : les *Açores*, les *Madère*, les îles du *Cap-Vert*, appartenant aux Portugais; — les *Canaries*, aux Espagnols; — l'île *Sainte-Hélène*, aux Anglais; — dans l'océan Indien : la grande île **Madagascar**, les îles *Comores* et l'île de *la Réunion*, aux Français; — les îles *Maurice*, *Seychelles*, *Zanzibar* et *Socotora*, aux Anglais.

495. **Isthme**. L'Afrique est jointe à l'Asie par l'*isthme de Suez*, qui a 110 km de largeur et qui est traversé par un canal navigable, dû au Français de Lesseps.

Caps. Le cap *Blanc*, au N. de la Tunisie; — le cap *Vert*, à l'O. du Sénégal; — le cap de *Bonne-Espérance* et le cap des *Aiguilles*, dans la colonie du Cap, — et le cap *Guardafui*, à l'E. de la Somalie.

496. **Montagnes**. L'**Atlas**, qui traverse le Maroc, l'Algérie et la Tunisie; — le plateau de *Kong*, dans le Soudan occidental; les monts de la *Guinée* et de l'*Abyssinie;*

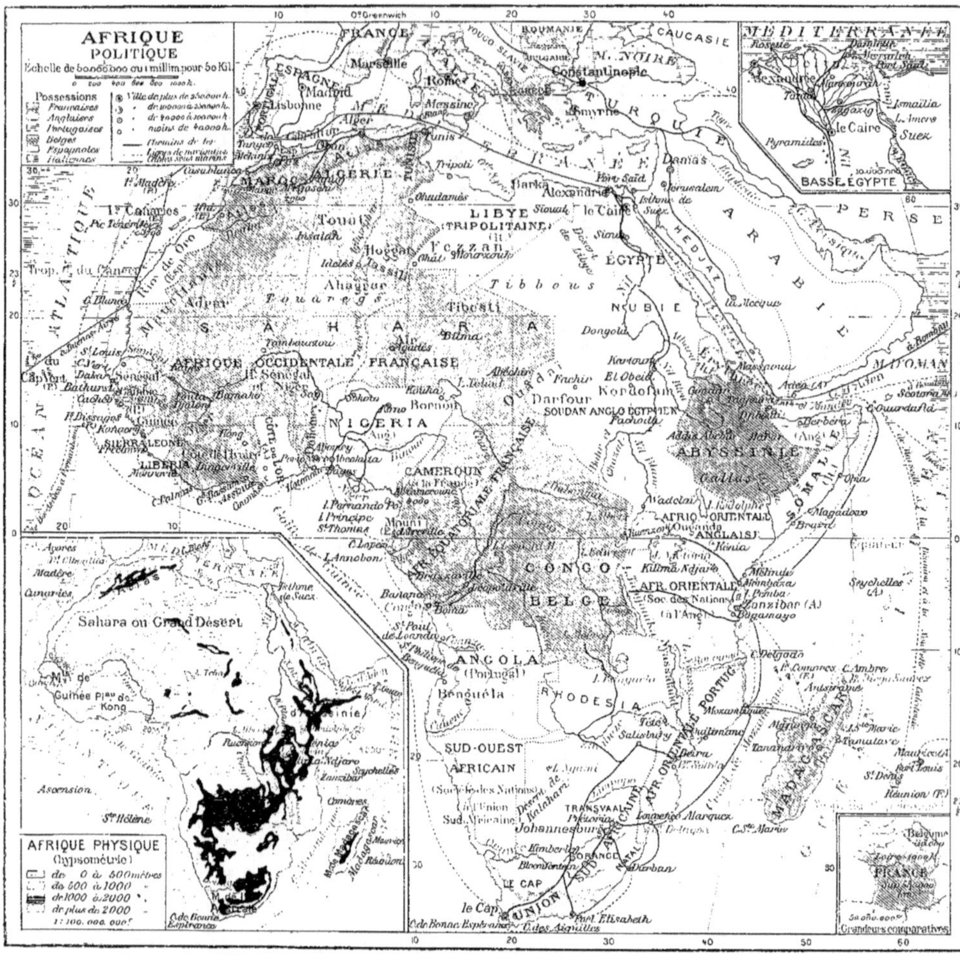

— les monts **Ruenzori**, **Kénia** et **Kilima-Ndjaro**, aux sources du Nil : ce sont les plus hauts de l'Afrique, 6000 m. d'altitude ; — es monts de l'*Afrique australe* et ceux de Madagascar.

Volcans. Les *Virunga*, au N.-E. du Congo belge ; le *Piton de la Fournaise*, dans l'île de la Réunion ; — le *Pic de Ténériffe*, dans les îles Canaries.

497. **Bassins maritimes.** L'Afrique forme trois grands versants maritimes, appartenant aux bassins de la *Méditerranée*, de l'*Atlantique* et de l'*océan Indien* ; elle renferme, en outre, le *bassin fermé du Sahara*, dont les cours d'eau, d'ailleurs temporaires, ne communiquent pas avec l'Océan.

498. **Fleuves.** 1° Dans le versant de la Méditerranée : le **Nil**, formé du Nil Blanc et du Nil Bleu, et traversant le Soudan oriental et l'Égypte ;

2° Dans le versant de l'Atlantique : le *Sénégal*, la *Gambie* et le **Niger**, dans l'Afrique occidentale ; — le **Congo**, dans l'Afrique centrale ; — l'*Orange*, dans l'Afrique australe ;

3° Dans le versant de l'océan **Indien** : le **Zambèze**, dans l'Afrique australe.

Les deux cours d'eau les plus remarquables de l'Afrique sont : le *Nil*, dont les débordements fertilisent l'Égypte, et le *Congo*, qui a d'immenses affluents. Leurs sources sont alimentées par les *grands lacs* de la haute Afrique.

499. **Lacs.** Les lacs **Victoria** et *Albert*, aux sources du Nil Blanc ; le lac **Tanganika**, tributaire du Congo ; le lac *Nyassa*, tributaire du Zambèze ; le lac *Rodolphe*,

dans l'Afrique orientale ; le lac *Tchad*, dans le Soudan central.

II. — Géographie politique.

500. **Population.** La *population absolue* de l'Afrique est évaluée à 130 000 000 d'hab., sa *population relative* est de 4.3 hab. par kilom. carré.

501. **Races humaines.** La *race blanche* comprend les Arabes et les Berbères, au nord; les Boers (Orange, Transvaal) et les colons européens. La race *brune* comprend les Abyssins et les Gallas, les Hovas (Madagascar) et les Fellatas (Soudan occid.); la race *noire* ou *nègre*, la plus nombreuse, règne ailleurs.

502 **Religions.** Le *fétichisme*, parmi les noirs; le *mahométisme*, parmi les blancs indigènes, dominent en Afrique. Le *christianisme* comprend les colons européens et les Boers, ainsi que les Abyssins et les coptes égyptiens.

Le **fétichisme** est l'idolâtrie la plus grossière Pour écarter les esprits malfaisants, les *féticheurs* ou sorciers leur adressent des prières, des incantations, des sacrifices; ils usent également des épreuves par le poison : aussi exercent-ils sur les populations superstitieuses une influence aussi complète que funeste, produisant l'abrutissement et le terrorisme.

Les missionnaires catholiques sont disséminés un peu partout, pour évangéliser ces malheureux païens, qui deviennent d'excellents chrétiens et d'utiles citoyens.

503. **Civilisation.** A part les Egyptiens, les Abyssins et les peuples des côtes méditerranéennes, qui ont subi de tout temps l'action civilisatrice de l'Europe ou de l'Asie occidentale; à part les Boers, d'origine hollandaise, aucun peuple de l'Afrique n'a jamais joui d'une civilisation réelle. Les **negres**, qui sont les plus arriérés, vivent généralement à l'état sauvage; l'esclavage existe parmi eux, bien que la chasse à l'homme et la traite soient réprimées dans les colonies européennes; naguère, en effet, ils étaient la proie des Arabes ou de conquérants musulmans; ils se faisaient aussi une guerre presque continuelle, vendant ou immolant leurs prisonniers; plusieurs tribus sont encore anthropophages.

504. **Gouvernements.** Les gouvernements indigènes sont *absolus* et souvent tyranniques, mais ils s'adoucissent sous l'influence des Européens. Divisés en tribus, formant parfois des royautés, les negres ne connaissent en général d'autre groupement que le village indépendant. Aujourd'hui, à part l'Abyssinie et le Libéria, les véritables divisions politiques sont les *possessions européennes*.

505. **Divisions politiques.** Ce sont : le royaume d'ABYSSINIE, la république de LIBÉRIA, l'EGYPTE, les *possessions françaises*, *anglaises*, *belges*, *portugaises*, *espagnoles* et *italiennes*.

506. Le royaume d'**ABYSSINIE** (8000000 d'h.) a pour cap. *Addis-Abéba*, sur un plateau montagneux.

L'ÉGYPTE (16000000 d'h.) est sous le contrôle des Anglais, qui occupent le pays. Cap. **Le Caire**, 730., la plus grande cité africaine, à l'origine du delta nilien; villes princ. **Alexandrie**, 420., port actif; *Port-Saïd* et *Suez*, aux extrémités du canal de Suez; *Kartoum*, ch.-l. du Soudan anglo-égyptien. — Grâce aux débordements du Nil, la Basse Egypte, ou le Delta, produit en abondance le blé, le riz, le coton et la canne à sucre.

507. L'**AFRIQUE FRANÇAISE** (32 millions d'hab.) comprend :

1° Le **Maroc**, en majeure partie ; cap. *Fez*.

2° L'**Algérie**, contrée méditerranéenne; v. pr. : **Alger**, *Oran*, ports, et *Constantine;*

3° La **Tunisie**, prolongement de l'Algérie, cap. **Tunis**, port;

4° Le **Sahara**, ou *Grand Désert*, vaste contrée aride, habitée seulement dans les *oasis* arrosées;

5° L'**Afrique occidentale française**, ch.-l. *Dakar*, comprenant les colonies du **Sénégal**, du **Haut-Sénégal** et **Niger**, de la **Guinée**, de la **Côte de l'Ivoire** et du **Dahomey**; v. pr. *Saint-Louis*, *Bamako*, *Tombouctou*, *Konacry*, *Bingerville*, *Kong*, *Porto-Novo* et *Abomey;*

6° L'**Afrique équatoriale française**, avec le *Cameroun*, ch.-l. *Brazzaville;*

7° L'île **Madagascar**, ch.-l. *Tananarive*, et l'île de **la Réunion**, ch.-l. *St-Denis*.

8° **La côte française de la Somalie**, ch.-l. *Djibouti*.

508. L'**AFRIQUE ANGLAISE** (37 millions d'hab.) comprend, outre l'occupation de l'Égypte et du Soudan égyptien :

1° A l'O., la **Gambie**, le **Sierra-Leone**, ch.-l. *Freetown*, port, — et la **Côte de l'Or**;

2° La **Nigeria** jusqu'au Tchad; v. pr. *Lagos*, port, *Abéokuta* et *Kano;*

3° L'**UNION SUD-AFRICAINE**, comprenant les colonies du **Cap**, de l'**Orange**, du **Transvaal** et du **Natal** et le territoire du **Damara**, enlevé aux Allemands à la suite de la Grande Guerre; v. pr. **Le Cap**, port, *Bloemfontein* et *Prétoria*, capitales; **Johannesbourg**, 2?0., au centre des plus riches mines d'or. Cette contrée, connue aussi par ses diamants (*Kimberley*), s'adonne surtout à la culture des céréales et à l'élevage du bétail;

4° La **Rhodesia** et le *Nyassaland;*

5° L'île **Maurice**, ch.-l. *Port-Louis;*

6° L'île **Zanzibar**, ch.-l. *Zanzibar*, port; l'**Est africain** anglais et l'*Ouganda*, v. pr. *Mombaza;*

7° La *Somalie* anglaise.

509. Le **CONGO BELGE** (15 millions d'h.), sous l'équateur : postes : *Banana*, *Boma*, ch.-l., *Léopoldville*. Cette région congolaise renferme d'immenses forêts, au centre, et de riches mines de cuivre, exploitées dans le Katanga.

510. L'**Afrique portugaise** (8 millions d'hab.) comprend les îles Açores, Madère, du Cap-Vert, l'**Angola**, ch.-l. *Loanda*, et l'**Est africain** portugais, ch.-l. *Quilimane*.

Les **Espagnols** possèdent les îles *Canaries*, le N. du Maroc, le Rio de Oro, le Rio Mouni et l'île Fernando-Po.

Les **Italiens** ont la LYBIE, ch.-l. *Tripoli*, l'ÉRYTHRÉE, ou côte d'Abyssinie, et la SOMALIE orientale.

III. — Géographie économique.

511. **Climat.** L'Afrique a un climat généralement *très chaud* et très sec, à cause de sa situation entre les tropiques et dans la zone des vents continentaux, de l'absence de mers intérieures et de l'insuffisance de hautes montagnes, sauf dans l'Est. Excepté dans le Nord et le Sud, relativement tempérés, le climat ne convient pas aux Européens, qui, de ce fait, ne peuvent que diriger les travaux des noirs.

512. **Productions.** Les *minéraux* extraits sont : l'or, le diamant et la houille du bassin de l'Orange; le fer, le cuivre et autres métaux; le sel, les phosphates. Les *végétaux* les plus utiles sont : les céréales, le bananier, l'oranger, le dattier, le manioc, le cotonnier, le citronnier, les arbres et plantes à huiles et à caoutchouc, le kolatier. Toutes les autres cultures tropicales réussissent fort bien : caféier, cacaoyer, canne à sucre, riz, épices, et pourront devenir très rémunératrices, ainsi que l'exploitation d'immenses forêts, riches en bois de construction et d'ébénisterie.

Mais ce qui distingue surtout l'Afrique, c'est la *puissance du règne animal*. Outre le cheval, le bœuf, la chèvre, le mouton et le porc, les espèces principales sont : les singes chimpanzé et gorille, le lion, l'hyène, le léopard, l'éléphant, le rhinocéros, l'hippopotame, le chameau, la girafe, l'antilope, l'autruche, le crocodile, les serpents, les insupportables moustiques, la terrible mouche tsé-tsé, dont la piqûre, mortelle aux bestiaux, provoque chez les nègres la maladie du sommeil, qui dépeuple les régions du centre, etc.

513. **Industrie.** L'industrie moderne proprement dite n'existe pour ainsi dire pas en Afrique. L'agriculture, l'élevage et l'extraction des minéraux ne sont pratiqués d'une manière rationnelle que par les Européens en Algérie-Tunisie, en Egypte, dans la Sud-Afrique anglaise et plus ou moins dans les autres colonies européennes. Chez les indigènes, ils ont peu d'importance, vu l'outillage primitif employé; il en est de même de la mise en œuvre de la matière, dans le but de subvenir aux besoins si restreints à tous points de vue (tissage, vannerie, poterie, fabrication d'armes, d'outils, de bijoux, etc.). Les blancs, du Sahara notamment, et les bruns sont en général *nomades* et *pasteurs*. Les nègres sont *agriculteurs*, *éleveurs*, *chasseurs* et *pêcheurs*. La paix et la sécurité rétablies par l'influence des Européens, la navigation fluviale et les chemins de fer développent grandement les productions, les besoins et, par suite, le commerce.

514. **Commerce.** L'Afrique fournit à l'Europe : les marbres, minerais et phosphates, l'alfa, les céréales, le vin et l'huile d'olive, les bestiaux, les fruits et les primeurs d'Algérie-Tunisie.

Les cocos et les vins de Madère. — Les huiles de palme et d'arachide du Sénégal et du Congo.

Les plumes d'autruche et les dattes du Sahara. L'ivoire et le caoutchouc du Soudan et du Congo.

Le *coton*, les oignons et les fruits d'Egypte.

Les laines, le mohair, les peaux de bœufs, les plumes d'autruche, le cuivre et les diamants du Cap, l'or du Transvaal.

Le *sucre*, le café, la vanille de Maurice et de la Réunion.

L'Afrique reçoit de l'Europe des tissus, des objets d'ameublement, des armes et machines, de la quincaillerie, de la farine, des conserves alimentaires, des boissons, trop souvent alcooliques.

515. Le commerce extérieur de l'Afrique est d'environ 8 milliards, dont 3,5 milliards pour les possessions anglaises, 1 900 millions pour les possessions françaises, 1 900 millions pour l'Egypte. Il a lieu surtout entre l'Union Sud-Africaine, l'Algérie-Tunisie et l'Egypte, d'une part; l'Angleterre et la France d'autre part.

Voies commerciales. Le commerce se fait à l'intérieur par des *caravanes* qui relient surtout le Soudan avec les pays méditerranéens, les côtes de l'Atlantique et celles de l'océan Indien.

Les *chemins de fer* se trouvent principalement dans la Sud-Afrique anglaise et l'Égypte (ligne du Cap au Caire) et en Algérie-Tunisie.

La *navigation fluviale* est la plus active sur le Congo et ses affluents; le Nil, le Niger et le Zambèze.

Les principaux *ports* sont : Oran, Alger, Alexandrie, Port-Louis, le Cap.

IV. — Notice historique.

516. **Les découvertes en Afrique.** Les Grecs et les Romains ne connurent en Afrique que le littoral de la Méditerranée et de la mer Rouge. Les Arabes pénétrèrent dans l'intérieur, mais sans nous le faire connaître. — Au XVe siècle, les Portugais découvrirent et occupèrent les îles et les côtes de l'Océan; les autres nations les suivirent. Mais l'intérieur du continent ne fut exploré qu'au XIXe siècle.

(1800-1806.) **Mungo-Park** (Écossais) va, du Sénégal, découvrir le Niger et meurt sur le bas fleuve.

(1822-34.) **Clapperton** (Anglais) va, de Tripoli, découvrir le lac Tchad.

(1827-28.) *René* **Caillié** (Français) va du Sénégal à Tombouctou et au Maroc.

(1850-54.) **Barth** (Allemand) va de Tripoli au Tchad et à Tombouctou.

(1859-60.) *Duveyrier* (Français) va de l'Algérie à Ghadamès, Ghat et Tripoli.

(1841-73.) **Livingstone** (missionnaire écossais) parcourt toute l'Afrique australe, découvre le lac *Ngami* et le haut Zambèze, traverse l'Afrique de Loanda à Quilimane, découvre le lac *Nyassa*, le haut Congo, et vient mourir près du lac Bangwélo, d'où ses restes sont transportés en Angleterre.

(1858.) **Burton** et *Speke* (Anglais) découvrent le lac *Tanganika*; au retour, **Speke** seul, le lac *Victoria*.

(1862-63.) **Speke** (2e voyage) et *Grant* vont de Zanzibar au lac Victoria et découvrent le Nil-Victoria, qui en sort; ils reviennent en descendant le Nil-Blanc, et rencontrent **Baker**, qui, sur leurs renseignements, va découvrir le lac *Albert* (1863).

(1874-77.) **Stanley** (Anglais) (2e voyage) explore les lacs Victoria et Tanganika, sort par la Loukouga, arrive à Nyangwé et descend le *Congo* à travers toute l'Afrique jusqu'à l'océan Atlantique. — En 1887-1889, il traverse l'Afrique du Congo à Zanzibar, découvrant les monts *Ruwenzori* et ramenant Emin-Pacha.

Après 1875, parmi les Français, *Pierre* **de Brazza**, **Mizon** et **Maistre** explorent le Congo occidental; — **Binger**, les régions du haut Niger et le pays de Kong; — **Monteil** va du Sénégal au lac Tchad et revient par le Fezzan et Tripoli; — **Bourst** descend le Niger; — **Gentil** arrive du Congo au lac Tchad; — **Marchand** atteint le Nil par le Congo et l'Oubangui, — et l'expédition **Foureau-Lamy** traverse le Sahara, de l'Algérie au lac Tchad.

517. **Le partage politique de l'Afrique** *date surtout du Congrès de Berlin, en* 1885; il a eu pour causes déterminantes *la découverte du Congo, par Stanley*, coïncidant avec la création, par le roi des Belges, de l'*Association internationale pour la civilisation de l'Afrique centrale*.

Les États d'Europe, à qui furent attribuées des zones d'influence, envoyèrent un grand nombre d'explorateurs et d'expéditions, qui signaient des traités avec les chefs indigènes, ils se réservèrent ainsi pour l'avenir le droit exclusif de l'occupation et de l'exploitation desdits territoires.

Pour l'Afrique, plus encore que pour l'Asie, la conquête du pays par les Européens doit avoir des résultats favorables, non seulement au développement des relations commerciales, mais encore pour l'abolition de la traite et de l'esclavage, la civilisation des indigènes, et surtout pour la propagation du christianisme et de ses principes humanitaires. Ce sera l'œuvre du XXe siècle.

AMÉRIQUE

I. — Géographie physique.

518. Caractères physiques. L'Amérique est caractérisée : 1° par sa *forme allongée, s'avançant vers les deux pôles* plus que l'Ancien Continent : elle a 16000 km de longueur sur une largeur variant de 55 à 5000 kilomètres;

2° Par sa *division en deux masses continentales* : l'une au nord, échancrée comme l'Asie et l'Europe, et l'autre au sud, arrondie comme l'Afrique;

3° Le relief du sol présente la *chaîne la plus longue du globe;* bordant toute la côte occidentale, elle est élevée en moyenne de 2000 à 4000 m. et renferme de hauts *plateaux* et de *nombreux volcans actifs;* les côtes basses de l'Est ont de bons ports;

4° Au Centre et à l'Est s'étendent de *vastes plaines* humides et plantureuses, appelées *prairies* ou *savanes* dans l'Amérique du Nord, *llanos*, *pampas* ou *selvas* dans l'Amérique du Sud;

5° A signaler aussi l'importance du *Mississipi*, de l'*Amazone*, des *lacs* canadiens et des *glaciers* polaires.

519. **L'Amérique** est la quatrième Partie du monde, et forme le deuxième continent. Elle comprend deux grandes régions ou presqu'îles, jointes par l'isthme de Panama. Sa superficie égale 42000000 de km car., c'est-à-dire plus de 4 fois celle de l'Europe et 77 fois celle de la France.

520. **Bornes.** L'Amérique est bornée, au N., par l'océan Glacial arctique; — à l'E., par l'Atlantique; — au S. et à l'O., par le Pacifique ou Grand Océan.

521. **Contrées** Dans l'Amérique du Nord : l'*Alaska*, le *Groenland*, l'*Islande*, le **Canada**, les **États-Unis**, le *Mexique*, l'*Amérique centrale* et les *Antilles;*

Dans l'Amérique du Sud : la *Colombie*, le *Venezuela*, la *Guyane*, le **Brésil**, l'*Équateur*, le *Pérou*, la *Bolivie*, le *Chili*, l'**Argentine**, le *Paraguay* et l'*Uruguay*.

522. **Mers.** Au N., l'*océan Glacial arctique* ou *boréal*, formant la mer *Polaire* et la mer ou baie de *Baffin;* — à l'E., l'**Atlantique**, formant la mer ou baie d'*Hudson* et la mer des *Antilles;* — à l'O., l'**océan Pacifique**, formant la mer de *Béring*.

Golfes. Les golfes du *Saint-Laurent*, du *Mexique* et du *Honduras*, dans l'Atlantique; — les golfes de *Panama* et de *Californie*, dans le Pacifique.

Détroits. Le détroit de *Béring*, entre l'Alaska et la Sibérie; — les détroits formant le *Passage Nord-Ouest;* — les détroits de la *Floride* et du *Yucatan*, au N. et à l'O. de l'île Cuba; — le détroit de *Magellan*, entre la Patagonie et la Terre-de-Feu.

523. **Iles.** Dans l'océan Glacial, l'*archipel de la mer Polaire*, appartenant aux Anglais; — le *Groenland*, aux Danois; — l'Islande, indépendante; — dans l'Atlantique, *Terre-Neuve*, aux Anglais; — les **Antilles**, dont les principales sont : **Cuba**, autonome; *Porto-Rico*, aux États-Unis; les *Bahama*, la *Jamaïque* et la *Trinité*, aux Anglais; *Haïti*, indépendante; — au sud, la *Terre-de-Feu*, au Chili et à l'Argentine. — Dans l'océan Pacifique, *Vancouver* et *Reine-Charlotte*, au Canada, — et les îles *Aléoutiennes*, aux États-Unis.

Presqu'îles. Le *Labrador*, dans le Canada; — la *Floride*, dans les États-Unis; — le *Yucatan* et la *Basse-Californie*, dans le Mexique; — l'*Alaska*, à l'extrémité N.-O de l'Amérique septentrionale.

Isthme. Le plus remarquable est l'isthme de *Panama*, qui joint les deux Amériques (55 kilom. de largeur); depuis 1914, il est traversé par un canal. — L'isthme de *Tehuantepec*, dans le Mexique.

Caps. Le cap *Farewell*, au S. du Groenland; — le cap *Saint-Roch*, à l'E. du Brésil; — le cap *Horn*, au S. de la Patagonie, — et le cap *Occidental*, au N.-O. de l'Alaska.

524. **Montagnes.** 1° Dans l'Amérique septentrionale, les montagnes **Rocheuses** qui traversent à l'ouest le Canada et les États-Unis; les monts du Mexique; — les *Appalaches - Alléghanys*, dans l'est des États-Unis.

2° Dans l'Amérique méridionale, la **Cordillère des Andes**, qui traverse la Colombie, l'Équateur, le Pérou, le Chili, etc.; — les *montagnes* de la *Guyane* et celles du *Brésil*.

Volcans. Parmi les volcans, très nombreux, on cite l'*Aconcagua*, 7200 m., le plus haut pic américain, dans l'Argentine; — le *Chimborazo*, dans la république de l'Équateur; — le *Popocatepetl*, 5300 m., dans le Mexique.

525. **Bassins maritimes** L'Amérique forme quatre versants principaux, appartenant aux bassins de l'*océan Glacial*, de l'*Atlantique du Nord*, de l'*Atlantique du Sud* et du *Pacifique*.

526. **Fleuves.** 1° Dans le versant de l'océan Glacial : le *Mackenzie*, qui arrose l'Amérique anglaise;

2° Dans le versant de l'**Atlantique du Nord** : le **Saint-Laurent**, qui arrose le Canada; — le **Mississipi** et ses affluents le *Missouri*, l'*Ohio*, l'*Arkansas* et la *Rivière Rouge*, dans les États-Unis; — le *Rio Grande del Norte*, qui sépare, en partie, le Mexique des États-Unis.

3° Dans le versant de l'Atlantique du Sud : la *Magdalena*, dans la Colombie; — l'*Orénoque*, qui arrose le Venezuela; — l'**Amazone** et ses affluents : le *Rio Negro*, la *Madeira*, le *Tocantins*; le *São Francisco*, dans le Brésil; — le **Parana-Plata** et ses affluents le *Paraguay* et l'*Uruguay*, dans le Brésil, l'Argentine et autres républiques.

4° Dans le versant du Pacifique le *Youkon*, dans l'Alaska; — le *Colorado* et la *Columbia*, qui arrosent les États-Unis.

527. **Lacs.** Dans l'Amérique anglaise, les lacs du *Grand-Ours*, des *Esclaves*, *Athabasca*, *Winnipeg*; — dans le Canada et les États-Unis, les grands lacs *Supérieur*, *Michigan*, *Huron*, *Érié* et *Ontario*, qui s'écoulent par le fleuve Saint-Laurent; — dans l'O. des États-Unis, le *Grand Lac Salé;* — dans l'Amérique centrale, le lac *Nicaragua*, — et, entre le Pérou et la Bolivie, le *Titicaca*.

II. — Géographie politique.

528. **Population.** La *population absolue* de l'Amérique est de 200000000 d'h., dont 135 millions pour l'Amérique du Nord et 65 millions pour l'Amérique du Sud; sa *population relative* de 4,4 hab. par kilomètre carré.

529. **Races humaines.** La nouvelle population américaine est principalement formée de *blancs*, originaires d'Europe; on y rencontre aussi quelques millions de *rouges* ou Indiens indigènes, de *nègres*, originaires d'Afrique, et de *métis* ou sangs-mêlés.

Religions. Le *catholicisme* domine dans toutes les anciennes possessions des Espagnols, des Portugais, des Français et parmi les populations irlandaises, italiennes des Etats-Unis, etc.

Le *protestantisme* est dominant parmi les populations anglaises, allemandes et scandinaves aux Etats-Unis, au Canada et dans une partie des Antilles.

Civilisation. Les Américains de race blanche, surtout ceux des Etats-Unis et du Canada, possèdent en général la même civilisation que les Européens : ils parlent la langue et cultivent les sciences, les arts et les industries de leur patrie d'origine.

530. **Gouvernements.** Sauf le Canada qui fait partie de la *monarchie britannique*, tous les Etats américains sont des *républiques*.

Divisions. AMÉRIQUE SEPTENTRIONALE.

Le territoire d'**Alaska**, contrée polaire, produit de l'or et appartient aux Etats-Unis.

L'**Amérique danoise** est formée du *Groenland*, contrée polaire.

L'**Islande**, indépendante.

531. La *Puissance du* **Canada**, ou l'*Amérique anglaise*, 8000000 d'hab., est une immense contrée, déserte au N., mais très peuplée et florissante au S.-E. Capitale *Ottawa*, sur l'Ottawa, affluent du Saint-Laurent; villes princ. *Montréal*, 500000 h., et *Québec*, sur le Saint-Laurent; *Toronto*, 400., sur le lac Ontario; *Winnipeg*, au Manitoba; *Halifax*, port sur l'Atlantique; — Un quart des Canadiens sont d'origine française et catholiques.

Le Canada prospère par ses *forêts* et ses *mines*, la culture des *céréales* et l'élevage des *animaux domestiques*. Son *commerce*, favorisé par de belles voies ferrées ou navigables, atteint cinq milliards de francs et a lieu surtout avec l'Angleterre.

532. Les **ÉTATS-UNIS** DE L'AMÉRIQUE DU NORD, 95000000 d'hab., forment l'un des Etats les plus riches et les plus puissants du globe.

Capitale **Washington**; villes principales : **New-York**, à l'embouchure de l'Hudson, est la première ville et le premier port du monde, 5500000 h.; *Boston*, 800., **Philadelphie**, 1800000 h., *Baltimore*, 800., *Nouvelle-Orléans*, grands ports sur l'Atlantique; — *Saint-Louis*, 800., sur le Mississipi; **Chicago**, 2600000 h., sur le lac Michigan; *San Francisco*, sur le Pacifique, autres ports. — *Pittsburg*, 600., à l'E., houille, métallurgie et verrerie; — *Cleveland* et *Détroit*, à l'E., et *Los Angelès*, à l'O. sont des villes de plus de 500000 h. — Vingt autres villes ont de 200000 à 400000 hab.

Les États-Unis, qui n'avaient que 5000000 d'habitants en 1800, mais qui ont reçu des millions d'émigrants européens : anglais, irlandais, allemands, etc. comptent aujourd'hui parmi les puissances prépondérantes du globe.

Ils sont très riches en mines, en céréales et produits coloniaux, en forêts et animaux domestiques; ils rivalisent avec l'Europe occidentale pour l'industrie, le commerce, la navigation; ils ont plus de chemins de fer que toute l'Europe : celui de New-York à San Francisco a 5400 km de longueur.

Le *commerce* des Etats-Unis, le 2e du globe, atteint 20 milliards de francs; il a lieu surtout avec l'Angleterre, l'Allemagne, le Canada et la France.

533. Le **MEXIQUE**, 16000000 d'hab., est une ancienne colonie espagnole, comme la plupart des Etats du Sud. Cap. **Mexico**, 480.; villes princ. *Puebla*, *Guadalajara*, *Léon*; *Vera-Cruz*, port.

Le Mexique, riche en métaux, est le pays qui produit le plus d'*argent*.

Les six républiques de l'**Amérique centrale** sont : le *Guatemala*, le *Honduras*, le *Salvador*, le *Nicaragua*, le *Costa-Rica* et le *Panama*; v. pr. : *Guatemala*, *San Salvador* et *Panama*.

534. Les **Antilles**, îles nombreuses et riches en sucre, rhum, café et tabac, sont : **Haïti**, qui forme deux États nègres indépendants; — **Cuba**, république, cap. *La Havane*, port; — *Porto-Rico*, aux Etats-Unis; — les *Bahama*, la *Jamaïque* et plusieurs petites Antilles, aux Anglais; — la *Martinique* et la *Guadeloupe*, aux Français.

535. AMÉRIQUE MÉRIDIONALE

536. La **Colombie**, 5300000 h., capitale *Bogota*.

537. Le **Venezuela**, 3000000 d'h., cap. *Caracas*.

538. La **Guyane** appartient en partie aux Anglais (*Georgetown*), aux Hollandais (*Paramaribo*) et aux Français (*Cayenne*).

539. Les *États-Unis du* **BRÉSIL** sont une vaste contrée (16 fois la France) presque déserte et inexploitée, excepté vers les côtes; ils comptent 27000000 d'hab. Ses villes sont : **Rio de Janeiro**, 1200000 h., capitale fédérale, sur une baie magnifique; **São Paulo**, 450., au milieu des plus grandes plantations de café, dont *Santos* est le port; *Bahia*, *Recife*, *São Luiz*, *Belem*, *Porto-Alegre*, autres ports.

Ancienne colonie portugaise, le Brésil possède d'immenses forêts, que traverse le fleuve géant de l'Amazone; c'est le pays qui produit le plus de *café*, de maté (sorte de thé), de cacao et de *caoutchouc*.

540. L'**Équateur**, cap. *Quito*; ville princ. *Guayaquil*, port.

Le **Pérou**, 6000000 d'h., cap. **Lima**; ville princ. *Callao*, port.

541. La **Bolivie**, 3000000 d'h., cap. *La Paz*.

542. Le **Chili**, formé d'une longue bande de territoire sur le Pacifique, est un pays agricole et minier. Pop. 4000000 d'hab. Cap. **Santiago**, 350., ville princ. *Valparaiso*, 170., et *La Conception*, ports.

543. L'**ARGENTINE** est une grande contrée, prospère au nord-est : cultures de froment, de maïs, de lin; élevage de chevaux, de bœufs et surtout de moutons; préparation active de viandes et d' « extrait Liebig ». Sa population est de 9000000 d'hab.; sa capitale, **Buenos Aires**, 1700000 hab., est le plus grand port de l'Amérique du Sud. Commerce : 3.6 milliards de francs. Villes princ. : *La Plata*, port au S.-E. de Buenos-Aires, *Rosario*, 250., sur le Parana. — *Cordova* et *Tucuman*, dans l'intérieur.

La *Patagonie*, partagée entre le Chili et l'Argentine, est une vaste contrée stérile.

544. Le **Paraguay**, cap. *Assomption*, sur le Paraguay.

545. L'**Uruguay**, cap. **Montevideo**, 400., grand port sur la Plata, participe aux industries agricoles de l'Argentine.

III. — **Géographie économique.**

546. **Climat.** Le climat américain est *varié*, généralement plus *humide* et *moins chaud* que celui des parties de l'Europe et de l'Afrique situées sous les mêmes latitudes.

547. **Productions.** Les productions naturelles de l'Amérique sont importantes en *minéraux*, tels que houille, pétrole, or, argent, fer, cuivre, plomb, — et en *végétaux* : céréales, prairies, forêts, cotonnier, canne à sucre, caféier, cacaoyer, etc. — Parmi les *espèces animales*, qui sont moins importantes que les minéraux et les végétaux, on doit citer le castor du Canada, les singes à queue prenante, le jaguar, le lama du Pérou, le condor des Andes, le vampire, les oiseaux-mouches, le caïman, le boa, la cochenille du cactus. Les chevaux, vaches, moutons et porcs sont très nombreux au Canada, aux Etats-Unis et dans l'Argentine.

548. **Industrie.** Les Etats-Unis, de beaucoup en première ligne, et le Canada s'adonnent activement aux *industries modernes*, tandis que l'Amérique centrale et les Antilles se caractérisent par leurs *produits agricoles*; le Mexique et les autres Etats du Pacifique par leurs *métaux*, surtout l'or et l'argent; les Etats de la Plata et le Brésil, par leurs *cultures* et par l'*élevage*.

549. **Commerce.** L'Amérique fournit à l'Europe : les fourrures, *bois* et *denrées alimentaires*, l'or et les autres métaux du Canada;

Le *coton*, les *céréales*, le *tabac*, les *viandes*, les *métaux* et *machines*, l'*or* et l'*argent*, la *houille* et le *pétrole* des États-Unis;

L'*argent*, l'or, le cuivre du Mexique;

Les denrées coloniales : le *sucre*, le *rhum* et les *cigares* des Antilles; le *café*, le *maté*, le *cacao*, le *caoutchouc*, les *bois de teinture et d'ébénisterie* du Brésil;

Les *laines*, *peaux brutes* et *viandes* (avec l'extrait Liebig), le *froment*, le *maïs* et la *graine de lin* de l'Argentine;

L'or, l'argent, le *cuivre*, le *nitrate* et le guano du Pérou et du Chili.

L'Amérique *importe* de l'Europe surtout des tissus de soie, de coton et de laine, des métaux ouvrés, des modes, des objets d'art et d'ameublement, du sucre, des vins et liqueurs.

La *valeur* du commerce extérieur s'élève à 36 milliards de francs, dont *pour la moitié les Etats-Unis*; puis viennent le Canada, l'Argentine, le Brésil. Il a lieu surtout avec l'Angleterre, l'Allemagne, la France, la Belgique, les Pays-Bas, à travers l'Atlantique. — Nombreux sont les *chemins de fer* aux Etats-Unis, Canada, en Argentine; magnifiques sont les *voies navigables* : Grands Lacs, fleuves Saint-Laurent, Mississipi, Amazone, Parana et leurs affluents. — Les principaux *ports* sont : Montréal, New-York, Boston, Nouvelle-Orléans, la Havane, Rio de Janeiro, Buenos Aires, Valparaiso, San Francisco.

550. **Les découvertes en Amérique.** — Les Danois et les Scandinaves avaient fréquenté les côtes du Groenland et du Canada, du xe au xve siècle; mais la découverte vraiment intentionnelle et scientifique de l'Amérique revient à **Christophe Colomb**, Génois (1492), et aux Espagnols de sa suite. **Amerigo Vespucci**, Florentin, lui ravit l'honneur de donner son nom au continent. — Après Colomb, *Pinzon*, *Balboa*, *Pizarre*, *Fernand Cortez*, Espagnols; *Cabral*, Portugais; puis *Cabot*, Vénitien; Jacques *Cartier* et *de la Salle*, Français; *Davis*, *Hudson*, *Baffin*, *Mackenzie* et d'autres Anglais achevèrent les découvertes, jusqu'à celle du passage Nord-Ouest, traversé par Amundsen, en 1905, mais malheureusement impraticable à la navigation.

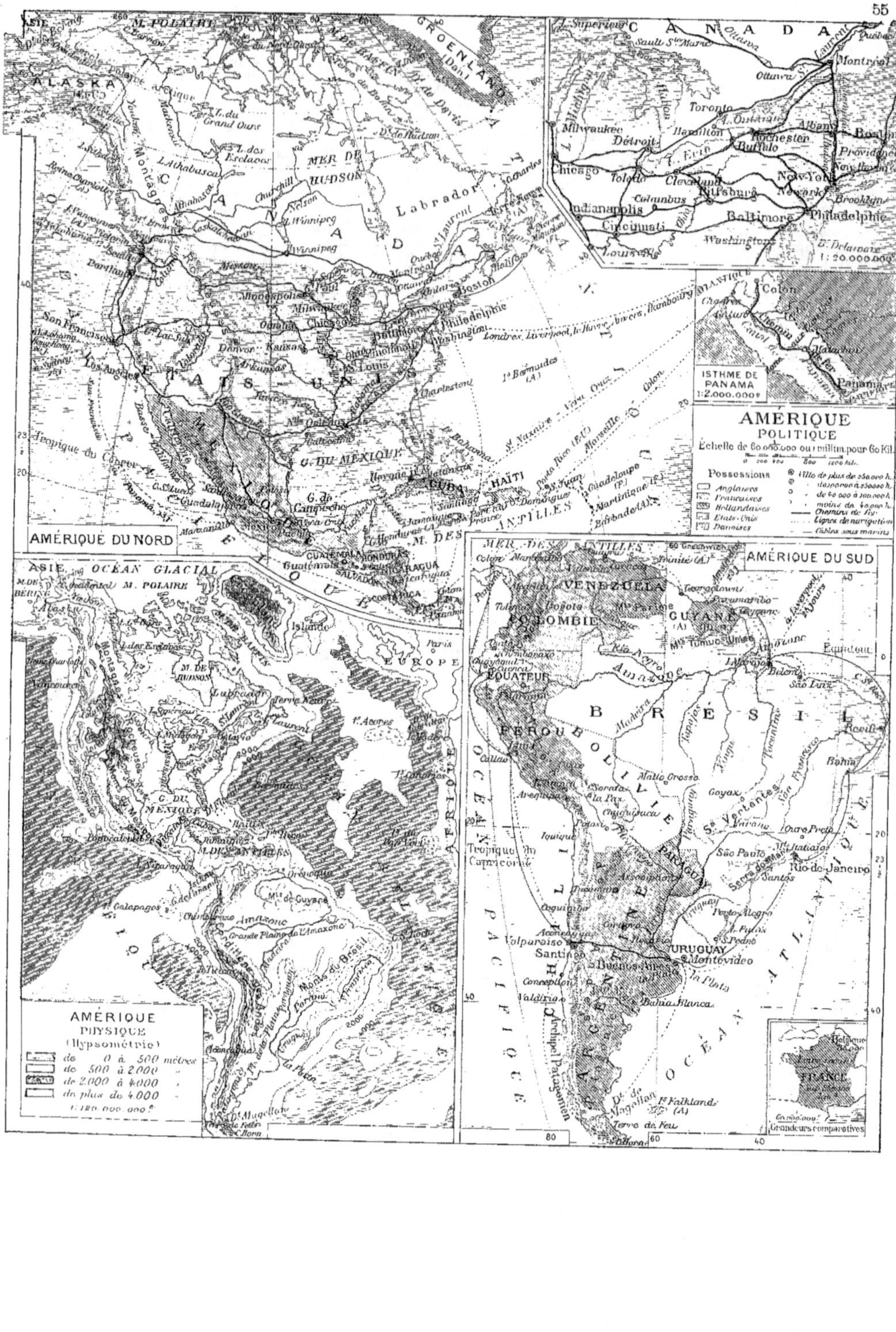
AMÉRIQUE DU NORD
AMÉRIQUE POLITIQUE
Échelle de 60.000.000 ou 1 millim. pour 60 Kil.
Possessions
Anglaises
Françaises
Hollandaises
Etats-Unis
Danoises
Chemins de fer
Lignes de navigation
Câbles sous marins
ISTHME DE PANAMA
1:2.000.000e
CANADA
1:20.000.000e
AMÉRIQUE DU SUD
AMÉRIQUE PHYSIQUE
(Hypsométrie)
de 0 à 500 mètres
de 500 à 2.000
de 2.000 à 4.000
de plus de 4.000
1:120.000.000e
Grandeurs comparatives
FRANCE
ALASKA
GROENLAND
MER DE HUDSON
Labrador
ÉTATS-UNIS
G. DU MEXIQUE
CUBA
HAÏTI
ANTILLES
VENEZUELA
COLOMBIE
GUYANE
ÉQUATEUR
BRÉSIL
PÉROU
BOLIVIE
PARAGUAY
URUGUAY
Rio-de-Janeiro
Montevideo
Buenos-Aires
Santiago
Valparaiso
Chicago
Philadelphie
Boston
Montréal
Québec
Toronto
Detroit
Buffalo
Cleveland
Baltimore
Washington
Cincinnati
Indianapolis
Columbus
Brooklyn
Providence
Colon
Panama
OCÉAN PACIFIQUE
OCÉAN ATLANTIQUE
Te de Feu
Is Falkland

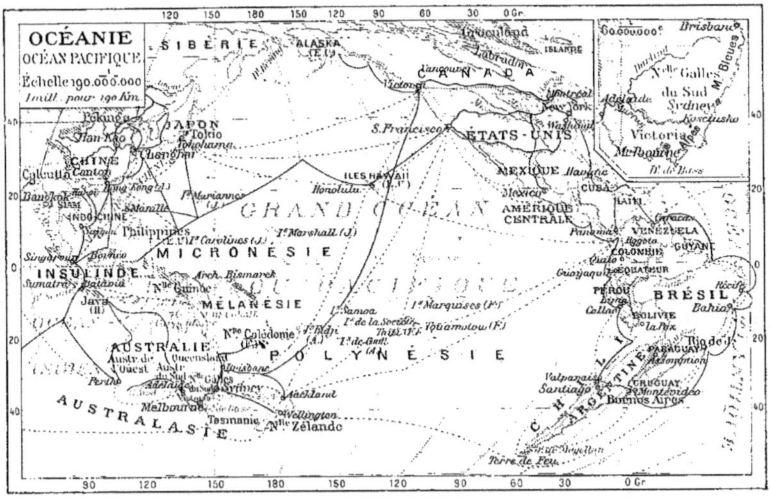

OCÉANIE

I. — Géographie physique.

551. **Caractères physiques.** 1° L'Océanie est caractérisée, comme son nom l'indique, par la *dispersion* de ses terres au milieu de l'Océan.

2° L'Australie, qui est la plus petite des masses continentales, a une *forme arrondie*, des contours peu sinueux, un *relief peu élevé*, et renferme de grands *déserts*.

3° Les petites îles de la Polynésie sont généralement *basses*, d'origine corallienne ou madréporique, c'est-à-dire construites par de petits animaux marins.

4° Les *terres antarctiques* forment un continent, où l'on a observé des monts de 3500 mètres ; mais, *enveloppées de glaces* et de brumes, elles sont peu accessibles et *inhabitables*. Toutefois, le Norvégien Amundsen est parvenu au Pôle Sud en 1911 et l'Anglais Scott en 1912.

552. L'**Océanie** est la cinquième Partie du monde. Elle se compose de l'*Australie*, petit continent, et d'une multitude d'îles et d'archipels répandus surtout dans le Grand Océan. — L'ensemble des terres a une *superficie* un peu inférieure à celle de l'Europe, soit 8960000 km carrés.

553. **Bornes.** L'Océanie s'étend à l'O. jusque vers l'Asie, l'Insulinde et l'océan Indien ; à l'E., jusque vers l'Amérique ; au S., jusque vers le cercle polaire austral.

554. **Divisions.** L'Océanie comprend trois grandes divisions naturelles :

1° L'Australasie, c'est-à-dire l'**Australie**, les îles de la **Tasmanie** et de la **Nouvelle-Zélande**

2° La Mélanésie (terre des noirs), formée de la **Nouvelle-Guinée** et des îles voisines ;

3° La Polynésie, comprenant la multitude des archipels orientaux.

555. **Mers.** La mer de *Corail* et la mer de la *Nouvelle-Zélande*.

Golfes. Celui de *Carpentarie*, au nord de l'Australie, et le golfe *Austral*, au sud.

Détroits. Le détroit de *Torrès*, entre l'Australie et la Nouvelle-Guinée ; le détroit de *Bass*, entre l'Australie et la Tasmanie.

Iles et archipels. On les énumère plus commodément dans les divisions politiques ci-après.

Montagnes. Les *Alpes australiennes* (mont Kosciusko, 2200 m.) et les montagnes *Bleues*, au S.-E. de l'Australie. — Les *volcans* sont nombreux dans la Nouvelle-Zélande et en Hawaii (Mauna Kéa, 4300 mètres d'altitude).

Le **fleuve** principal de l'Océanie est le *Murray*, grossi du *Darling*, dans l'Australie.

II. — Géographie politique.

556. **Population.** La *population absolue* de l'Océanie est d'environ 7500000 hab., et sa *population relative* de 0,8 hab. par kilom. carré.

557. **Races humaines.** L'Australasie est peuplée presque uniquement de *blancs*, qui sont surtout des Anglais. A peine 2 millions d'indigènes *noirs* ou de *teint clair* peuplent la Mélanésie et la Polynésie.

558. **Religions.** Le *catholicisme* et le *protestantisme* dominent en Australasie et en Polynésie, le paganisme en Mélanésie.

559. **Civilisation.** Les blancs de l'Australasie sont civilisés à l'européenne ; les autres chrétiens ont une civilisation moindre ; le reste de la population est plus ou moins sauvage.

560. **Gouvernements.** Les Blancs Australasiens et les Hawaiiens sont organisés en républiques ; les autres peuples forment de petites monarchies.

Les véritables **divisions politiques** de l'Océanie sont les possessions des Européens et des Américains.

561. Les Anglais possèdent : 1° l'**Australie**, la **Tasmanie** et la **Nouvelle-Zélande**, avec 7000000 d'hab. et formant plusieurs Etats très florissants ; villes et ports princ. : **Sydney**, 800., résidence du gouverneur général, et **Melbourne**, 700. ; *Adélaïde*, *Brisbane* ; — 2° les îles *Fidji* et de *Cook*, la moitié orientale de la *Nouvelle-Guinée*.

Les Etats australiens et la Tasmanie sont réunis en Confédération, avec Chambre et Sénat qui siègeront à Canberra, au N.-O. de Sydney.

L'Australie et la Nouvelle-Zélande, très riches en mines d'or, d'argent, de cuivre et de houille, en céréales et en pâturages nourrissant 15 millions de bêtes à cornes et 150 millions de moutons, sont devenues en peu d'années une puissance commerciale remarquable (4,5 milliards de fr.).

562. Les Hollandais possèdent la moitié occidentale de la Nouvelle-Guinée.

563. Les États-Unis se sont annexé les îles *Hawaii*, république, dont la capitale est *Honolulu*, port, exportation de sucre et relâche des paquebots transpacifiques.

564. Les Français possèdent les îles *Taiti* et *Marquises*, la *Nouvelle-Calédonie*, naguère lieu de déportation, riche en métaux, et les îles *Basses* ou *Touamotou*.

III. — Géographie économique.

565. **Climat.** Le climat de l'Océanie est généralement *tempéré et humide*, à cause des brises constantes de la mer ; toutefois il est torride et sec dans l'Australie intérieure, qui est désertique, ainsi que la Nouvelle-Guinée.

566. **Productions.** L'Australie est riche en *mines* d'or, d'argent et de houille, et possède des espèces végétales et animales particulières : pin araucaria, eucalyptus, lin de la Nouvelle-Zélande, — kangourou, ornithorynque, oiseaux de paradis, aptérix ou oiseau sans ailes, etc.

567. **Industrie et commerce.** L'Océanie produit des denrées tropicales ; l'Australasie, particulièrement, cultive des céréales, élève de nombreux bestiaux, exploite de riches mines. En conséquence, les produits exportés principalement en Europe sont :

L'*or*, l'argent, le cuivre, la houille, les viandes gelées, les *laines*, le froment et autres produits agricoles de l'Australasie ;

L'Océanie *importe* d'Europe des cotonnades et soieries, des vêtements, des wagons et machines, de la quincaillerie, de la houille, des vins et comestibles.

568. La *valeur* du commerce extérieur est de 5 milliards de francs ; il se fait surtout avec l'Angleterre, les Etats-Unis, l'Allemagne et la France.

L'Océanie n'a pas de cours d'eau navigable ; mais de nombreux ports et des chemins de fer étendus se trouvent dans l'Australie du sud-est.

Les principaux *ports* sont : *Melbourne*, *Sydney*, *Adélaïde* et *Auckland*, en Australasie.

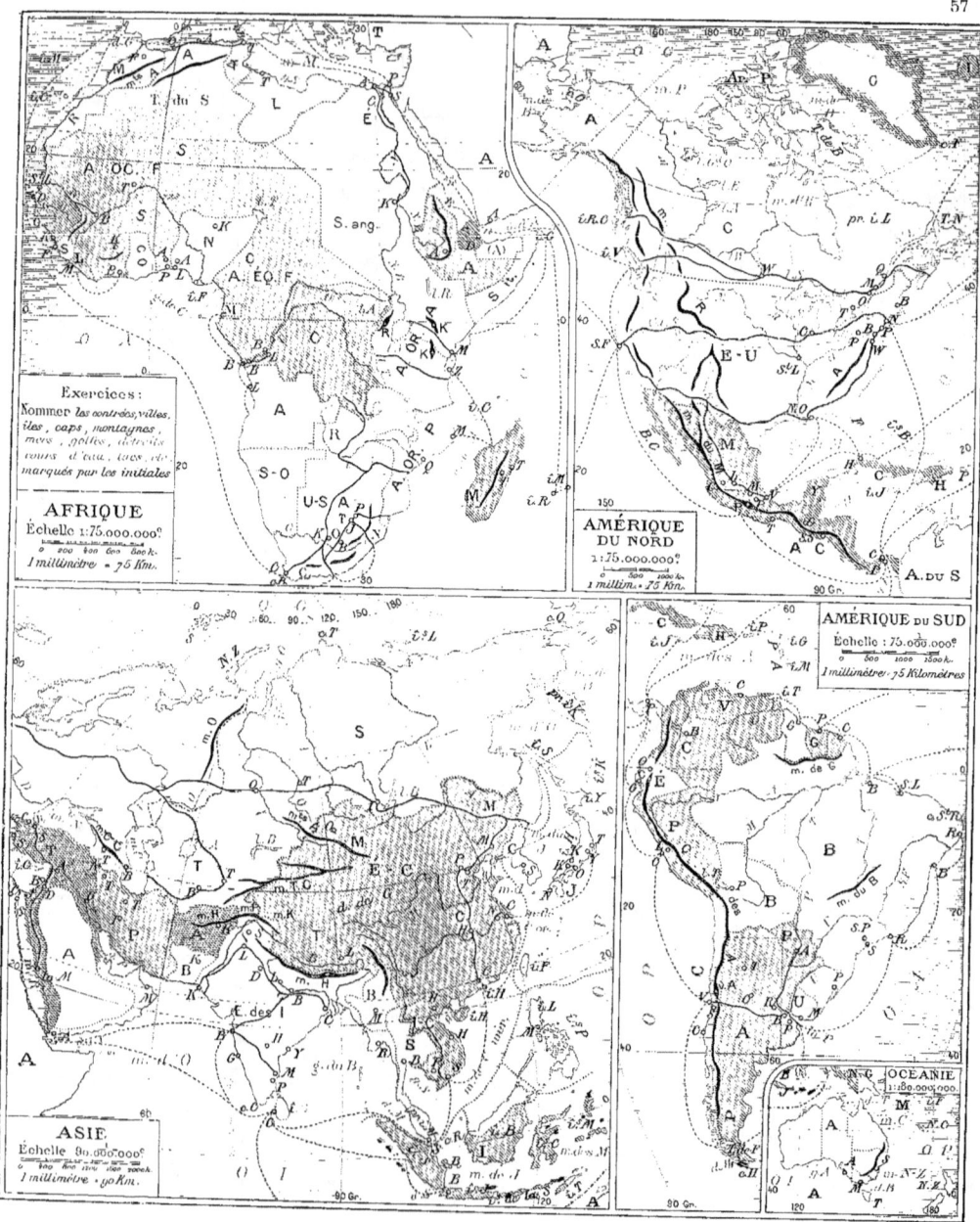

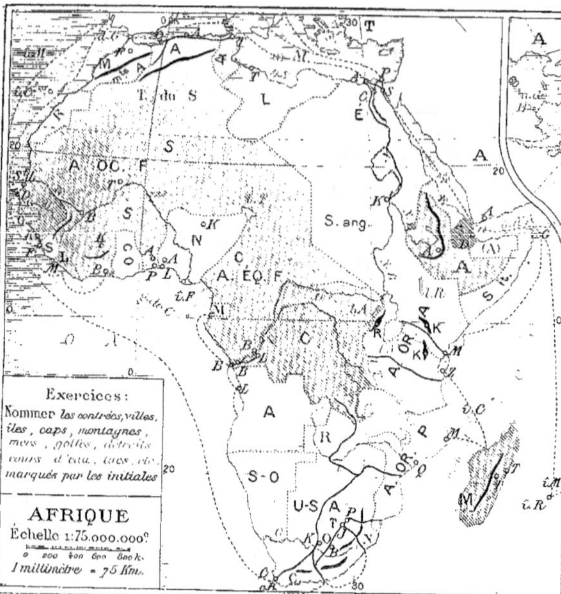
Exercices :
Nommer les contrées, villes, îles, caps, montagnes, mers, golfes, détroits cours d'eau, lacs, etc marqués par les initiales
AFRIQUE
Échelle 1:75.000.000e
1 millimètre = 75 Km.

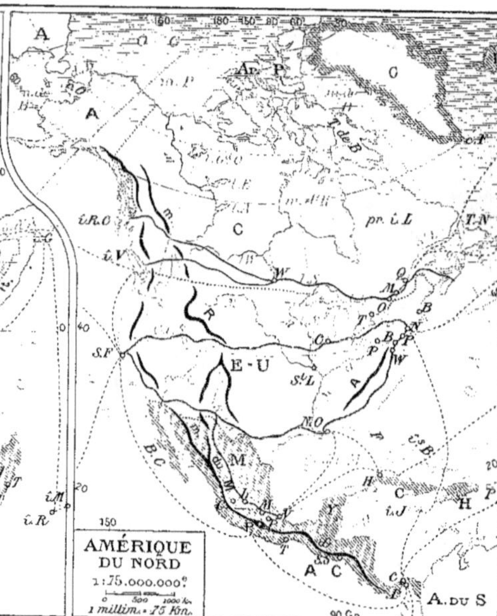
AMÉRIQUE
DU NORD
1:75.000.000e
1 millim. = 75 Km.

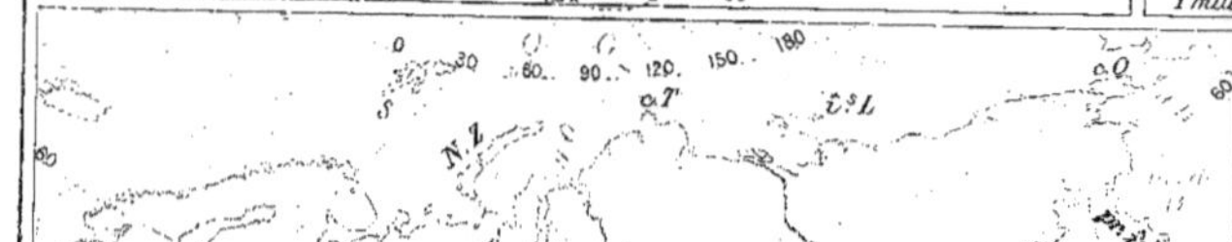
ASIE
Échelle 90.000.000e
1 millimètre = 90 Km.

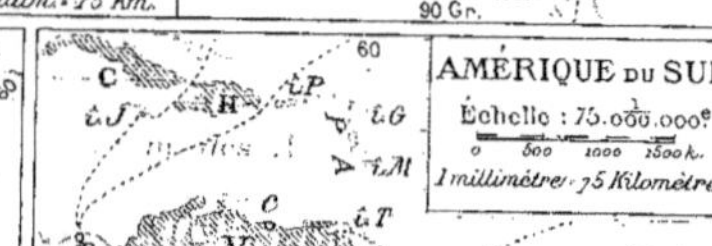
AMÉRIQUE DU SUD
Échelle : 75.000.000e
1 millimètre = 75 Kilomètres
OCÉANIE
1:180.000.000

LES TERRES POLAIRES

569. — On nomme **terres polaires** l'ensemble des *îles couvertes de glaces* et inhabitables, que l'on trouve dans les deux océans *Arctique* et *Antarctique* entourant les pôles.

Les deux **océans Glacials** sont circonscrits astronomiquement par les *cercles polaires* (66° 33'); mais physiquement ils dépassent ces cercles, surtout l'océan Antarctique, qui atteint généralement le 50e degré de latitude, et même le 45e, à la limite des glaces flottantes en été.

Ce sont les portions du globe les plus *inaccessibles*. Presque constamment gelées, couvertes de montagnes de glace (*icebergs :* en anglais, *ice*, glace; *berg*, montagne), de *banquises* (*bank-ice* ou *ice-field*, bancs ou champs de glace); plongées dans un brouillard épais, soumises au froid le plus intense et sillonnées de glaçons flottants, ces mers sont d'une navigation souvent impossible et toujours dangereuse. Leurs côtes inhospitalières sont devenues le refuge des *baleines*, des phoques et des ours blancs, que les pêcheurs poursuivent dans la bonne saison (juillet ou janvier), en s'avançant jusqu'au delà du 80e parallèle au nord et au sud.

570. Dans l'océan **Glacial du Nord**, les plus importantes **terres arctiques** sont : au nord de l'Europe, le *Spitzberg*, la Nouvelle-Zemble et l'archipel François-Joseph ; au nord de l'Asie, les îles *Liakow* et de la *Nouvelle-Sibérie*; mais les plus nombreuses sont au nord de l'Amérique : le *Groenland* (2000000 de km²), les terres de *Baffin*, de *Southampton*, de *Victoria*, du Prince-Albert, de Banks, de Melville, etc.; en outre, les terres de Grinnell, de Grant, de Hall, les plus septentrionales, formant le *canal de Kennedy*.

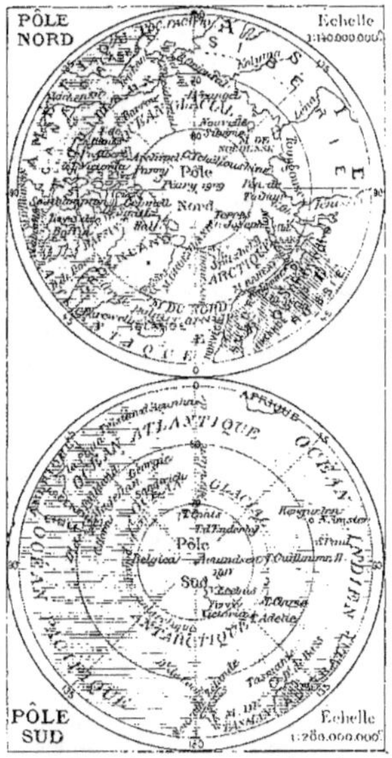

Au milieu de ces terres, les *détroits* d'Hudson, de Davis, de Smith, de Kennedy, conduisent vers le pôle; tandis que ceux de Lancaster, de Barrow, de Melville, de Mac-Clure et de Banks forment le *Passage du Nord-Ouest.*

Découvertes. — Des tentatives pour atteindre le *pôle Nord* ont été faites surtout par les Anglais et les Américains (capitaines Parry, John Ross, Franklin, Kane, Hayes). Le capitaine anglais Nares est parvenu, en 1876, jusqu'à 83°20'; le Suédois *Nansen*, en 1896, à 86°14', soit à 100 lieues du pôle, limite dépassée un peu en 1902 par l'expédition du duc des Abruzzes, italien; enfin, en 1909, *Peary*, Américain, atteignit ledit pôle.

Le **passage Nord-Ouest**, par le nord du Canada, longtemps cherché comme la route la plus courte d'Europe en Chine, a été traversé en traîneau en 1853, par *Mac-Clure* et *Mac-Clintock*, et en bateau, par *Amundsen*, norvégien, en 1905. Il est malheureusement impraticable à la navigation, — de même que le **passage Nord-Est**, par le nord de l'Asie. Celui-ci a été, en 1878-1879, parcouru à bord de la *Véga*, par le capitaine suédois Nordenskiold, et en 1915 par le russe Vilkitsky.

Pour **l'Océan antarctique**, c'est l'illustre capitaine Cook, anglais, qui fit vers 1772, en trois voyages, la circumnavigation complète des îles océaniennes, et des massifs glacés entourant le cercle polaire. En 1842, l'Anglais James Ross s'avança jusqu'à 78°10', où il découvrit la terre *Victoria* et le volcan *Erebus;* de là, en 1902, Scott parvint au 82e degré.

Continent antarctique. — En 1908, un autre Anglais, *Shakleton*, s'avança jusqu'à 88°23', et en 1911, le Norvégien *Amundsen* parvint au **pôle sud**, à travers un plateau montagneux couvert de neige, reconnaissant par là même le *continent austral*, dont l'étendue peut égaler celle de l'Amérique du Sud. Depuis longtemps on le soupçonnait par la découverte des côtes telles que la terre *Victoria*, précitée, et les terres *Adélie, Clarie* et *Guillaume II*, au sud de l'Australie; les terres d'*Enderby* et de *Coats*, au sud de l'Afrique; mais la terre de *Graham*, au sud de l'Amérique, est reconnue comme un archipel contenant les îles *Louis-Philippe* et *Alexandre*, et celles formant le détroit de la *Belgica*.

PLANISPHÈRE

RELATIONS INTERCONTINENTALES

571. **Grands ports.** Les principaux ports de commerce du monde, par ordre d'importance, sont :

New-York, Londres et *Liverpool*, qui font chacun annuellement pour environ 6 milliards d'affaires; *Hambourg*, en Allemagne; *Anvers*, en Belgique; *Rotterdam*, en Hollande; Marseille et le Havre, en France; Hull, Glasgow, Southampton, en Angleterre; Singapore, Calcutta, Bombay, aux Indes; *Hong-kong*, Changhaï, Canton, en Chine; Osaka et Yokohama, au Japon; Melbourne et Sydney, en Australie.

572. Les **services réguliers à vapeur** *les plus importants* de l'Europe sont :

1° *Vers l'Amérique :*

Les *lignes du Canada*, ou de Liverpool et Glasgow à Québec et Montréal.

Les *lignes de New-York*, partant de Londres, de Liverpool, de Glasgow, de Southampton, de Hambourg, de Brême, d'Anvers, du Havre. Chacun de ces ports a son service direct pour New-York. Comme *services annexes* de prolongement, des bateaux partent de New-York pour La Havane, La Nouvelle-Orléans, Vera-Cruz ou Colon (canal de Panama).

Les *lignes directes de l'isthme de Panama*, partant de Liverpool, de Southampton et de Saint-Nazaire pour les Açores, Saint-Thomas (Antille danoise) et Colon (canal de Panama).

De Panama, les services se continuent au N. vers Manzanillo, San Francisco et Victoria (île Vancouver); au S. vers Guayaquil, Callao et Valparaiso.

Les *lignes du Brésil et de la Plata*, partant de Liverpool, de Southampton, de Bordeaux, pour Lisbonne, Madère, les Canaries, l'île Saint-Vincent (du Cap-Vert), Recife, Rio de Janeiro, Montevideo, Buenos Aires.

2° *Vers l'Afrique occidentale et méridionale :*

Les *lignes des côtes de Guinée*, partant de Liverpool, Hambourg, Le Havre, Bordeaux, touchant à Lisbonne, Madère, Ténériffe, Dakar, Freetown, Liberia, Lagos, le Gabon, le Congo, l'Angola.

La *ligne du Cap*, partant de Plymouth pour Rio Janeiro et Le Cap, avec retour par Sainte-Hélène, l'Ascension et les Canaries.

3° *Vers l'Asie et l'Océanie :*

La *grande ligne des Indes*, partant de Southampton pour Gibraltar, Malte, Alexandrie, Suez, Aden, Bombay, — ou Aden, Colombo (Ceylan), Madras, Calcutta et Rangoun.

Les lignes annexes d'Aden aux îles Madagascar et Bourbon.

La *grande ligne de la Chine et du Japon*, de Southampton ou de Marseille par Aden, Colombo, Poulo-Pinang, Singapore, Saïgon, Hong-kong, Changhaï et Yokohama, avec correspondance pour San Francisco.

Les lignes annexes de *Singapore à Batavia* et aux Moluques, et de *Colombo à Melbourne* et Sydney, avec correspondances pour la Nouvelle-Zélande, les îles Fidji, la Nouvelle-Calédonie et Panama, — ou l'île Hawaii et San Francisco.

573. **Télégraphes intercontinentaux.** Les principales lignes télégraphiques intercontinentales, qui relient l'Europe aux contrées les plus lointaines, sont : .

Dans l'Atlantique :

1° Les six *câbles* télégraphiques *sous-marins anglais* qui, partant de l'île Valentia (Irlande), aboutissent à Terre-Neuve, d'où ils communiquent avec le Canada et les États-Unis.

2° Les deux *câbles sous-marins français*, qui vont de Brest, l'un à Dakar (Afrique occidentale), l'autre à Saint-Pierre, près Terre-Neuve, de là à Boston (États-Unis). Un troisième câble va du cap Saint-Mathieu à New-York.

3° Le *câble anglo-portugais* qui relie Lisbonne, par les îles Madère, à Rio de Janeiro (Brésil).

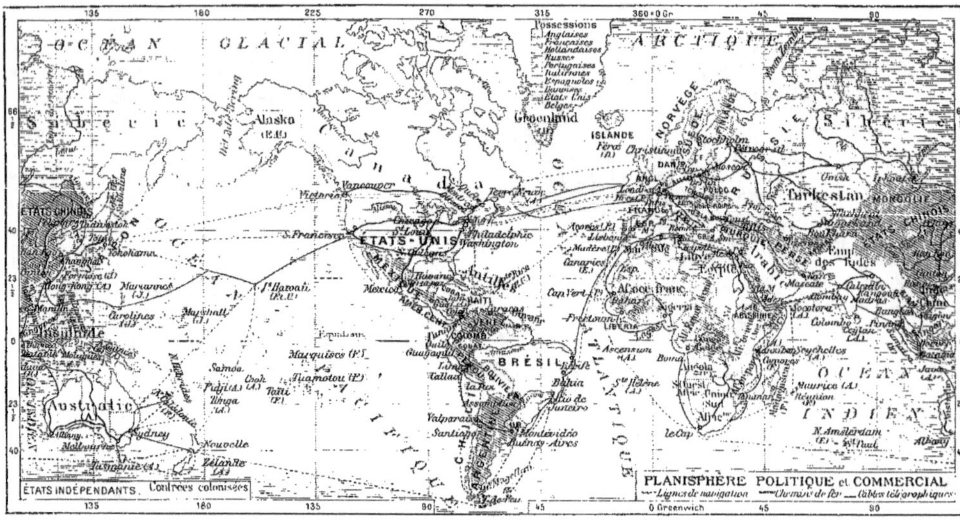

Dans l'océan Indien et le Pacifique :

4° Le *câble anglais* qui, partant de Falmouth, va à Gibraltar, Malte, Suez, Aden, Bombay; — par terre, de Bombay à Calcutta et Madras; — par mer, de Madras à Pinang, Singapore, Saïgon, Canton, Changhaï et Yokohama (Japon).

5° La ligne de Singapore à Batavia et Port-Darwin (Australie), d'où elle va par terre à Melbourne et à Sydney, par mer à la Nouvelle-Zélande.

6° Le câble américain de San Francisco à Manille.

A travers l'Ancien Continent :

7° La *ligne russe*, de Pétrograd Moscou Kasan, Perm, traversant la Sibérie par Omsk Irkoutsk, le fleuve Amour, Vladivostok, continuée par un câble sous-marin jusqu'au Japon.

8° La *ligne anglaise de l'Inde* par terre, de Constantinople à Bassora, de là par mer à la côte de l'Inde.

574. **Chemins de fer transcontinentaux.**

1° De Paris à Péking par Berlin, Pétrograd, Moscou, l'Oural, Irkoutsk, Vladivostok (Transsibérien), Moukden en Mandchourie.

En Amérique : 2° D'Halifax, par Montréal, à Vancouver. — 3° De New-York, par Chicago, à San Francisco. — 4° De Buenos Aires à Valparaiso, etc.

LA PALESTINE

I. La Palestine

575. **Situation géographique.** La **Palestine** est une petite contrée, située au centre de l'ancien monde, dans l'Asie occidentale, sur les bords de la Méditerranée et dans le voisinage de l'isthme de Suez et de l'Afrique.

C'est là que se sont passés les grands faits de l'histoire du peuple de Dieu et de la vie de Notre-Seigneur Jésus-Christ, et c'est pourquoi la connaissance de cette contrée intéresse tous les chrétiens.

576. **Bornes.** La Palestine ancienne était bornée: au nord, par la Phénicie et la Syrie; à l'est, par le désert de Syrie; au sud, par le désert d'Arabie; à l'ouest, par le pays des Philistins et par la Méditerranée, que les Hébreux appelaient la *grande Mer*, ou la mer occidentale.

577. **Etendue.** La superficie de la Palestine égale à peu près celle de trois départements français; elle s'étend du nord au sud sur une longueur d'environ 50 lieues et sur une largeur de 20 à 30 lieues.

578. **Population.** La Palestine compte environ 500 000 habitants, parmi lesquels il y a peu de juifs et moins encore de chrétiens catholiques. La plupart sont des Arabes et des Turcs mahométans, ou des Grecs schismatiques.

579. **Divers noms de la Palestine.** Elle s'appela *terre de Chanaan*, à cause des peuples issus de *Chanaan*, fils de Cham. — *Terre promise*, parce que Dieu la promettait à Abraham, Isaac et Jacob, comme héritage pour leurs descendants. — *Terre d'Israël*, lorsque les enfants de Jacob ou *Israël* en eurent fait la conquête. — *Judée*, parce que les Juifs appartenaient surtout à la tribu de Juda. — Les Grecs et les Romains la nommèrent *Palestine*, parce qu'elle comprenait alors le *pays des Philistins* ou *Palestins*. — Nous l'appelons aujourd'hui la *Terre Sainte*, parce qu'elle a été sanctifiée par la vie et la mort de N.-S. Jésus-Christ.

II. Géographie physique

580. **Aspect physique.** La Palestine est une région généralement *montagneuse*, excepté dans la *plaine* qui borde la Méditerranée; elle est sillonnée du nord au sud par la *vallée* large et profonde du Jourdain. — Son *sol* est très fertile et son *climat* salubre. — Elle nourrissait autrefois plusieurs millions d'habitants; mais elle est aujourd'hui dépeuplée et inculte.

581. **Montagnes.** Les montagnes forment deux chaînes, séparées par la vallée du Jourdain, et se rattachant au nord aux monts *Liban*, célèbres par leurs belles forêts de cèdres.

Dans la *chaîne orientale*, on rencontre du nord au sud : le *mont Galaad*, dont le nom, qui signifie *monceau du témoignage*, vient d'un monument de pierre que Jacob et Laban y élevèrent; le *mont Nébo*, d'où Moïse, avant de mourir, contempla la terre promise.

Dans la *chaîne occidentale*, on rencontre du nord au sud : le *mont Thabor*, où s'est transfiguré Jésus-Christ; le *mont Carmel*, où se cacha le prophète Élie; le *mont Gelboé*, où périrent Saül et Jonathas; le *mont Garizim*, où les Samaritains élevèrent un temple pour ne plus aller adorer à Jérusalem.

Dans Jérusalem, on trouve le *mont Moria*, célèbre par le sacrifice d'Abraham et par le temple de Salomon, qui est remplacé aujourd'hui par la mosquée d'Omar; et le *mont Golgotha*, ou *Calvaire*, témoin de la mort du Sauveur; à l'est de Jérusalem, le *mont des Oliviers*, d'où Jésus-Christ monta au ciel.

582. **Versant de la Méditerranée.** La Méditerranée reçoit : le *Léontès*, qui descend du Liban; le torrent de *Kison*, qui rappelle la victoire de Débora et le massacre des prêtres de Baal; le torrent de *Sorec*, où Samson fut livré aux Philistins par Dalila; le torrent de *Bésor*, où David poursuivit les voleurs de Siceleg.

583. **Bassin de la mer Morte.** La mer Morte reçoit le *Jourdain* et plusieurs torrents, dont les plus célèbres sont : le torrent de *Carith*, qui rappelle la famine du temps du prophète Élie; le *Cédron*, qui coule auprès de Jérusalem, dans la vallée de Josaphat, et qui fut traversé par David, chassé de sa capitale, et par Notre-Seigneur après la trahison de Judas; l'*Arnon*, à la limite de la Palestine au sud-est.

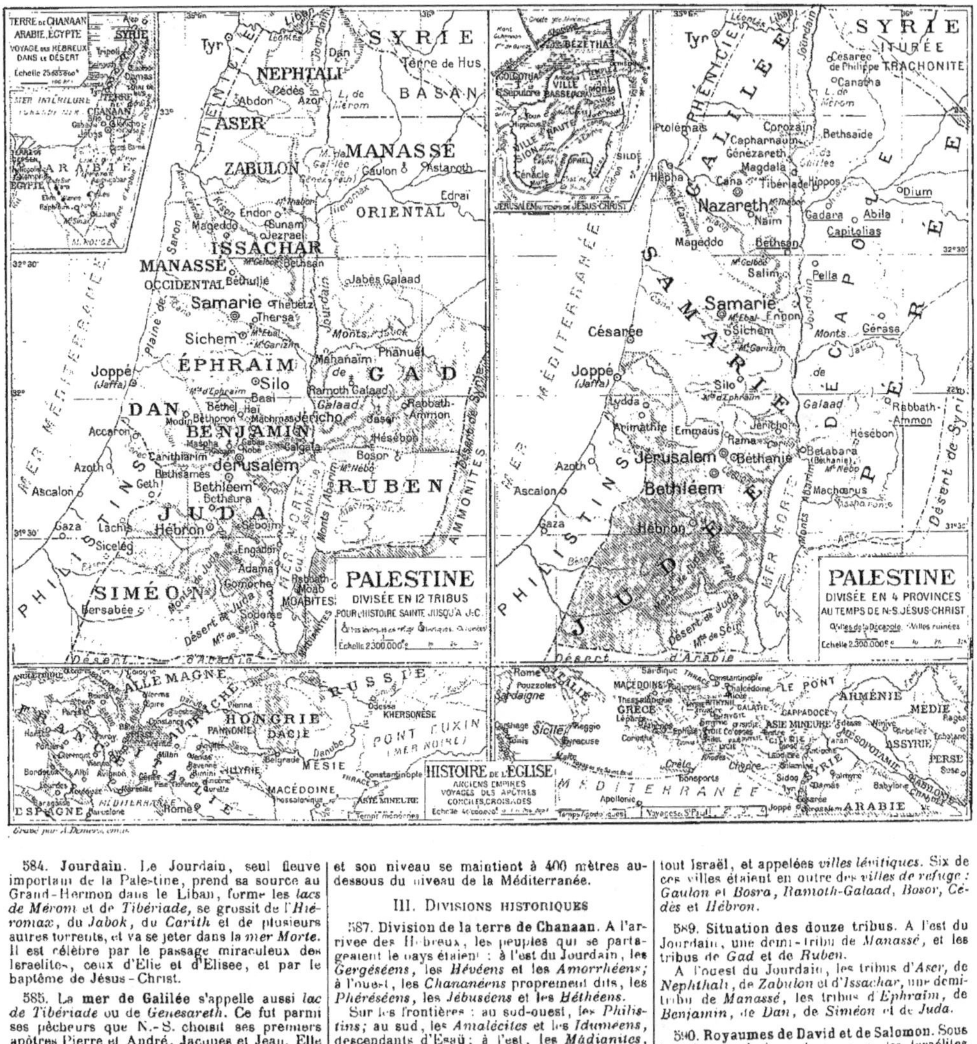

Gravé par A. Demerx

584. **Jourdain.** Le Jourdain, seul fleuve important de la Palestine, prend sa source au Grand-Hermon dans le Liban, forme les *lacs de Mérom* et de *Tibériade,* se grossit de l'*Hiéromax*, du *Jabok*, du *Carith* et de plusieurs autres torrents, et va se jeter dans la *mer Morte*. Il est célèbre par le passage miraculeux des Israélites, ceux d'Élie et d'Élisée, et par le baptême de Jésus-Christ.

585. La **mer de Galilée** s'appelle aussi *lac de Tibériade* ou de *Genesareth*. Ce fut parmi ses pêcheurs que N.-S. choisit ses premiers apôtres Pierre et André, Jacques et Jean. Elle rappelle la pêche miraculeuse de saint Pierre, et un grand nombre d'autres miracles du Sauveur.

586. La **mer Morte** occupe la vallée où s'élevaient les villes maudites de Sodome et Gomorrhe. Elle est appelée *mer Morte,* parce que ses eaux épaisses sont immobiles et que les poissons ne peuvent y vivre; *lac Asphaltite*, à cause de l'asphalte ou bitume qu'elle renferme. Cette mer n'a pas d'écoulement vers l'Océan. Ses eaux se perdent par évaporation, et son niveau se maintient à 400 mètres au-dessous du niveau de la Méditerranée.

III. Divisions historiques

587. **Division de la terre de Chanaan.** A l'arrivée des Hébreux, les peuples qui se partageaient le pays étaient : à l'est du Jourdain, les *Gergéséens*, les *Hévéens* et les *Amorrhéens;* à l'ouest, les *Chananéens* proprement dits, les *Phéréséens*, les *Jébuséens* et les *Héthéens*.

Sur les frontières : au sud-ouest, les *Philistins;* au sud, les *Amalécites* et les *Iduméens*, descendants d'Esaü; à l'est, les *Madianites*, descendants de Madian; les *Moabites* et les *Ammonites*, descendants de Loth.

588. **Partage de la terre promise.** Les descendants de Jacob formaient *treize tribus*, la tribu de Joseph étant remplacée par celle de ses deux fils, Ephraïm et Manassé.

Josué partagea la terre promise entre douze des treize tribus issues de Jacob.

A la tribu de Lévi, consacrée au sacerdoce, on donna quarante-huit villes disséminées dans tout Israël, et appelées *villes lévitiques*. Six de ces villes étaient en outre des *villes de refuge : Gaulon* et *Bosra*, *Ramoth-Galaad*, *Bosor*, *Cédès* et *Hébron*.

589. **Situation des douze tribus.** A l'est du Jourdain, une demi-tribu de *Manassé*, et les tribus de *Gad* et de *Ruben*.

A l'ouest du Jourdain, les tribus d'*Aser*, de *Nephthali*, de *Zabulon* et d'*Issachar*, une demi-tribu de *Manassé*, les tribus d'*Ephraïm*, de *Benjamin*, de *Dan*, de *Siméon* et de *Juda*.

590. **Royaumes de David et de Salomon.** Sous les règnes glorieux de ces rois, les Israélites étendirent leur domination de la Méditerranée à l'Euphrate et du golfe Arabique au nord de la Syrie. Ils avaient pour tributaires : les Syriens, les Philistins, les Amalécites, les Iduméens, les Madianites, les Moabites et les Ammonites. Mais, vers la fin du règne de Salomon, ceux-ci reprirent leur indépendance.

591. **Schisme. Royaumes d'Israel et de Juda.** Après la mort de Salomon, dix tribus, s'étant

COSMOGRAPHIE

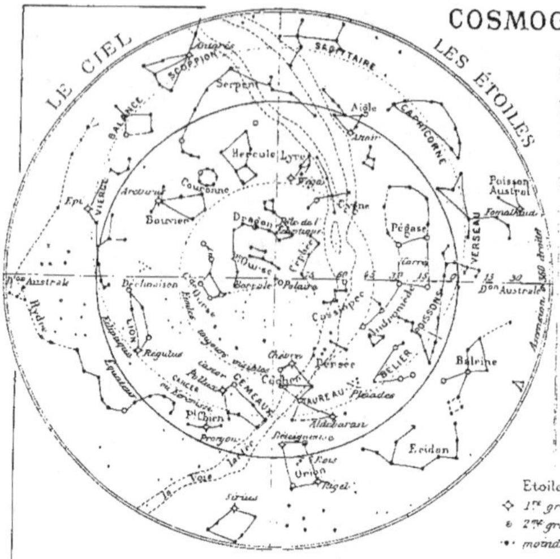

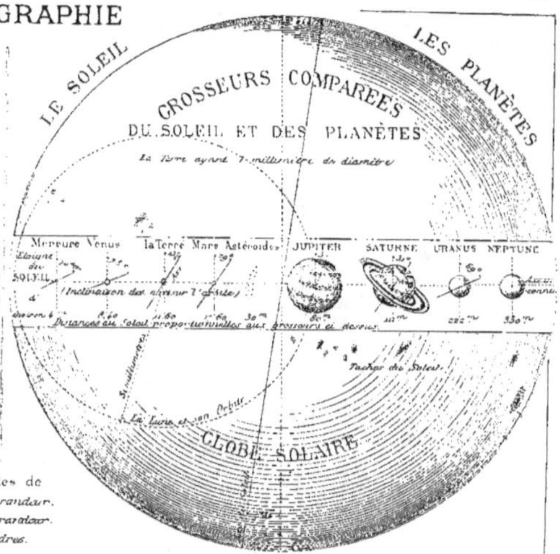

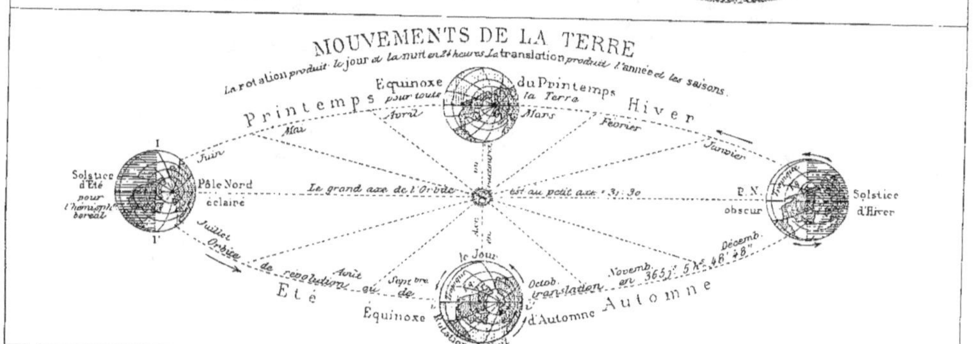

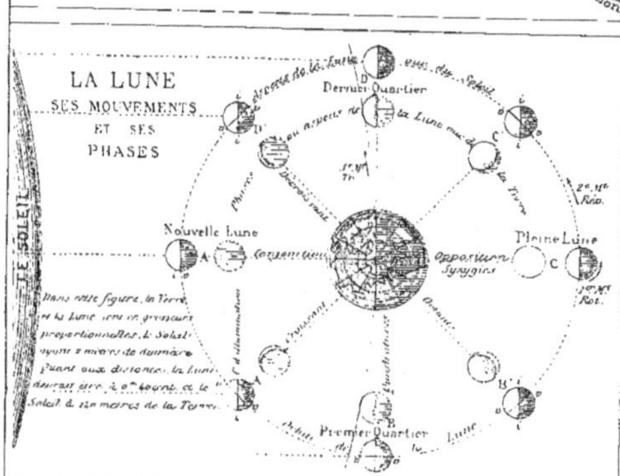

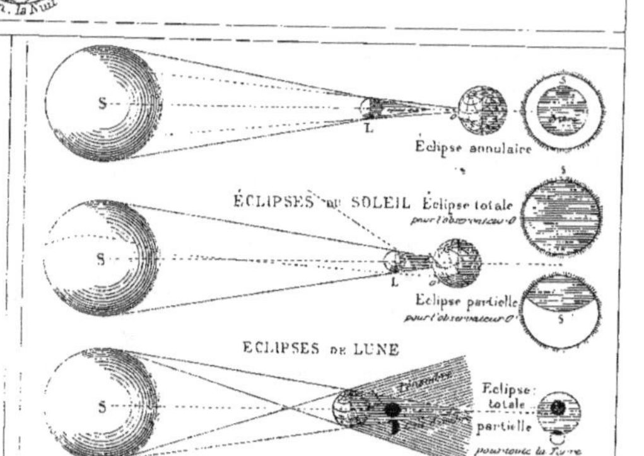

révoltées contre son fils Roboam, formèrent au nord le *royaume d'Israël*, qui eut successivement pour capitale Sichem, Therza et Samarie. Les tribus de Juda et de Benjamin, restées fidèles, formèrent au sud le *royaume de Juda*, qui conserva Jérusalem pour capitale.

Le royaume d'Israël fut détruit l'an 718 avant J.-C., par Salmanasar, roi d'Assyrie, et celui de Juda, l'an 608 avant J.-C., par Nabuchodonosor.

IV. PROVINCES ET VILLES

592. **Division en quatre provinces.** Au retour de la captivité de Babylone, la Palestine forma quatre provinces qui existaient encore du temps de Notre-Seigneur : à l'ouest du Jourdain, la *Galilée*, la *Samarie* et la *Judée*; à l'est, la *Pérée*, qui comprenait l'Iturée, la Trachonite, etc.

593. **La Galilée.** La Galilée comprenait le territoire de quatre des anciennes tribus : Aser, Nephthali, Zabulon, Issachar. La partie nord était appelée la *Galilée des gentils*, à cause du grand nombre de païens qu'elle renfermait.

Villes. *Dan*, où Jéroboam fit placer le veau d'or. — *Capharnaüm*, où J.-C. guérit la bellemère de saint Pierre, le serviteur du centenier, et ressuscita la fille de Jaïre. — *Cana*, où il fit son premier miracle. — *Nazareth*, patrie de la très sainte Vierge, et séjour de J.-C. jusqu'à son baptême. — *Naïm*, où le Fils de Dieu ressuscita le fils unique d'une veuve.

594. **La Samarie.** La Samarie comprenait à peu près la demi-tribu occidentale de Manassé et la tribu d'Ephraïm.

Villes. *Samarie*, autrefois capitale du royaume d'Israël, bâtie sur une montagne, fut détruite par Salmanasar et rebâtie par Hérode le Grand, qui lui donna le nom de Sébaste. — *Sichem* devint aussi la capitale du royaume d'Israël. C'est près de Sichem qu'était le puits de Jacob, où J.-C. convertit la Samaritaine. — *Silo*, où Josué fit le partage de la terre promise; l'arche et le tabernacle y furent longtemps conservés. — *Ennon*, où saint Jean baptisait. — *Césarée*, bâtie par Hérode, où saint Paul fut retenu prisonnier, et Corneille baptisé par saint Pierre.

595. **La Judée.** Sous le nom de Judée, on comprend quelquefois toute la Palestine; mais la *Judée* proprement dite renfermait les tribus de Juda, de Benjamin, de Dan et de Siméon.

Jérusalem, 65., fut d'abord appelée Salem, où habitait Melchisédech. Sous les Jébuséens, elle prit le nom de Jébus, et fut soumise par David, qui en fit sa capitale. Salomon y fit construire un temple magnifique. Après sa mort, Jérusalem fut la capitale du royaume de Juda. Elle fut ruinée par Nabuchodonosor, et le temple livré aux flammes. Rétablie après la captivité, elle fit mourir le divin Sauveur et fut détruite par les Romains, l'an 70, après un siège où périrent 1 100 000 Juifs.

Autres villes. *Béthanie*, près de Jérusalem, où J.-C. ressuscita Lazare. — *Bethléem*, célèbre par la naissance de J.-C. — *Hébron*, où l'on montre encore les tombeaux d'Abraham et de Sara. Patrie de saint Jean-Baptiste. — *Galgala*, où les Israélites, après avoir traversé le Jourdain, construisirent un monument; Elie sortait de Galgala, quand il fut enlevé au ciel. — *Jéricho*, la *ville des Palmes*, fut la première ville prise par Josué. Elisée y assainit les eaux d'un ruisseau, et N.-S. y guérit un aveugle. — *Béthel*, la *maison de Dieu*, fut ainsi nommée par Jacob, après sa vision de l'échelle mystérieuse. Jéroboam y fit dresser un veau d'or. — *Emmaüs*, où J.-C. ressuscité apparut à deux de ses disciples. — *Joppé* ou Jaffa, où Jonas s'embarqua pour fuir à Tharsis : saint Pierre y ressuscita une femme. Jaffa est reliée par un chemin de fer à Jérusalem.

596. **La Pérée.** La Pérée comprenait toute la partie de la Palestine située à l'est du Jourdain, c'est-à-dire les tribus de Ruben, de Gad et de Manassé orientale.

Villes. *Corozaïn*, près du lac de Tibériade, connue par les reproches qu'elle s'attira pour avoir dédaigné la prédication de Jésus-Christ. — *Gadara*, qui devint sous les Romains la métropole de la Pérée. — *Pella*, où les premiers chrétiens se retirèrent après avoir quitté Jérusalem assiégée. — *Phanuel*, où Jacob lutta avec un ange. — *Béthanie*, sur la rive gauche du Jourdain, où saint Jean baptisait.

597. **La Décapole** était une confédération composée de dix villes situées dans la Pérée : *Philadelphie*, *Gadara*, *Gérasa*, *Bethsan*, etc., Scythopolis, etc.

598. **La Phénicie.** La Phénicie, ou pays des Phéniciens, se rattache à la Galilée, dont elle forme la partie maritime. *Saint-Jean-d'Acre*, ou Ptolémaïs, a joué un grand rôle dans les croisades. — *Sour*, autrefois *Tyr*, et *Saïda*, autrefois *Sidon*, furent célèbres par leur commerce et leurs richesses.

599. **Le pays des Philistins** forme la zone maritime de la Judée. On y remarque : *Azoth*, où fut transporté le diacre Philippe; *Ascalon*, célèbre au temps des croisades, et *Gaza*, dont Samson enleva les portes sur ses épaules.

COSMOGRAPHIE

600. La **Cosmographie** est la science qui s'occupe des *astres*.

Les **astres** sont des corps célestes de forme sphérique et circulant dans l'espace. — On distingue le *Soleil* et les *Etoiles*, qui sont des astres lumineux par eux-mêmes; la *Terre*, la *Lune* et les *planètes*, qui empruntent leur lumière au Soleil.

Les **étoiles** sont des astres brillants et très volumineux, comme le Soleil; mais leur grand éloignement nous les fait paraître beaucoup plus petits. Leur nombre est incalculable.

601. Le **Soleil** est environ treize cent mille fois plus gros que la Terre. Il produit la chaleur et la **lumière**, qu'il nous envoie directement.

Le Soleil tourne sur lui-même et *fait tourner* autour de lui la Terre et les planètes. Son

SYSTEME DE COPERNIC

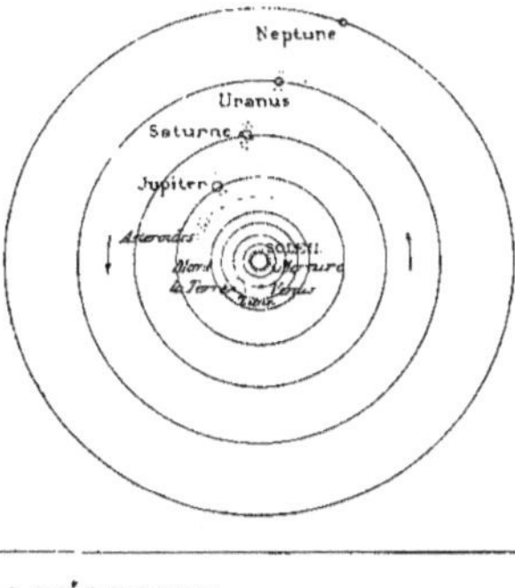

mouvement autour de la Terre n'est qu'apparent.

602. Les **planètes** circulent autour du Soleil. Les principales sont : *Mercure*, *Vénus*, la *Terre*, *Mars*, *Jupiter*, *Saturne*, *Uranus* et *Neptune*.

603 La **Lune** est quarante-neuf fois plus petite que la Terre. Elle brille pendant la nuit, en nous renvoyant la lumière qu'elle reçoit du Soleil.

La Lune tourne autour de la Terre, en même temps que la Terre l'entraîne autour du Soleil. Elle se présente à nos yeux sous quatre *phases* ou figures différentes : Nouvelle lune, Premier quartier, Pleine lune et Dernier quartier.

604. **Eclipses.** Il y a *éclipse* ou disparition momentanée *du Soleil*, quand la Lune s'interpose entre lui et la Terre, — et *éclipse de Lune* lorsque la Terre se place de manière à empêcher le Soleil de l'éclairer. L'éclipse est totale ou partielle.

TABLE ALPHABÉTIQUE *(Les chiffres indiquent les numéros à consulter.)*

Aa 198.
Aar 368, 406.
Abbeville 107, 183, 200, [214.
Abéokuta 508.
Abomey 338, 507.
Abyssinie, 342, 496, 506.
Aconcagua 524.
Açores 426, 494, 510, 572.
Adélaïde 561, 568.
Adélie 570.
Aden 342, 388, 466, 483, 487, 493, 572, 573.
Addis-Abéba 506.
Adige 368.
Adour 85, 117, 169.
Adrar 336.
Adriatique 356, 458.
Affrique (Sainte-) 277.
Afrique 71, 72, 73, 205, 337, 339, 489, 496, 507, 508, 510.
Afghanistan 482.
Agde 118.
Agen 115, 144, 152, 195, [278.
Ahaggar 336.
Ahun 264.
Aïachi 326.
Aiguesmortes 102, 294
Aiguilles 495.
Ain 119, 120, 302.
Aïn-Sefra 329, 331.
Aïr 336.
Aire 152, 282.
Aisne 106, 109, 197, 212.
Aisne à la Marne 198.
Aix 84, 128, 144, 149, 152 178, 180, 319.
Aix-la-Chapelle 394.
Aix-les-Bains 312.
Ajaccio 87, 121, 152, 325.
Alais 120, 180, 294.
Aland 359.
Alaska 523, 530.
Albanie 379, 451.
Albert 499.
Albertville 160 163, 312.
Albi 116, 152, 291.
Alençon 113, 183, 235.
Aléoutiennes 523.
Alep 483.
Alexandre 570, 572.
Alexandrie 506, 515.
Alfortville 208.
Alger 144, 149, 152, 159, 329, 330, 333, 507, 515.
Algérie 159, 205, 327, 507.
Alicante 426.
Alise 304.
Allemagne 104 164, 205, 363, 379, 393, 452, 453 454, 455, 456, 457, 459.
Allier 112, 113, 197, 262.
Allyre (Saint-) 268.
Alpes 78, 90, 91, 95, 100 101, 102, 163, 176, 310, 313, 363, 367, 556.
Alpes (Basses-) 321.
Alpes (Hautes-) 130, 180, 316.
Alpes-Maritimes 101, 121, 322, 323.
Alsace 91, 100, 104, 124, 126, 128, 169.
Alsace-Lorraine 227.
Altaï 468.
Amand (Saint-) 259.
Amazone 526.
Ambert 268.
Ambès 84, 115.
Amboise 256.
Amérique 71, 72, 73, 350, 530, 531, 533, 535.
Amiens 107, 128, 144, 152, 159, 182, 183, 191, 214.
Amour 470, 573.
Amsterdam 389, 458.
Anatolie 467.
Ancenis 244
Ancône 458.
Andelys 108, 232.
Andes 524.
Andrinople 443.
Angers 113, 128, 144, 152, 178, 183, 194, 246.
Angleterre 204, 205, 206, 349, 379, 380, 381, 452, 453, 454, 455, 456, 457, 459.
Anglo-Normandes 82.
Angola 426, 510, 572.
Angoulême 114, 128, 152, 185, 194, 271.
Angoumois 90, 99, 126, 128, 169, 270.
Anjou 100, 126, 128, 245.
Ankaratra 340.
Annam 314, 346, 481.
Annecy 122, 152, 311.
Annonay 185, 295.
Antarctique 569, 570.
Antarctie 569, 570.
Antibes 86.
Antilles 205, 331, 383, 391, 522, 523, 534.
Antioche 81.
Anvers 106, 164, 385, 438 571, 572.
Anzin 90, 180, 217.
Apennins 363.
Appalaches - Alléghanys 524.
Apt 318.
Arabes 326, 327, 473, 474, 483.
Arabie 440, 462, 465, 467, [483.
Aral 471.
Aran 115.
Ararat 468.
Arbois 309.
Arc 312.
Arcachon 85, 274. [466.
Archipel 356, 359, 458.
Archipel polaire 523.
Arcis-sur-Aube 108, 219.
Arctique 466, 569 [295.
Ardèche 112, 119, 120,
Ardenne 90, 99, 102, 105, 176.
Ardennes 105, 198, 222
Ardres 215.
Argelès 283.
Argentan 235.
Argentière 95.
Argentine 204, 205, 543.
Argonne 99, 102, 176.
Ariège 116, 181, 287.
Arkansas 526.
Arles 119, 319.
Arles à Marseille 200.
Armagnac 102, 273.
Armançon 109.
Armentières 106, 217.
Arno 368.
Arras 100, 128, 152, 178, [191, 215.
Arrée 239.
Ars 302.
Artois 90, 91, 99, 100, 102, 126, 128, 213.
Arve 120.
Ascension 572.
Asie 71, 72, 73, 462.
Asie Russe 477.
Assinie 338.
Assomption 544.
Astrakhan 419, 458.
Athabasca 527.
Athènes 443.
Atlantique 69, 78, 101, 103, 111, 112, 115, 352, 356, 368, 458, 493 497, 522, 526, 573.
Atlas 326, 327, 334, 496.
Aube 108, 109, 197, 209, [219.
Aubenas 295.
Aubin 90, 180, 277.
Aubusson 113, 184, 264.
Auch 116, 128, 152, 281.
Auckland 568.
Aude 118, 292, 368.
Audincourt 308
Aulne 111.
Aumale 330.
Aunis 90, 126, 128, 270.
Auray 243.
Aurillac 269
Austral 555.
Australasie 459, 554.
Australie 205, 383, 554, 561, 571.
Autriche 379, 396, 453,
Autun 152, 303. [454, 455.
Auvergne 90 99, 100, 102, 126, 128, 180, 267, 363.
Auxerre 105, 199 305.
Auxois 304
Avallon 305.
Avesnes 217.
Aveyron 116, 277.
Avignon 119, 126, 128, 152, 193, 318.
Avranches 231.
Ay 221.
Azincourt 215.
Azov 356.
Bab-el-Mandeb 466, 493.
Baccarat 185 226.
Bade 391.
Baffin 522, 570.
Bagdad 483.
Bagnères-de-Bigorre 283
Bagnères-de-Luchon [290.
Bahama 523, 531.
Bahia 539
Baïkal 471.
Bailleul 183, 217.
Bakou 477.
Balaton 369.
Bâle 104, 409
Baléares 359.
Balkach 471.
Balkanie 363, 365.
Balkans 360, 363.
Ballon d'Alsace 98.
Baltimore 532.
Baltique 352, 356, 368, [458.
Bamako 338, 507.
Banana 509.
Banka 295, 480.
Bangkok 481.
Banks 570.
Barbezieux 271.
Barcelone 163, 195, 428, [458.
Barcelonnette 321.
Bardonnèche 312.
Barèges 283.
Barfleur 82.
Bar-le-Duc 182, 199, 224.
Barrow 570.
Bar-sur-Aube 109, 219.
Bar-sur-Seine, 108, 209, 219.
Barthélemy (Saint-) [351.
Bass 565.
Basses 348, 561.
Basse-Californie 523.
Basse-Terre 152, 351.
Bassora 573.
Bastia 87, 128, 144, 157, 325.
Batavia 391, 480, 487, 572, [573.
Batna 332.
Battembang 346.
Baugé 246.
Baume 308.
Bavière 394.
Bayeux 152, 183, 185, 233

Bayonne 85. 117, 152. 160. 163, 195, 201, 265, 458.
Bazas 274.
Bearn 100, 120, 128, 254.
Béat (Saint-) 290
Beaucaire 119, 294.
Beauce 91. 102, 175, 251.
Beaujolais 99, 102.
Beaune 304.
Beauvais 152, 184, 211.
Beirouth 488.
Beled-Djerid 335.
Belem 539.
Belfast 381.
Belfort 96, 97, 129, 160, 163, 182, 192, 199, 225.
Belgica 570.
Belgique 91, 105. 106. 109, 204, 205, 365, 379 381, 452 453, 455. 456,
Belgrade 449. [457, 459.
Bellac 265.
Bellegarde 163.
Belle-Ile 83. 243.
Belley 152, 302.
Béloutchistan 482.
Bénarès 482.
Bengale 466
Berbères 326. 327.
Bergen 413.
Bergerac 116, 275.
Béring 70, 466, 522.
Berlin 191. 303, 394.
Bernay 232.
Berne 406.
Berre 86.
Berry 90, 126, 128, 199, 257.
Besançon 120, 128, 144. 149, 152, 158, 160, 163. 185, 199, 308.
Bessèges 294.
Béthune 90, 180, 215.
Béziers 195, 293.
Biarritz 285.
Bidassoa 79. 85, 117.
Bigorre 100.
Bingerville 338, 507.
Birmanie 481, 452.
Birmingham 381.
Biskra 327, 332.
Bizerte 335.
Blanc 495.
Blanc (le) 178, 255.
Blanche 352, 356.
Blanzy 303
Blavet 111, 243.
Blaye 115, 274.
Bleuca 556.
Blida 330.
Bloemfontein 508.
Blois 112, 152, 254.
Bocage 90.
Boers 501.
Bogota 536.
Bohême 363 365. 367
Bolivie 511. [402, 403.
Bologne 433.
Bona 509.
Bombay 482, 487, 571.
Bône 332. [572 573.
Boufarik 87, 325, 358.
Bonne-Espérance 495.
Bonneville 311.
Bordeaux 84, 115. 128, 144, 149. 152, 157, 158. 190, 194, 195, 201, 202, 274, 458, 572.
Bordelais 173.
Bornéo 383 391, 480.
Bosnie 449.
Bosphore 358, 406, 483.
Boston 582, 573.
Botnie 357.
Bouches-du-Rhône 119. 319.
Boufarick 330.
Bougiaroue 327.
Bougie 332.
Boukhara 477.
Boulogne-sur-Mer 82, 191. 201, 215. 458.
Boulogne-s.-Seine 208.
Bourbon - l'Archambault 262.
Bourbonnais 90, 91, 126, 128 163 260.
Bourbonne-les-Bains 105, 220.
Bourg 143, 198. 302.
Bourganeuf 264.
Bourges 128. 144, 152, 159. 181, 259.
Bourget 122, 208.
Bourgogne 100, 126, 128, 173, 193, 199, 301.
Boussac 264.
Bouvines 217.
Brahmapoutre 470.
Brazzaville 339, 507.
Brême 394, 458, 572.
Brenne 251.
Brésil 202 205, 524, 539.
Breslau 394. [572.
Bressuire 249.
Brest 83, 111, 157, 161, 190, 194, 200, 201, 242, 573.
Bretagne 83, 90, 91, 90. 100. 126 128. 169, 175.
Breton 84. [183 239.
Briançon 120, 180, 163, 310.
Briare 112, 169.
Brie 175, 207, 218.
Brieuc (Saint-) 82, 3, 152, 160, 241.
Briey 226.
Brignoles 320.
Brioude 113, 297.
Brisbane 561.
Bristol 381, 458.
Brive 116, 260.
Brousse 483.
Brdou 403.
Bruxelles 191 385.
Budapest 400.
Buges 199.
Bukarest 446.
Buenos Aires 543, 549, 572, 571.
Bulgarie 379, 441.
Buzenval 208.
Cabourg 82.
Cadix 428, 458.
Caen 110, 144, 148, 178, 183, 190, 201, 233.
Cagliari 483.
Cahors 116, 152, 276.
Caire (le) 506.
Calais 163, 181, 198, 201
Calais (Saint-) 237. [215.
Calcutta 343, 482, 487, 571, 572 573.
Californie 202, 522.
Callao 540, 572.
Calle 332.
Calvados 82, 108, 130, 181,
Calvi 325. [233
Camargue 86, 319.
Cambodge 311, 316, 481.
Cambrai 106 152, 198, 217.
Cameroun 339, 507.
Canada 383, 453, 531, 572.
Canaries 431, 494, 510.
Canberra 561. [572.
Cancale 240.
Canée (la) 443.
Canigou 94.
Cannes 86, 322.
Cantal 99, 20?.
Canton 478. 487, 571, 573.
Cap (le) 205, 383, 508, 515. 572.
Cap-Vert 426, 494, 510.
Caracas 537.
Carcassonne 118, 152. 170 195. 199, 292.
Carinthie 448. 449.
Carlitte 94.
Carlsruhe 394.
Carmaux 189, 291.
Carniole 448, 449.
Carpentarie 555.
Carpentras 318.
Carthage 152. 334.
Casablanca 326.
Caspienne 352, 356, 368.
Cassel 217. [458, 466, 471.
Castellane 321.
Castelnaudary 292.
Castelsarrasin 115, 279.
Castets 200.
Castres 184, 291.
Catane 483.
Câteau-Cambrésis 217.
Catelet 106.
Caucase 205, 468.
Caucasie 358, 477.
Causses 90.
Cauterets 283.
Caux 82, 102.
Cayenne 350, 538.
Célèbes 391, 480.
Centre 99, 173, 174. 177. 182. 194. 199.
Cerbère 79, 86.
Céret 288.
Cétinie 449 [458.
Cette 86, 195, 196, 201, 293.
Cette au Rhône 199.
Ceuta 326.
Cévennes 99. 101, 102, 112, 119. 363.
Ceylan 383, 467, 482.
Chaldis 305.
Chalon 120, 199, 303.
Chalonnes 245 [221.
Châlons 109 152, 158, 192,
Chambéry 128, 144, 149 152, 193, 312.
Chambeyron 95.
Chambord 254. [300.
Chamond (Saint-) 181,
Champagne 90, 100. 120, 128, 169. 173. 218.
Champigny 208.
Chandernagor 343, 482.
Changhaï 478, 487, 571,
Chantilly 211. [572, 573.
Chantonnay 247.
Charente 84, 114, 169. 197, 271.
Charente-Inf. 84, 115.
Charentes 124. 173. [272
Charenton 109.
Chari 339.
Charleroi 385.
Charleville 105. 222.
Charolais 99. 102. 177.
Charolles 178. 303.
Chartres 109, 152, 178, 190 253.
Chartreuse (Gr.) 314.
Châteaubriant 244.
Château Chinon 261.
Châteaudun 113, 253.
Château-Gontier 238.
Châteaulin 242.
Châteaurenault 250.
Châteauroux 113, 194, 258.
Château-Salins 229.
Château-Thierry 212.
Châtellerault 113, 181, 250.
Chatt-el-Arab 470.
Châtillon-sur-Seine 108, 304.
Châtre (la) 258.
Chaudesaigues 268.
Chaumont 109, 192, 220.
Chauny 108, 198, 212.
Chausey 239.
Chaussade 261.
Chélia 327.
Chéliff 327.
Chemnitz 394.
Cher 112. 113. 187, 259.
Cherbourg 82, 157, 161, 190. 231.
Chergui 327.
Chicago 532, 574.
Chiers 105.
Chili 202, 205, 542.
Chimborazo 524.
Chine 205. 465, 466, 468,
Chinois 473. [476.
Chinon 256.
Cholet 178. 182, 183, 246.
Cholon 346.
Christiania 413.
Chypre 353, 467.
Cinto 99.
Ciotat 181. 319.
Cirey 185, 226.
Civray 250.
Clain 113.
Clair (Saint-) 209.
Clamecy 109, 261.
Clarie 570.
Claude (Saint-) 152 309.
Clermont 211.
Clermont-Ferrand 128, 149, 152. 159, 193, 268.
Cleveland 532.
Clos-Vougeot 304.
Cloud (Saint-) 209.
Cluny 303.
Coats 570.
Coblenz 104.
Cochinchine 314, 346,
Cognac 114, 271. [481
Coïmbre 424.
Colmar 101, 228.
Colmic 198.
Cologne 104. 394.
Colombie 536
Colombo 462, 572.
Colon 572.
Colorado 526.
Columbia 526.
Commentry 90, 262.
Commercy 224.
Comoé 338.
Comores 310, 494.
Comorin 467.
Compiègne 109, 211.
Comtat 126. 128, 317.
Concarneau 157, 242.
Conception 542.
Condom 281.
Confolens 271.
Congo 339, 498.
Congo 387, 509, 572.
Constance 104, 359.
Constantine 152, 329, 332. 333, 337, 507.
Constantinople 438, 456, 483, 573.
Constanza 447, 456.
Cook 561.
Copenhague 409. 458.
Corail 555.
Corbeil 108, 178. 209.
Corbières 94, 101.
Cordoue 428.
Cordova 543.
Corée 467. 479.
Coréens 473.
Corfou 443.
Corinthe 361.
Cork 381.
Corneille 297.
Coromandel 343.
Corre 198.
Corrèze 116, 266.
Corse 87, 88, 90. 99, 100, 121, 126, 128, 130, 324, 325, 359.
Corte 121. 325.
Cosne 261.
Costa Rica 533.
Côte d'Azur 86, 322.
Côte-de-l'Ivoire 337, 338, 507.
Côte-de-l'Or 383, 508.
Côte-d'Or 99, 101, 102, 108, 304.
Cotentin 82. 234.
Côtes de Meuse 89, 102.
Côtes-du-Nord, 130, 241.
Coubre 81, 102.
Coulmiers 252.
Coulommiers 210.
Coutances 159, 234.
Cracovie 423.
Crau 102.
Creil 185, 211.
Crêt-de-la-Neige 96.
Crète 359.
Creuse 113, 264.
Creusot (le) 180, 181, 303.
Crimée 358. 360.
Croatie 448.
Croisic (le) 83.
Croix (Sainte-) 411.
Crozon 83.
Cuba 523, 531.
Cusset 262.
Cyclades 359.
Cyr (Saint-) 150, 209.
Cyr-au-Mont-d'Or (St-) 290.
Dagö 359.
Dahomey 337, 338, 507,
Dakar 242, 337, 338, 507,
Dakhéla 334. [572, 573.
Dal 368.
Damara 508.
Damas 483.
Danemark 379, 408, 452.
Danois 359.
Danube 363.
Danzig 394, 458.
Dardanelles 358, 443,
Darling 556. [486.
Dauphiné 90. 95, 100, 120, 128, 313.
Davis 570.
Dax 117 282.
Decazeville 180, 277.
Decize 112, 199, 261.
Delhi 383, 482.
Denain 217.
Denis (Saint-) 108, 152, 208, 341, 507.
Denis-du-Sig (Saint-) 331.
Dépression 332.
Désirade (la) 351.
Detroit 532.
Deule 198.
Deux-Sèvres 249.
Die 120 315.
Dié (Saint-) 104, 152, 225.
Diégo-Suarez 340.
Dieppe 82, 201, 231.
Digne 152, 170. 321.
Digoin 199.
Dijon 126. 144. 149, 152, 160, 163, 178, 193, 304.
Dinan 110, 241.
Dizier (Saint-) 109, 220.
Djebel-Amour 327.
Djebel-Aurès 327.
Djerba 335.
Djérid 334.
Djibouti 342. 507.
Djurdjura 327.
Dniepr 368.
Dniestr 368.
Dôle 120. 199, 309.
Dombes 301.
Dômes 99.
Domfront 235.
Domremy 225.
Don 368.
Dordogne 84, 115, 116, 197, 275.
Dore 99, 116.
Douai 106, 144, 217.
Douarnenez 83.
Doubs 120, 163, 197, 308.
Doullens 214.
Douro 368.
Douvres 381.
Draguignan 320.
Dresde 394.
Dreux 253.
Drôme 119, 120, 315.
Dublin 380, 381, 458.
Düna 368.
Duncansby 362.
Dunkerque 79, 81, 157, 160, 168, 178, 158, 198, 201, 202, 217, 458.
Durance 120.
Durazzo 451.
Dusseldorf 394.
Dvina 368.
Eaux-Bonnes 285.
Eaux-Chaudes 285.
Èbre 368.
Écosse 380, 381.
Édimbourg 380, 381.
Égée 356.
Égypte 205, 383, 506, 508.
El-Araïch 326.
Elbe 322. 368. 434.
Elbeuf 108, 184, 186. 231.
El-Goléa 330.
El-Kef 335.
Eloy (Saint-) 268.
El-Rif 326.
Embrun 120, 316.
Enderby 570.
Épernay 109, 221.
Épinal 104, 159, 160, 163, 182, 185, 225.
Équateur 540.
Erdre 113.
Érébus 570.
Érié 527.
Érythrée 436, 510.
Escaut 102, 105, 106, 164, 197, 198, 202, 368.
Esclaves 383, 527.
Espagne 101, 204, 205. 206, 365, 379, 417, 453,
Espalion 116, 277. [455.
Espinouse 99, 102.
Essen 394.
Essonnes 185, 209.
Est 198.
Est Afr. ang. 383, 508.
Est Afr. port. 426, 510.
Étampes 209.
États de l'Église 433.
États-Unis 204, 205, 206, 459, 532, 563.
Étienne (Saint-) 90. 112, 180, 181, 184, 186 193,
Etna 364. [300.
Eubée 359.
Euphrate 470.
Eure 108, 109, 232.
Eure-et-Loir 253.
Europe 71, 72, 73, 352, 374, 464.
Everest 468.
Evreux 152, 188, 190, 232.
Falaise 178, 233.
Falmouth 573.
Falsterbo 362.
Farewell 523.
Faröer 359, 411.
Faucilles 99, 101, 102.
Fécamp 82, 231.
Fellatas 501.
Felletin 264.
Fère (la) 109, 160, 163, 198, 212.
Fernando Po 431, 510.
Ferté-sous-Jouarre 210.
Fez 326, 507.
Fianarantsoa 310.
Fidji 561, 572.
Fifelde 363.
Figeac 191, 276.
Figuières 163.
Figuig 331, 336.
Finistère 83, 130, 242.
Finisterre 362.
Finlande 357, 369, 379,
Fionie 359, 409. [421.
Firminy 300.
Fiume 458.
Flandre 91, 100, 106, 126, 128, 177, 198, 216.
Flèche (la) 113, 237.
Flers 183, 235.
Florac 296.
Florence 433.
Florent (Saint-) 87.
Floride 522, 523.
Flour (Saint-) 152, 269.
Foix 100, 116, 126, 128, 266, 287.
Fontainebleau 193, 210.
Fontenay-en-Puisaye 305.
Fontenay-le-Comte 248.
Fontinettes 198.
Forcalquier 321.
Forêt-Noire 367.
Forez 91, 99.
Formose 467.
Fort-de-France 351.
Fort-National 330.
Forth 368.
Fougères 240.
Fourchambault 261.
Fournaise 496.
Fouta Djalon 338.
Francfort-sur-Main 394.
Franche-Comté 126. 128, 169, 306.
Francisco (San) 532, 549, 572, 573, 574.
Francisco (São) 526.
François Joseph 570.
Freetown 505, 572.
Fréjus 86, 95, 152, 320.
Frontignan 293
Fumay 90, 222.
Furens 300.
Fuseaux horaires 67.
Gabès 335.
Gabon 339, 572.
Gafsa 335.
Gaillac 116, 291.
Galatz 446.
Gallas 501.
Gallipoli 443, 358.
Galmier (Saint-) 300.
Gambie 338, 383, 498, 508.
Gand 106, 385.
Gange 468 470.
Gannat 262.
Gap 152, 316.
Gard 119, 120, 181, 294.
Garde 369.
Garonne 84, 102, 115, 116, 169, 175, 197 199, 200, 368.
Garonne (Haute-) 115, 290.
Garrigues 90, 289.
Gascogne 85. 91, 100. 101, 126. 128, 280, 356.
Gâtinais 252. [357.
Gâtine 90, 99, 102. 247.
Gaudens (Saint-) 115, 290.
Gaule 125.
Gavarnie 283.
Gênes 101, 357. 433, 458.
Genève 119, 122, 193, 369, 406.
Georges (Saint-) 358.
Georgetown 538.
Gérardmer 225.
Gerbier de Jonc 99, 112.
Gergovia 268.
Germain-des-Fossés (Saint-) 193.
Germain-en-Laye (St-) 209.
Germain-source-Seine (Saint-) 108.
Gers 116, 281.
Gex 302.
Ghardaïa 329.
Gibraltar 326, 358, 367, 383, 429, 453, 493. 572.
Gien 252. [573.
Gildas (Saint-) 83, 102.
Gironde 84, 115, 170, 274.
Girons (Saint-) 287.
Givet 105, 160, 198, 222.
Givors 299.
Glacial 69, 269. 356, 367, 368, 464, 466, 470 522. 526, 570.
Glasgow 381, 458, 571, 572.
Glommen 368.
Goa 426, 482.
Gobain (Saint-) 185, 212.
Gobi 462.
Göta 368.
Göteborg 416.
Gothard (Saint-) 104,
Gotland 359. [119.
Gouet 241.
Goulette (la) 335.
Gourdon 276.
Gournay 230.
Graham 570.
Graisivaudan 120, 313.
Grampians 363.
Grand-Bassam 338.
Grand'-Combe 180, 294,
Grand-Crêt-d'Eau 96.
Grand Désert 336, 507.
Grande-Bretagne 359, 380.
Grande-Terre 351.
Grand-Lac-Salé 527.
Grand-Lieu 122.
Grand-Ours 527.
Grant 570.
Granville 82, 157. 234.
Grasse 322.
Grave 84, 102.
Gravelines 217.
Gravone 121.
Gray 120, 178, 307.
Graz 397.
Grèce 205, 379, 442.
Greenwich 67.
Grenade 428.
Grenoble 120, 128, 144, 148, 152, 158, 160, 163, 314.
Grinnell 570.
Gris-Nez 81, 82.
Groenland 411, 523, 530, 570.
Groix 83, 243.
Guadalajara 538.
Guadalquivir 368.
Guadeloupe 351, 534.
Guadiana 368
Guardafui 495.
Guatémala 533.
Guayaquil 540, 572.
Guebwiller 93.
Guelma 332.
Guérande 244.
Guéret 113, 128, 264.
Guernesey 82.
Guillaume 570.
Guinée 337, 338, 493, 496, 507, 572.
Guinegate 215.
Guingamp 241.
Gulf Stream 70.
Guyane 350, 383, 391, 524, 538.
Guyenne 91, 100, 126, 128, 273.
Habra 327.
Hague 82.
Haïderabad 482.
Haïnan 487.
Hainaut 216, 217.
Haïphong 346.
Haïti 523, 534.
Halifax 531, 574.
Hall 570.
Hambourg 394, 458, 571.
Hankow 478. [572.
Hanoï 345, 346, 347. 481.
Hanovre 394.
Haut-Sénégal-et-Niger 337, 338, 507.
Hauts-Plateaux 327. 333. [572.
Havane (la) 202. 534, 549.
Havre (le) 82, 108, 157, 178, 181, 183, 180, 190, 201, 202. 231. 458, 571 572.
Hawaii 563, 572.
Haye (la) 389.
Hazebrouck 217.
Hébrides 359.
Hékla 364.
Hélène (Sainte-) 393, 494, 572.
Helsingfors 421.
Hérault 118, 293.
Herzégovine 446.
Hève 82, 102.
Himalaya 462, 468.
Hindou-Koh 468.
Hoang-ho 470.
Hodna 327.
Hoggar 336.
Hohneck 98.
Hollande 105, 106, 205, 388, 457. 459.
Hondo 467.
Honduras 522, 533.
Honfleur 82, 102, 108 233.
Hongay 346.
Hong-Kong 347, 383, 478, 487, 571, 572.
Hongrie 365, 379, 396. 399 453, 454.
Honolulu 563
Horn 523.
Hougue (la) 82.
Hova 340.
Hudson 522, 532, 570.
Hué 346, 347, 481.
Hull 381, 458, 571.
Humber 368.
Huron 527.
Hyères 86, 324.
Iassy 446.
Ibériens 363, 367.
Idria 449.
Iénisséi 470.
Ighargar 336.
Ile-de-France 91. 100, 126, 128, 207.
Ile-Rousse 325.
Iles Britanniques 359, 380.
Ill 104.
Ille 111.
Ille-et-Rance 200.
Ille-et-Vilaine 240.
Imphy 261.
Inde 343. 463, 467, 482 573.
Indes 202, 204, 205, 383, 459, 467.
Indien 69, 464, 466, 470,
Indiens 473. [487
Indo-Chine 205, 344, 465, 467, 481.
Indonésiens 473.
Indre 113, 258.
Indre-et-Loire 112, 256.
Indret 181, 244.
Indus 470.
Inn 368.
In-Salah 331.
Insulinde 465, 467, 465. 480.
Ionienne 356.
Ioniennes 359.
Iran 465.
Irkoutsk 477, 573, 574.
Irlande 356, 359. 380, 381, 483, 458.
Isère 119, 120, 183, 185, 197, 314.
Isigny 233
Islande 359, 453, 523,
Isle 116. [530.
Isly 327.
Ispahan 483.
Isser 327.
Issoire 113, 265.
Issoudun 258.
Italie 86, 121, 124. 204, 205, 379, 432, 453.
Iton 232.
Ivry-la-Bataille 232.
Jamaïque 383, 523, 534
Japon 205, 465, 466, 468,
Japonais 473. [479, 573.
Jaune 466.
Java 202, 391, 466, 480.
Jean-d'Angély (Saint-) 272.
Jean-de-Losne (Saint-) 199.
Jean-de-Maurienne (Saint-) 152, 312.
Jean-Pied-de-Port (Saint-) 163.
Jersey 82, 359.
Jérusalem 483.
Johannesburg 508.
Joigny 109, 199, 305.
Jonzac 272.
Joux 163, 308.
Julien (Saint-) 311.
Junien (Saint-) 265.
Jura 78, 90, 96, 100, 101, 102, 119. 130, 163, 168, 176, 185, 309, 363, 367.
Jutland 360.
Kaboul 482.
Kabylie 330.
Kairouan 335.
Kama 368.
Kamtchatka 467, 468.
Kano 508.
Kara 356, 466.
Karikal 343.
Karpates 363, 367.
Karratchi 482.
Kartoum 506.
Kasan 573.
Katanga 509.
Kattegat 358, 416.
Kayes 338.
Kélat 482.
Kénia 496.
Kennedy 570.
Kertch 358.
Khersonèse 362.
Kiel 394, 458.
Kiev 419.
Kilima-Ndjaro 496.
Kimberley 508.
Kiœlen 363.
Kioto 479.
Kobe 479.
Kœnigsberg 394.
Konacry 338, 507.
Kong 338, 496, 507.
Kosciusko 556.
Kotonou 338.
Kouang-tchéou 344, 346
Kouen-loun 468.
Koukou Nor 471.
Kouriles 467.
Kouro Chivo 70.
Kraw 467.
Labrador 523.
Ladoga 369.
Laghouat 327. 329, 330.
Lagos 508, 572.
Lahore 482.
Laibach 449.
Laigle 235.
Lancaster 570.
Landes 102, 130, 280, 262
Landrecies 105, 198.
Landsend 362
Langres 99, 101. 102, 105, 109, 152, 160, 163,
Lang-Son 347. [181, 220.
Languedoc 85, 90, 91, 100, 102, 124, 126, 128, 289.
Lannion 241.
Lao-Kay 347.
Laon 160, 163, 212.
Laos 344, 340, 481.
Lapalisse 262.
Laponie 362, 373.
Larche 95.
Largentière 295.
Laroche 199.
Laurent (Saint-) 522, 526.
Lauter 79, 227.
Laval 113, 152, 183, 190,
Lavaur 291. [236.
Lectoure 281.
Leeds 381.
Leipzig 394.
Léman 122.
Lemberg 423.
Léna 470.
Lens 90, 180, 215.
Léon 533.
Léopoldville 509.
Lépante 357.
Lérins 86.
Lesparre 274.
Leuca 362.
Lhassa 478.
Liakov 467, 570.
Liban 465.
Libéria 504, 505, 572.
Libourne 116, 274.
Libreville 339.
Libye 436, 510.
Liège 105, 164, 191, 385.
Liévin 102.
Lille 128, 141, 149, 152, 159, 178, 181, 182, 183, 186, 191, 198, 217.
Lima 540.
Limagne 91, 267.
Limoges 113, 128, 144 152, 159, 178, 185, 194, 265.
Limousin 90, 100, 102 126, 128, 263.
Limoux 118, 292.
Lindesness 362.
Lion 86, 357.
Lipari 434.
Lisbonne 202, 424, 458, 572, 573.
Lisieux 183, 233.
Liverpool 381, 458, 571,
Livourne 433, 458. [572.
Lô (Saint-) 110, 234.
Loanda 510.
Loches 113, 256.
Lodève 293.
Lodz 423.
Lofoten 359.
Loing 109, 199, 252.
Loir 113.
Loire 83, 84, 102, 112, 119, 122, 169, 197, 199, 300, 368.
Loire (Haute-) 112. 297.
Loire-Infér. 112, 181, 244.
Loiret 112, 113, 252.
Loir-et-Cher 112, 254.
Lombardie 433.
Lombez 281.
Londres 380, 381, 458. 571,
Longwy 226. [572.
Lons-le-Saunier 309.
Lorient 111, 157, 161, 200, 243.
Lorraine 90, 126. 128, 169,
Los Angeles 532. [223.
Lot 116, 197, 276.
Lot-et-Garonne 115, 278.
Louang-Prabang 346.
Loudéac 241.
Loudun 250.
Louhans 303.
Louis (Saint-) 200, 338, 507, 532.
Louis-Philippe 570.
Lourdes 117, 283.
Louviers 109, 184, 186, 232.
Loyalty 348.
Lozère 99, 130, 296.
Lubeck 394, 458.

Lucknow 482.
Luçon 480.
Luçon 152, 249.
Luiz (São-) 539.
Lunel 293.
Lunéville 185, 226.
Lure 307.
Lutèce 208.
Luxembourg 379, 392.
Luxeuil 307.
Lyon 119, 128, 141, 144, 149, 152, 159, 160, 163, 178, 181, 183, 184, 186, 193, 209.
Lyonnais 99, 100, 102, 126, 128, 298.
Lys 106, 197.
Macao 426.
Mac-Olure 570.
Mackenzie 526.
Mâcon 120, 193, 303.
Macta 327.
Madagascar 340, 494, 496, 507, 572.
Madeira 526. [572, 573.
Madère 426, 494, 510.
Madras 482, 487, 572, 573.
Madrid 195, 428.
Mælar 359.
Maestricht 105.
Magdalena 526.
Magdebourg 394.
Magellan 522.
Mahé 313.
Main 113, 398.
Maine 90, 100, 126, 128, 169, 236.
Maine-et-Loire 112, 246.
Majeur 369.
Majunga 340.
Malabar 343.
Malacca 466, 467.
Maladetta 94.
Malaga 428, 458.
Malgaches 340.
Malo (Saint-) 82, 83, 110, 200, 201, 240.
Malplaquet 217.
Malte 359, 383, 434, 483.
Mamers 237. [572, 573.
Manche 78, 82, 101, 103, 107, 108, 168, 201, 234, 356.
Manchester 381. [458.
Mandalai 481.
Mandchourie 478.
Manille 480, 487, 573.
Manitoba 531.
Mans (le) 113, 128, 152, 159, 178, 183, 190, 237.
Mantes 108, 190, 200.
Manzanillo 572.
Marcellin (Saint-) 314.
Marche 100, 126, 128, 263.
Marcilly 108, 200.
Marennes 272.
Margeride 98, 102.
Marie (Sainte-) 340.
Marie-Galante 351.
Maritza 368.
Marmande 115, 278.
Marmara 356, 458.
Marmoutier 256.
Marne 108, 109, 197, 221.
Marne (Haute-) 105, 181, 220.
Marne à la Saône 199.
Marne au Rhin 199.
Maroc 326, 431, 507, 51.
Marquises 348, 564.
Marseille 88, 149, 152, 157, 159, 178, 181, 186, 193, 201, 202, 219, 333, 458, 571, 572.
Martin (Saint-) 35..
Martinique 351, 534.
Marvejols 296.
Mascara 331.
Mascate 483.
Massif central 90, 99, 100, 112, 115, 168, 169.
Matapan 362. [175.
Mathieu (Saint-) 79, 83, 362, 573.
Maubeuge 105, 160, 163, 191, 217.
Maudit 94.
Mauguio 86.
Mauna-Kea 556.
Mauléon 285.
Maupertuis 250.
Maur (Saint-) 208.
Maures 90, 326, 327, 336.
Mauriac 269.
Maurice 383, 494, 508.
Mauritanie 337, 338.
Mayence 104.
Mayenne 112, 238.
Mazamet 184, 291.
Meaux 109, 152, 178, 210.
Mecque (la) 483.
Médéa 330.
Medjerda 331.
Méditerranée 78, 86, 101, 103, 118, 169, 193, 201, 202, 356, 368, 458, 464, 466, 497.
Médoc 85, 273.
Mehun 259.
Meknès 326.
Mékong 344, 346, 470.
Mélanésie 554.
Melbourne 561, 567, 571.
Melilla 326. [572, 573.
Melle 178, 249.
Melrhir 327.
Melun 108, 178, 183, 210.
Melville 570.
Mende 116, 152, 184, 296.
Menehould (Sainte-)
Menez 239. [221.
Menton 79, 86, 322.
Mésopotamie 483.
Messine 358, 433, 458.
Mettray 255.
Metz 104, 152, 160, 163.
Meudon 207. [229.
Meurthe 104, 197.
Meurthe-et-Moselle 104, 181, 226.
Meuse 98, 102, 104, 105, 197, 202, 224, 368.
Mexico 533.
Mexique 202, 522, 524.
Mézenc 99, 101. [533.
Mézières 105, 170, 222.
Michel (Mont Saint-)
Michigan 527. [82, 234.
Midi 99, 173, 195, 196, 199.
Midi de-Bigorre 94.
Midi d'Ossau 94.
Midouze 117.
Milan 433.
Miliana 330.
Millau 116, 277.
Miltsin 326.
Miquelon 351.
Mirande 261.
Mirecourt 183, 225.
Mississipi 526.
Missouri 526.
Modane 312.
Modène 433.
Mogador 326.
Moissac 279.
Moldavie 446.
Moluques 391, 466, 480.
Mombaza 508. [572.
Monaco 86, 323.
Mongolie 462, 465, 478.
Mons 191, 385.
Montagne-Noire 99, 102, 239.
Montargis 178, 199, 252.
Montauban 116, 152, 195, 279. [308.
Montbéliard 124, 163.
Mont-Blanc 95, 101, 102.
Montbrison 300. [363.
Montceau-les-Mines 303.
Mont-Cenis 95, 103, 312.
Montchanin 303.
Mont-Dauphin 163.
Mont-de-Marsan 117.
Montdidier 214. [282.
Mont-Dore 268.
Montélimar 315.
Monténégro 448.
Montereau 109, 185, 210.
Montevideo 545, 572.
Montfort 240.
Mont-Genèvre 95, 163.
Montlouis 163.
Montluçon 113, 185, 199.
Montmédy 224. [262.
Montmorillon 250.
Montpellier 126, 144, 149, 152, 159, 293.
Montréal 531, 549, 572.
Montreuil 215. [574.
Moravie 402, 403.
Morbihan 83, 130, 243.
Morée 360.
Morez 309.
Morlaix 83, 242.
Mortagne 235.
Mortain 234.
Morte 583, 586.
Morvan 89, 90, 91, 99, 100, 102, 109, 163, 176, 181, 197, 260.
Moscou 419, 573, 574.
Moselle 104, 181, 197, 202, 229, 368.
Mostaganem 331.
Moukden 478, 574.
Moulins 113, 128, 152.
Moulouya 326. [193, 262.
Moûtiers 120, 152, 312.
Moyen-Congo 339.
Mozambique 340, 493.
Mulhouse 199, 228.
Munich 394.
Murat 269.
Murcie 428.
Muret 115, 290.
Murray 556.
Nagasaki 479.
Nam-Dinh 346.
Namur 105, 164.
Nancy 104, 126, 144, 149, 152, 159, 182, 184, 192.
Nanking 478. [198, 226.
Nantes 83, 112, 113, 152, 157, 159, 178, 190, 194, 201, 244, 458.
Nantes à Brest 200.
Nantua 302.
Naples 357, 433, 458.
Narbonne 105, 292.
Natal 383, 508.
Naurouse 101, 196.
Nazaire (Saint-) 83, 102, 112, 170, 194, 201, 202, 244, 458, 572.
Nérac 278.
Néris 262.
Neufchâteau 105, 225.
Neufchâtel 231.
Néva 368, 419.
Nevers 112, 113, 128, 152, 185, 193, 261.
Newcastle 381, 458.
New-York 532, 549, 571, 572, 573, 574.
Nicaragua 527, 533.
Nice 86, 126, 128, 152, 160, 163, 170, 178, 193, 317, 322, 458.
Nicolas (Saint-) 226.
Niémen 368.
Nièvre 112, 113, 261.
Niger 337, 338, 498.
Nigeria 383, 508.
Nijni-Novgorod 419.
Nil 496.
Nîmes 144, 152, 184, 193, 294.
Niort 114, 178, 190, 249.
Nivernais 80, 89, 102, 126, 128, 199, 260.
Nogent-en-Bassigny 220.
Nogent-le-Rotrou 253.
Nogent-sur-Seine 108, 219.
Noire 202, 352, 356, 368, 458, 466.
Noirmoutier 84, 157, 248.
Nontron 181, 275.
Nord 78, 81, 100, 101, 103, 104, 105, 106, 130, 163, 201, 217, 356, 358, 362, 368, 458.
Normandie 83, 90, 99, 100, 102, 126, 128, 169, 175, 177, 230.
Norvège 379, 412.
Nossi-Bé 340.
Nouméa 348.
Nouv.-Calédonie 348, 564, 572.
Nouv.-Guinée 363, 391, 554, 561, 562.
Nouv.-Hébrides 349.
Nouv.-Orléans 532, 549.
Nouv.-Sibérie 570. [572.
Nouv.-Zélande 383, 554, 555, 561, 572, 573.
Nouv.-Zemble 359, 570.
Nouzon 222.
Noyon 211.
Nuits 304.
Nuremberg 394.
Nyassa 499.
Nyassaland 508.
Nyons 315.
Oasis 329, 351.
Ob 466, 470.
Obock 342.
Occidental 523.
Océanie 71, 72, 73, 348.
Odense 409. [551.
Oder 368.
Odessa 419, 458.
Odet 242.
Œland 359.
Œsel 359.
Ogooué 339.
Ohio 526.
Oise 109, 197, 211.
Oise à l'Aisne 198.
Oka 368.
Okhotsk 466.
Oléron 84, 272.
Oloron 285.
Oman 466.
Omer (Saint-) 215.
Omsk 477, 573.
Onega 368, 369.
Ontario 527. [515.
Oran 152, 329, 331, 333, 507.
Orange 318, 383, 498, 508.
Orcades 359.
Orénoque 526.
Oriental 467.
Orléanais 91, 100, 112, 126, 128, 251.
Orléans 99, 102, 112, 128, 144, 152, 159, 194, 199.
Orléansville 330. [252.
Ornain 224.
Orne 110, 181, 197, 235.
Orthez 117, 285.
Osaka 479, 487, 571.
Ostende 385.
Otrante 358.
Ottawa 531.
Ouadaï 339.
Ouargla 329.
Ouarsenis 327.
Oubangui 339.
Ouessant 83, 242.
Ouganda 508.
Ougly 343.
Oujdah 338.
Oural 352, 354, 363, 367, 368, 420, 468, 574.
Oyonnax 302.
Pacifique 69, 202, 464, 466, 470, 522, 526.
Paimbœuf 244.
Palerme 433, 458.
Palestine 483.
Pamiers 116, 152, 287.
Pamir 462, 468.
Pampas 518.
Pampelune 163.
Panama 202, 522, 523.
Papeiti 348. [533, 572.
Paraguay 526, 544.
Paramaribo 538.
Parana-Plata 526.
Paray-le-Monial 303.
Paris 108, 128, 141, 144, 149, 152, 159, 163, 174, 178, 181, 183, 184, 185, 186, 190, 191, 192, 193.
Parme 433. [194, 208.
Parthenay 249.
Pas-de-Calais 81, 130, 215, 358.
Passage du N. E. 570.
Passage du N.-O. 522, 570.
Patagonie 522, 543.
Patay 252.
Pau 117, 128, 144, 176, 195, 283, 285.
Paul (Saint-) 341.
Paulo (São-) 539.
Pays-Bas 104, 105, 365, 379, 388, 452.
Paz (la) 541.
Péking 466, 478, 574.
Pelvoux 95, 314.
Penmarch 83.
Perche 94, 102.
Perdu 94.
Pérécop 361.
Périgord, 90, 102.
Périgueux 116, 152, 275.
Périm 383.
Perm 573.
Péronne 107, 214.
Pérou 202, 540.
Perpignan 118, 128, 152, 160, 163, 170, 195, 288.
Persans 473.
Perse 483.
Persique 466.
Perthus 94.
Petchora 368.
Pétrograd 419, 458, 573.
Pézenas 293. [574.
Philadelphie 532.
Philippeville 332.
Philippines 480.
Philippopoli 441. [126.
Picardie 91, 98, 100, 102.
Piémont 433. [128, 213.
Pierre (Saint-) 152, 341.
Pins 348. [351, 573.
Pirée (le) 443, 458.
Pithiviers 252.
Piton de la Fournaise.
Pittsburg 532. [496.
Plata (la) 513, 572.
Plateau central 462, 468.
Ploërmel 243.
Plombières 225.
Plymouth 572.
Pnom-Penh 346, 481.
Pô 365, 368.
Pointe-à-Pitre 351.
Poissy 209.
Poitiers 113, 128, 144, 149, 152, 178, 194, 250.
Poitou 90, 99, 100, 102, 126, 128, 177, 247.
Pol (Saint-) 215.
Polaire 522.
Pôle Nord 570.
Pôle Sud 570.
Poligny 309.
Pologne 367, 379, 422.
Polynésie 348, 554.
Pommard 304.
Pondichéry 343, 482.
Pons (Saint-) 293.
Pont-à-Bar 198.
Pontarlier 199.
Pont-à-Mousson 226.
Pontarlier 120, 308.
Pont-Audemer 232.
Pontcharra 314.
Pontgibaud 268.
Pontivy 243.
Pont-l'Évêque 233.
Pontmain 238.
Pontoise 108, 209.
Pont du Roi 94.
Popocatepetl 524.
Port Courbet 346.
Port-Darwin 573.
Port d'Oo 94.
Port-Louis 243.
Port-Louis 508, 515.
Porto 424, 458.
Porto-Alegre 539.
Porto-Novo 338, 507.
Porto-Rico 523, 534.
Porto-Vecchio 87, 325.
Port-Saïd 506.
Portsmouth 381.
Portugal 379, 424.
Port-Vendres 86, 288.
Pouilly 105.
Poulo Pinang 572, 573.
Prades 288.
Prague 403.
Pretoria 508.
Prince-Albert 570.
Privas 170, 295.
Provence 86, 90, 91, 95, 100, 126, 128, 317.
Provins 210.
Prusse 205, 393, 394.
Puebla 533. [322.
Puget-Théniers 121.
Puy (le) 112, 152, 183, 297.
Puy-de-Dôme 99, 268.
Puy-de-Sancy 99.
Pyrénées 78, 90, 91, 94, 100, 101, 102, 115, 125, 163, 176, 177, 363.
Pyrénées (Basses-) 285.
Pyrénées (Hautes-) 117, 283.
Pyrénées-Orient. 181.
Québec 531, 572. [288.
Quentin (Saint-) 106, 107, 18, 182, 183, 198, 200, 212.
Quercy 90.
Quiberon 83, 243.
Quilimane 510.
Quimper 152, 194, 242.
Quimperlé 242.
Quito 540.
Rabat 326.
Rambouillet 209.
Rance 110, 240.
Rangoun 481, 572.
Raphaël (Saint-) 320.
Raz 83.
Ré 84, 272.
Recife 539, 572.
Redon 111, 240.
Reims 152, 160, 163, 184, 198, 221.
Reine-Charlotte 523.
Remiremont 225.
Rennes 111, 128, 144, 149, 152, 159, 183, 190, 200, 240.
Réole (la) 115, 274.
Rethel 109, 198, 222.
Réunion 202, 341, 494, 507.
Rharsa 334.
Rhin 79, 101, 102, 104, 105, 365, 368.
Rhin (Bas-) 227.
Rhin (Haut-) 228.
Rhodesia 383, 508.
Rhône 91, 96, 97, 100, 102, 119, 173, 197, 299, 368.
Rhône au Rhin 199.
Ribérac 275.
Riga 357, 419, 458.
Rio-de-Janeiro 539, 549, 572, 573.
Rio-de-Oro 431, 510.
Rio Grande del Norte.
Riom 144, 268. [526.
Rio Muni 431, 510.
Rio Negro 526.
Riparia 312.
Ripault 256.
Rive-de-Gier 181, 185.
Rivesaltes 288. [300.
Rivière Rouge 526.
Roanne 112, 182, 193, 199, 300.
Rocamadour 276.
Roch (Saint-) 523.
Rochechouart 265.
Rochefort 84, 114, 157, 161, 190, 272.
Rochelle (la) 84, 128, 152, 190, 201, 272, 458.
Roche-sur-Yon (la) 190.
Rocheuses 524. [248.
Rocroi 163, 222.
Rodez 116, 152, 277.
Rodolphe 499.
Romania 467.
Romans 120, 315.
Rome 433.
Romilly 219.
Romorantin 254.
Roncevaux 163.
Ronchamp 307.
Roquefort 277.
Rosario 543.
Rotondo 99.
Rotterdam 389, 458, 571.
Roubaix 184, 186, 217.
Rouen 108, 128, 144, 152, 159, 178, 182, 186, 190, 201, 231, 458.
Rouge 464, 466, 491, 493.
Roumanie 205, 379, 445, 453.
Roussillon 86, 100, 126, 128, 286.
Rouvray 199.
Roya 79, 121.
Royaume-Uni 380.
Ruelle 181, 2.1.
Ruenzori 496.
Ruffec 271.
Ruhr 368.
Rummel 327.
Russie 204, 205, 206, 352, 365, 367, 379, 418, 453, 454, 455.
Ruthènes 402.
Saale 237.
Sables-d'Olonne 84, 248.
Sahara 326, 333, 336, 462, 497, 507.
Sahara algérien 327.
Sahel 327.
Saï 338. [573.
Saïgon 345, 346, 481, 572.
Saintes 114, 128, 190, 272, 351.
Saintonge 100, 102, 126.
Sakalaves 340. [128, 270.
Sakhaline 467.
Salette (N. D. de la) 314.
Salins 163, 309.
Salonique 357, 443, 458.
Salvador (San-) 533.
Sambre 105, 197.
Sambre et-Oise 198.
Sancerre 259.
Santiago 542.
Santos 539.
Saône 91, 100, 120, 175, 197.
Saône et Loire 112, 181, 303.
Saône (Haute-) 307.
Saragosse 428.
Sardaigne 87, 359, 433.
Sarlat 275. [434.
Sarre 104, 180.
Sarrebourg 229.
Sarreguemines 185, 229.
Sartène 325.
Sarthe 113, 237.
Saumur 112, 190, 246.
Sauveur (Saint-) 283.
Save 368.
Saverne 227.
Savoie 90, 95, 100, 119, 122, 126, 128, 130, 310.
Savoie (Haute-) 119.
Saxe 394. [311.
Scandinave 360, 365.
Scarpe 106, 197.
Schelestadt 227.
Scutari 483.
Sébastien (Saint-) 163.
Sebou 326.
Sedan 105, 184, 222.
Seeland 359, 409.
Sées 152, 235.
Sègre 246.
Ségura 368.
Sein 83.
Seine 82, 102, 108, 109, 13, 169, 177, 178, 197, 198, 199, 208, 368.
Seine-et-Marne 108, 210.
Seine-et-Oise 108, 130, 209.
Seine-Inférieure 108, 231.
Seine (Haute-) 200.
Semur 301.
Sénégal 202, 337, 338, 98.
Senlis 211. [507.
Sens 109, 152, 305.
Sensée 198.
Séoul 479.
Serajevo 449.
Serbie 448.
Servan (Saint-) 83, 157, 240.
Sétif 332.
Sever (Saint-) 282.
Severn 368.
Séville 428.
Sèvre-Nantaise 113.
Sèvre-Niortaise 114.
Sèvres 185, 209. [197.
Sèvres (Deux-) 249.
Seybouse 327.
Seychelles 383, 494.
Seyne (la) 181, 320.
Seyssel 302.
Sfax 335.
Shannon 368.
Sheffield 381.
Shetland 359.
Siam 466, 481.
Sibérie 462, 465, 468, 477.
Sibériens 473. [573.
Sicile 359, 433, 434.
Sidi bel-Abbès 331.
Sidre 493.
Sierra Leone 383, 508.
Sierra-Nevada 363, 367.
Sig 327.
Simon (Saint-) 200.
Singapore 347, 383, 481, 487, 571, 572, 573.
Sisteron 120, 321.
Skagen 362.
Skagerrak 358.
Slaves 422, 448.
Smith 570.
Smyrne 483, 487.
Société 348.
Socotora 383, 494.
Sofia 441.
Soissons 109, 152, 212.
Solesmes 237.
Soligny-la-Trappe 235.
Sologne 251, 257.
Somalie 342, 383, 436, 507, 508, 510.
Somme 82, 107, 197, 200.
Somport 94. [214.
Sonde 466, 480.
Song-Koï 344, 346.
Sorgue 120, 318.
Soudan 333, 383, 508.
Sousse 335.
Southampton 458, 570, 571, 572.
Spartivento 362.
Spitzberg 570.
Sprée 368, 391.
Srinagar 482.
Staouëli 330.
Stettin 391, 458.
Stockholm 416, 458.
Strasbourg 104, 128, 144, 149, 152, 160, 163, 170, 192, 199, 227.
Stuttgart 394.
Styrie 397. [453.
Suède 205, 365, 379, 415.
Suez 202, 467, 495, 506, 572, 573.
Suisse 122, 202, 204, 379, 405, 452, 456, 457.
Sumatra 391, 480.
Sund 358, 409.
Supérieur 527.
Sydney 561, 568, 571, 572, 573.
Symphorien (Saint-)
Syrie 483. [198.
Tabriz 483.
Tarnkent 477.
Taderret 336.
Tafna 327.
Tagant 336.
Tage 368, 421.
Taïti 202, 348, 561.
Tamatave 340.
Tamise 368, 381.
Tana 368.
Tananarive 340, 507.
Tanganika 499.
Tanger 326.
Tararo 182, 299.
Tarascon 119, 319.
Tarbes 117, 52, 178.
Tarente 357. [195, 283.
Tarn 116, 197, 291.
Tarn-et-Garonne 115.
Tartares 473. [279.
Tasmanie 383, 551, 561.
Tasselot 99, 108.
Tassili 336.
Tavignano 121.
Tchad 337, 338, 339, 499, 508.
Tchéco-Slovaquie 379.
Tchetouskine 467. [402.
Tébessa 332.
Téhéran 483.
Tehuantepec 523.
Tell 327, 333.
Ténériffe 496, 572.
Tensift 326.
Terre de Feu 528.
Terre-Neuve 240, 351, 523, 573.
Terres polaires 569.
Têt 118.
Tétouan 326.
Thabor 95.
Thau 86.
Theiss 368.
Thérain 211.
Thian Chan 468.
Thiers 181, 268.
Thionville 229.
Thomas (Saint-) 411, 572.
Thonon 311.
Tibesti 336.
Tibet 462, 468, 478.
Tibre 368.
Tien-Tsin 478.
Tiflis 477.
Tigre 470.
Timor 426, 480.
Titicaca 527.
Tizi-Ouzou 330.
Tlemcen 331.
Tocantins 526.
Togo 325.
Tokio 479.
Tolède 428.
Tombouctou 338, 507.
Tomsk 477.
Tonkin 344, 346, 466, 481.
Tonlé Sap 316.
Tonneins 278.
Tonnerre 305.
Torneelf 368.
Toronto 531.
Torrès 555.
Toscane 433.
Touamotou 348, 561.
Touareg 336.
Touat 331, 336.
Toucouri 329, 332, 336.
Toul 104, 160, 163, 226.
Toulon 86, 157, 161, 170, 193, 320.
Toulouse 115, 128, 144, 149, 152, 159, 178, 191, 195, 196, 199, 203, 208, 290.
Touraine 90, 100, 126, 128.
Tourane 316. [169, 255.
Tourcoing 184, 186, 217.
Tour du Pin 314.
Tournai 106.
Tournon 295.
Tournus 303.
Tours 112, 113, 128, 152, 159, 181, 194, 256.
Transylvanie 395.
Transsibérien 477, 574.
Transvaal 383, 508.
Travers 97.
Tréport (le) 82.
Trévoux 302.
Trieste 433, 458.
Trinité 523.
Tripoli 510.
Trouville 82, 233.
Troyes 108, 128, 152, 181, 192, 219.
Tucuman 543.
Tulle 116, 152, 181, 266.
Tunnel-Humbe 350.
Tunis 152, 333, 334, 335, 507.
Tunisie 205, 331, 507.
Turcs 473.
Turin 193, 312, 433.
Turkestan 462, 465, 468, 477, 478.
Turquie d'Asie 358, 449, 465, 483.
Turquie d'Europe 358, 379, 437.
Tyrrhénienne 356.
Ukraine 419.
Union Sud-Africaine 383, 508.
Uruguay 526, 545.
Ussel 266.
Utrecht 389.
Uzès 294.
Vaccarès 86.
Vaigatch 359.
Valachie 446.
Valdai 367.
Valdieri 97.
Valence 119, 152, 193, 315.
Valence 428, 458.
Valenciennes 90, 106, 180, 183, 186, 217.
Valentia 573.
Valery-en-Caux (St) 82.
Valette (la) 434.
Valladolid 428.
Valmy 221.
Valognes 234. [571.
Valparaiso 542, 549, 572.
Vals 295.
Vancouver 523, 572, 574.
Vannes 152, 194, 243.
Var 121, 320.
Varangéville 226.
Vardar 368.
Varna 441, 458.
Varsovie 423.
Vaucluse 119, 120, 130.
Velay 90, 99. [318.
Vendée 84, 114, 248.
Vendôme 113, 254.
Vénern 369.
Vénétie 433.
Venezuela 537.
Venise 357, 433, 458.
Ventoux 95.
Vera Cruz 202, 533, 572.
Verdun 105, 152, 160.
Vernon 232. [163, 221.
Versailles 152, 190, 209.
Vert 495.
Vervins 212.
Vesoul 192, 307.
Vésuve 364.
Vettern 369.
Vézelay 305.
Vézère 116.
Vichy 113, 262.
Victoria 499, 570, 572.
Vienne 113, 119, 184, 197, 250, 314, 397.
Vienne (Haute-) 265.
Vientiane 346.
Vierzon 113, 259.
Vieux les-Asfeld 198.
Vigan (le) 294.
Vignemale 94.
Vilaine 83, 111.
Villefranche 116, 182, 277, 290, 299.
Villeneuve-sur-Lot 116, 278.
Vimoutiers 183, 235.
Vincennes 208.
Vincent (Saint-) 362, 572.
Vincent-de-Paul (St-)
Vire 110, 184, 233. [282.
Virunga 496.
Viso 95.
Vistule 368.
Vitré 240. [199, 221.
Vitry-le-François 109.
Vivarais 90, 102.
Viviers 119, 152, 295.
Vladivostok 573, 574.
Voiron 311.
Volga 368.
Volnay 304.
Volvic 268.
Vosges 90, 98, 100, 101, 102, 104, 105, 168, 176, 183, 185, 225, 363.
Vouillé 250.
Vouziers 222.
Washington 532.
Wassy 220.
Wattrelos 217.
Weser 368.
Winnipeg 527, 531.
Wissembourg 227.
Wurtemberg 394.
Yaman 413.
Yang-tse-Kiang 470.
Yeso 467.
Yeu 84, 157, 248.
Yokohama 479, 487, 571.
Yon 248. [572, 573.
Yonne 109, 197, 305.
Yougo-Slavie 379, 396.
Youkon 526. [448.
Yrieix (Saint-) 265.
Yssingeaux 297.
Yucatan 522, 523.
Yunnan 347.
Yvetot 231.
Zaatcha 327.
Zambèze 498.
Zante 443.
Zanzibar 383, 494, 508.
Zinder 338.
Zuiderzee 104, 357, 389.
Zurich 406.

38575. — Tours, imp. Mame.